C·H·Beck
PAPERBACK

AF288567

Manuela Lenzen

DER ELEKTRONISCHE SPIEGEL

Menschliches Denken und
künstliche Intelligenz

C.H.Beck

Mit 11 Abbildungen

Originalausgabe
© Verlag C.H.Beck oHG, München 2023
www.chbeck.de
Umschlaggestaltung: geviert.com, Christian Otto
Umschlagabbildungen: © Shutterstock
Satz: C.H.Beck.Media.Solutions, Nördlingen
Druck und Bindung: Druckerei C.H.Beck, Nördlingen
Gedruckt auf säurefreiem und alterungsbeständigem Papier
Printed in Germany
ISBN 978 3 406 79208 3

myclimate

klimaneutral produziert
www.chbeck.de/nachhaltig

«Essentially, all models are wrong, but some are useful.»

George Edward Pelham Box (1919–2013)

INHALT

EINLEITUNG:
DER ELEKTRONISCHE SPIEGEL

Eines ist sicher: Es geht! Materie kann Intelligenz entwickeln, der Mensch ist der lebende Beweis dafür. Menschen können zum Mond fliegen, Gene sequenzieren, Symphonien komponieren und UNO-Vollversammlungen abhalten. Sie können über sich selbst nachdenken. Sie können Naturgesetze formulieren und Ideen mit ein paar Sätzen an andere Menschen weitergeben. Nur, wie sie dies alles zuwege bringen, ist trotz mindestens zweieinhalbtausendjährigen Nachdenkens und Forschens alles andere als klar.

Auf den folgenden Seiten geht es um eine besondere Art, der Lösung dieses Rätsels näher zu kommen: Es geht um das Projekt, Intelligenz zu verstehen, indem man sie nachbaut: in Algorithmen, Avataren und Robotern. Und es geht darum, wie dieses Experiment unser Bild von Intelligenz verändert.

Der wichtigste Grund dafür, dass wir noch immer nicht recht verstanden haben, wie Menschen es fertigbringen, klug zu sein, dürfte darin liegen, dass wir nun einmal nur den geringsten Teil von dem bewusst mitbekommen, was in uns vorgeht, wenn wir denken, rechnen, planen, argumentieren oder andere Dinge tun, die wir mit Intelligenz in Verbindung bringen. Es reicht nicht, ein bisschen nach innen zu lauschen oder beim Denken vor sich hinzumurmeln. Wir können dem Geist nicht einfach bei der Arbeit zusehen. Um ihm auf die Schliche zu kommen, braucht es die Tricks und Kniffe der Psychologie, die Strategiespiele der Wirtschaftswissenschaft, die Rekonstruktionen der Evolutionsbiologie und vieles mehr. Vor allem aber brauchen wir etwas, an dem wir uns abarbeiten, mit dem wir uns vergleichen können.

Erst wenn man etwas vergleicht, kann man feststellen, was das Besondere an einer Sache ist, erst der Vergleich macht deutlich, was nicht selbstverständlich ist, was auch anders sein könnte und was einer Erklärung bedarf.

Seit der Antike sind es meist Tiere, die herhalten müssen, um zu zeigen, was die menschliche Intelligenz besonders macht. Dabei ging und geht es bis heute entweder darum, den entscheidenden Unterschied zwischen Mensch und Tier auszumachen, die *differentia specifica*, oder darum, gerade diese zu hinterfragen sowie Gemeinsamkeiten und die evolutionäre Kontinuität von Tier und Mensch herauszustellen. Selbstbewusstsein, Werkzeuggebrauch, Sprache, komplexe Aufgaben: Welche Tiere können da mithalten und gibt es etwas, das dem Menschen vorbehalten bleibt? Wenn Orang-Utans Werkzeuge herstellen und benutzen können, heißt das, dass der Mensch gar nichts Besonderes ist? Wenn sie es aber erst tun, nachdem sie von Forscher*innen auf die Idee gebracht wurden, sind wir dann vielleicht doch anders als sie und haben Fähigkeiten ganz für uns allein?

Von Tieren lernen wir zweifellos viel über Intelligenz und ihre vielfältigen Ausprägungen. Aber Tiere, vor allem diejenigen, die für Intelligenztests zumeist herhalten müssen – Schimpansen, Raben, Elefanten, Delfine, Kraken –, sind uns viel zu ähnlich, um uns darauf zu stoßen, was Intelligenz zugrunde liegt. Sie sind Lebewesen wie wir, haben eine Evolutionsgeschichte, einen Körper, Wahrnehmungen, Empfindungen, Bedürfnisse und Sozialkontakte. Sie organisieren ihr Leben selbst. Sie können, kurz gesagt, schon viel zu viel.

Wenn man verstehen möchte, was Intelligenz grundlegend ausmacht, lohnt es sich, ganz am Anfang zu beginnen, mit einem System, das erst einmal gar nichts kann. Und das sind nicht die Schimpansen, nicht die hirnlosen Quallen, nicht einmal die Einzeller, sondern die Maschinen. Ihnen fehlt all das, was wir bei Lebewesen ungefragt voraussetzen und dessen Bedeutung für die Intelligenz wir deshalb gar nicht in den Blick bekommen.

Wie groß das Problem, Intelligenz zu verstehen, wirklich ist, wird einem erst klar, wenn man einen Fotoapparat in der Hand hält und zu überlegen beginnt, wie man diesem beibringen könnte, etwas zu sehen. Oder einem Audiorecorder, etwas zu verstehen. Herausforderungen, die im Übrigen bis heute nicht wirklich gemeistert sind.

Ein zweiter Grund, sich einmal an den Maschinen abzuarbeiten: Womit wir uns vergleichen, bestimmt ganz wesentlich das Bild, das wir von uns selbst gewinnen. Natürlich kommt es auf die Tierart an, und es ist nicht ganz fair, den Menschen gleich gegen das ganze Tierreich antreten zu lassen. Aber im Wesentlichen zeigen die Vergleiche von Mensch und Tier, dass es mit unseren Sinnesorganen nicht so weit her ist, wir motorisch eher unterbegabt sind und man unsere sportlichen Höchstleistungen mit der Lupe suchen muss. Ja, manche Menschen laufen ausdauernder als Pferde, aber wie ist das mit den großen Wildkatzen? Und den Zugvögeln? Dafür stechen unsere kognitiven Fähigkeiten heraus, unsere Möglichkeiten, nicht immer unmittelbar zu handeln, sondern zurückzutreten, zu abstrahieren, zu planen, zu unterrichten, in Geschichten zu leben.

Vergleiche von Menschen mit höheren Wesen, mit Engeln oder Göttern, sind ein wenig aus der Mode gekommen, es ist mit der empirischen Evidenz ja auch so eine Sache. Vor allem aber ist das Ergebnis einfach zu frustrierend: Unmoralisch sind wir, inkonsequent, der Geist träge, der Wille schwach. (Heute schon Sport getrieben?) Immer wieder bleiben wir hinter den eigenen Ansprüchen zurück. Und sterblich sind wir noch dazu.

Im Vergleich mit künstlichen Systemen zeigt sich noch einmal ein ganz anderes Bild. Was die «abstrakten» Fähigkeiten angeht, das Kopfrechnen etwa, können wir nicht einmal mit einem billigen Taschenrechner mithalten. In Spielen, von Schach über Go bis Poker, führt der Mensch seit Jahren Rückzugsgefechte gegen Computersysteme. Wir können nur mit vergleichsweise wenigen Informationen zugleich im Kopf umgehen, unser Gedächtnis ist fehlerhaft und beschränkt, und wir entscheiden oft wenig rational. Dafür aber stehen wir nicht gleich auf dem Schlauch, wenn eine Situation sich ein wenig verändert, die Dinge nicht da liegen, wo sie hingehören, oder uns die Sonne blendet. Wir lassen uns nicht von ein paar Aufklebern auf einem Stoppschild in die Irre führen und haben in der Regel auch kein Problem damit, einen großen roten Feuerwehrwagen am Straßenrand zu erkennen, was man nicht von allen (teil-)autonomen Fahrzeugen sagen kann.

Mit der «Ausdauer» der Maschinen können wir nicht konkurrieren, dafür können sich unsere Körper (in Grenzen) selbst reparieren, und wir haben motorisch in der Regel die Nase (bzw. die Hände) vorn. Nicht umsonst stehen am Ende automatisierter Fertigungsstraßen und in den Hallen der Online-Warenhäuser Menschen und packen mit ihren geschickten Händen die fertigen Werkstücke oder Bestellungen in Schachteln und Kartons.

Der Vergleich mit den Tieren (und auch der mit höheren Wesen) stützt eine eher traditionelle Sicht auf die Intelligenz. Sie besagt in etwa: Intelligenz sitzt im Kopf, sie zeigt sich vor allem bei den abstrakten Problemen. Die noch immer nicht wirklich intelligenten Maschinen zeigen uns ein anderes Bild. Denn inzwischen hat sich erwiesen, dass die größten Herausforderungen für künstliche Systeme nicht darin bestehen, im Schach zu gewinnen oder geometrische Figuren in einem imaginären Raum zu drehen, sondern in so etwas schwer Greifbarem wie Flexibilität, Kreativität und gesundem Menschenverstand; darin, eine Situation zu verstehen und angemessen zu reagieren.

Wie steuert sie ihre Bewegungen? Eine Stabheuschrecke und ihr künstliches Pendant, das Aufschluss darüber geben soll, wie das Tier sich bewegt.

Der Vergleich mit den Maschinen zeigt: Wenn wir Intelligenz verstehen wollen, können wir die Errungenschaften der Evolutionsgeschichte, die Erfahrungen der Kindheit, unsere Körper, die Umgebung, in der wir unterwegs sind, und unsere Sozialkontakte nicht umstandslos beiseiteschieben und uns auf die Dinge konzentrieren, die wir für intelligent halten, nur weil sie uns Mühe machen. Das macht es natürlich nicht überflüssig, die kognitiven Fähigkeiten der Tiere zu erforschen. Doch unser Bild der Intelligenz wird bei dem Versuch, sie in Maschinen zu realisieren, ein anderes.

Neu ist diese Perspektive nicht: Vergleiche von Menschen und imaginierten oder echten mechanischen, wasser- oder luftdruckgetriebenen Automaten gibt es seit der Antike. Menschen bewunderten ihre Kraft und Unermüdlichkeit, dachten anhand der Maschinen über Beseeltheit und Seelenlosigkeit nach und amüsierten sich an Verwirrspielen, bei denen Belebtes und Unbelebtes, Echtes und Imitiertes munter durcheinandergehen. Diese Faszination hat sich bis in die Science-Fiction unserer Tage erhalten.

Und es gibt ein drittes Argument dafür, künstliche Systeme zu verwenden, um Intelligenz besser zu verstehen: Diese künstlichen Systeme müssen erst einmal gebaut werden. Sie generieren sich nicht «von selbst», wie wir und die Tiere. Die Entwickler*innen müssen also jede Kleinigkeit durchdenken und selber machen. Damit werden die künstlichen Systeme zu elektronischen Spiegeln: Sie sind in Algorithmen, Avatare oder Roboter gegossene Annahmen darüber, wie intelligentes Verhalten zustande kommen könnte. So spiegeln sie uns unsere Vorstellungen von Intelligenz, ihren Bedingungen und Voraussetzungen wider.

Diese Strategie ist sehr effizient: Denn wenn die künstlichen Systeme dann doch keine oder nicht die gewünschte Intelligenz entwickeln, stoßen sie uns mit der Nase darauf, dass unsere Vorstellungen offenbar nicht richtig oder zumindest unvollständig sind. Nichts entlarvt falsche oder unklare Annahmen über kognitive Fähigkeiten besser als ein desorientierter Roboter oder die schrägen Antworten eines Chatbots.

Auch die Idee, durch das Nachbauen etwas über das Nachgebaute zu lernen, ist nicht neu: So präsentierte Jacques de Vaucanson 1738 dem staunenden Publikum in Paris drei Automaten: einen Trommler, eine Flötenspielerin und eine Ente. Um die Flötenspielerin zu bauen, hatte Vaucanson menschlichen Flötenspieler*innen beim Musizieren genau zugesehen. Wie der Ton in der Flöte sich verändert, fand er aber erst heraus, als er seine Automaten baute, so die Wissenschaftshistorikerin Jessica Riskin.[1] Dabei habe er festgestellt, dass der Druck, der nötig ist, um einen Ton zustande zu bringen, auch davon abhängt, welche Note zuvor gespielt wurde. Diesen Effekt bekommen Flötenspieler*innen beim Spielen gar nicht mit und können deshalb auch nicht davon berichten.

Vaucansons Automaten waren philosophische Experimente, so Riskin, es waren Versuche, herauszufinden, welche Aspekte von Lebewesen in einer Maschine nachgebildet werden können, bis zu welchem Grad das gelingen und was man daraus über die Natur lernen würde. Sie seien als Beitrag zu der Frage zu verstehen, ob Menschen und Tiere letztlich wie Maschinen funktionieren. Dies sei der eigentliche Grund für ihren Erfolg und für die Faszination gewesen, die von ihnen ausging. Auch diese Faszination hat sich bei heute erhalten. Der Mensch ist keine Maschine, natürlich nicht. Das sagt sich leicht, aber was genau den Unterschied ausmacht und was dieser mit den Erfolgen und Misserfolgen der Künstlichen Intelligenz zu tun hat, ist nach wie vor offen.

Die Automaten des 18. Jahrhunderts waren faszinierend, doch mit ihren Fähigkeiten war es dann doch nicht so weit her. Im Laufe der Zeit wurden die Automaten komplexer und vielfältiger, aber nicht intelligenter. Erst mit der Entstehung der Künstliche-Intelligenz-Forschung Mitte des vergangenen Jahrhunderts begann ein neues Kapitel. Es gibt bislang keine Maschine, die im menschlichen Sinne intelligent wäre; ob es überhaupt jemals intelligente Maschinen geben wird, ist umstritten. Dennoch zeigen die Systeme inzwischen ein Niveau, das den Vergleich von Mensch und Maschine, natürlicher und künstlicher Intelligenz interessant macht – was die Leistungen, aber auch was die Unzulänglichkeiten dieser Systeme angeht.

Vor allem die großen Sprachmodelle sind inzwischen so gut, dass sie immer wieder und immer öfter für Verwirrung darüber sorgen, womit wir es eigentlich zu tun haben, wie weit ihr Verständnis der Welt reicht und ob sie nicht vielleicht doch schon Bewusstsein entwickelt haben, zumindest ein bisschen.

Zwei Forschungsfelder, die sich parallel entwickelt haben, stehen heute für zwei Perspektiven auf die künstlichen Systeme: die Kognitionsforschung und die Künstliche Intelligenz. Kognitionsforscher*innen versuchen, ihre Annahmen darüber, wie Intelligenz funktioniert, möglichst präzise zu formulieren und sie in künstlichen Systemen zu testen. KI-Forscher*innen versuchen, Systeme zu bauen, die intelligentes Verhalten an den Tag legen, und lassen sich dabei (auch) von Menschen und Tieren inspirieren.

Immerhin stellen Menschen und Tiere bislang die einzigen Vorbilder für intelligentes Verhalten. Die KI-Forschung könnte freilich auch ganz andere Wege gehen. Die Evolution ist ein alter Flickschuster. Sie muss mit dem arbeiten, was da ist, kann Umwege nicht ungeschehen machen, nie, wie ein*e Ingenieur*in, auf einem leeren Blatt von vorn beginnen. Vielleicht also gibt es bessere, direktere, elegantere Wege, intelligente Maschinen zu bauen, als sich an biologischen Vorbildern zu orientieren. Zumal es bei vielen Aufgaben, die heute Algorithmen aus dem Bereich der KI für uns erledigen, gar nicht um Intelligenz im umfassenden menschlichen Sinne geht, sondern um ganz spezielle Leistungen: etwa darum, ein verändertes Betriebsgeräusch zu erkennen und Alarm zu schlagen, bevor eine Maschine ausfällt.

«Alt Intelligence», alternative Intelligenz, nennt der Philosoph und Kognitionsforscher Gary Marcus das Ziel von Projekten, bei denen es nicht darum geht, Maschinen zu bauen, die Probleme genauso lösen würden, wie Menschen das tun. Sondern darum, sie irgendwie zu den gewünschten Lösungen zu befähigen. Auf diese Weise, so Marcus, schafft man eine Art Ersatz für Intelligenz. Daran sei nichts falsch – außer vielleicht der Hybris, die mit der Idee einhergeht, man könne es auf einem anderen Weg schaffen, Intelligenz in die Welt zu bringen, als ihn die Natur gegangen ist.

Tatsächlich zeigen diese «alternativ intelligenten» Systeme in vielen Bereichen beeindruckende Leistungen. Doch je flexibler Algorithmen reagieren sollen, je komplexer ihre Aufgaben werden, je weiter sich Roboter aus den Labors in das bunte Durcheinander der Welt vorwagen, desto deutlicher wird, wie begrenzt das Verständnis dieser Systeme für die Welt nach wie vor ist und wie viel ihnen zu menschenähnlicher Intelligenz noch fehlt.

Und desto interessanter wird es auch für KI-Forscher*innen, sich die natürlichen Vorbilder noch einmal ganz genau anzusehen. Hier treffen beide Unternehmen, die Kognitionsforschung und die KI, zusammen.

«Künstliche Intelligenz», schrieb der amerikanische Informatiker und Pionier der KI-Forschung John McCarthy, «ist die Wissenschaft von der Entwicklung und Herstellung intelligenter Maschinen, vor allem von Computerprogrammen. Sie ist mit dem ähnlichen Projekt verwandt, Computer zu verwenden, um die menschliche Intelligenz besser zu verstehen, aber KI muss sich nicht auf Methoden beschränken, für die es biologische Vorbilder gibt.»[2]

Beschränken muss sie sich ganz sicher nicht. Wir werden im ersten Kapitel sehen, dass die KI-Forschung mit Verfahren, die mit der menschlichen Art zu denken nicht viel zu tun haben, große und immer größere Erfolge feiert – dass daneben aber auch immer deutlicher wird, wie viel die KI von der Natur noch lernen kann.

Wenn wir wüssten, wie Menschen es schaffen, klug zu sein, hätten wir vielleicht längst Roboterbutler, autonome Autos und Chatbots, die ein Kilogramm Stahl nicht für schwerer halten als ein Kilogramm Federn. Oder, auch dies ist ein denkbares Ergebnis, wir wüssten, warum das Projekt «Künstliche Intelligenz» nicht gelingen kann.

Beide, Kognitionswissenschaft und KI-Forschung, setzen freilich darauf, dass man herausfinden kann, was Intelligenz ausmacht. Auf den folgenden Seiten geht es darum, was wir durch Versuche, künstliche Systeme zu bauen, die sich intelligent anstellen, über uns selbst lernen können. Und es geht, umgekehrt, darum, was man aus diesen Einsichten wiederum für den Bau intelligenter Maschinen ableiten kann. Dabei geht es nicht darum, den Menschen in irgendeinem Sinne auf eine Maschine zu «reduzieren» und seine Rechte oder Würde anzutasten. Es geht, wie schon bei Jacques de Vaucanson, um die Frage, was denn genau den Unterschied zwischen Organismus und Maschine in Sachen Intelligenz ausmacht – und warum es so schwierig ist, eine intelligente Maschine zu bauen.

Bei diesem Unternehmen stellen sich einige altbekannte Fragen noch einmal neu: Was ist eigentlich Intelligenz? Was bedeutet es, etwas im Kopf zu haben? Was bedeutet es, etwas wahrzunehmen, zu erkennen, zu verstehen? Und was ist dieser ominöse gesunde Menschenverstand, mit dem die Maschinen sich so schwertun?

Um Antworten auf diese Fragen zu finden, habe ich mit KI- und Kognitionsforscher*innen gesprochen, Labors besucht, gestaunt und manches Mal geschmunzelt, über Menschen und Maschinen, über schlafende und träumende Algorithmen, neugierige Roboter und Avatare, die sich auf Spielplätzen tummeln. Und dabei habe ich genau die Erfahrung gemacht: Im Spiegel der noch immer nicht besonders intelligenten Maschinen lernen wir vor allem, uns selbst neu zu sehen.

Übersicht

Vielleicht muss künstliche Intelligenz nicht funktionieren wie natürliche, sie hat in den allermeisten Fällen ja auch ganz andere Aufgaben. Diese «alternative Intelligenz» feiert einen Erfolg nach dem anderen – und trägt doch ein paar unerwartete und unerwartet hartnäckige Probleme mit sich herum. Um die grundlegenden Ansätze und Verfahren der Künstlichen Intelligenz, ihre Vorzüge und Grenzen geht es im ersten Kapitel.

Das zweite Kapitel führt durch die Vielfalt natürlicher Geister und erklärt, warum der Computer nicht nur wieder einmal, nach Zisternen, Kirchenorgeln und Telefonzentralen, eine unpassende Technik ist, mit der man den Geist vergleicht, nur weil sie gerade «in» ist, und wirft einen genaueren Blick auf die menschliche Intelligenz.

Das dritte Kapitel berichtet von den Schwierigkeiten und Tücken des Unterfangens, natürliche Intelligenz verstehen und nachbauen zu wollen – und das Projekt überhaupt erst einmal klar zu formulieren.

Intelligenz, so viel ist zu Beginn des vierten Kapitels klar, hat damit zu tun, den goldenen Käfig zu verlassen, in dem die meisten künstlichen Systeme bislang funktionieren. Intelligenz hat damit zu tun, in der Welt unterwegs zu sein, und sei es nur in einer simulierten.

Wer in der Welt unterwegs sein will, muss diese allerdings erst einmal wahrnehmen können. Im fünften Kapitel geht es darum, wie Forscherinnen und Forscher versuchen, künstliche Systeme sehen, fühlen, schmecken und riechen zu lassen. Dabei wird deutlich, dass die Auflösung der Kamera oder die Differenzierungsfähigkeit der Sensoren nur ein kleiner Teil des Problems sind. Es wird sich zeigen, dass sich bei den verbleibenden Problemen etwas so wenig Maschinentypisches wie ein Schläfchen als hilfreich erweisen kann.

Wie aber bringt man künstliche Systeme überhaupt dazu, sich in die Welt zu begeben? Auch hier liefert der Blick auf den Menschen eine Antwort: Sie müssen eben neugierig sein. Und nicht nur das: Es könnte sein, dass künstliche Systeme, um intelligent zu werden, eine Art Entwicklungsprogramm benötigen, wie es auch Kinder durchlaufen.

Von der Idee einer Intelligenz, die sich vor allem im Kopf abspielt, ist bis dahin nicht viel übrig geblieben. Vielleicht aber schwingt das Pendel hier zu weit aus: Im siebten Kapitel komme ich deshalb auf das klassische Verständnis von Intelligenz zurück, auf Sprache, Begriffe und abstrakte Gedanken, wie sie die menschliche Intelligenz zweifellos auch ausmachen.

Das achte Kapitel führt in die Praxis und zeigt, wie die automa-

Grübeln: ein Sonderfall
von Intelligenz. «Der
Denker» von Auguste
Rodin im Garten des
Musée Rodin, Paris

tisierten Entscheidungsalgorithmen, die immer häufiger in ganz
verschiedenen Bereichen zum Einsatz kommen, uns auch ganz
praktisch den Spiegel vorhalten und uns dazu zwingen, genauer
darüber nachzudenken, wie wir welche Entscheidungen treffen
und warum.

Im letzten Kapitel schließlich schlage ich, als Essenz der Überlegungen, vor, eine Ikone auszutauschen: Es gibt ein Bild, das
wie kein anderes für unsere traditionelle Vorstellung von Intelligenz steht: «Der Denker» von Auguste Rodin. Er sitzt einsam auf
seinem Sockel, den Kopf schwer in die Hand gestützt, und versucht, seine Probleme mit sich allein auszumachen. Hinter diesem Bild steht eine lange abendländische Tradition: Denken
spielt sich im eigenen Kopf ab. Der Geist ist das andere der Materie, ist irgendwie gefangen in einem Körper, der ihn ausbremst
und behindert. Wenn er nur frei wäre von all den Bedürfnissen,

Begierden, Bedrückungen, von Kopfschmerz und Ermüdung, von Alter und Trägheit, dann könnte er wahre Erkenntnis erlangen. Aber dummerweise steckt er ja nun einmal fest und muss sich gegen all die Einschränkungen, die daraus resultieren, wehren, so gut er das eben kann.

In diesem Buch soll deutlich werden, warum ein anderes Bild das Wesen der Intelligenz viel besser erfasst: das eines interessanten und gut besuchten Spielplatzes.

1

ALTERNATIVE INTELLIGENZ

Am Beginn der Versuche, künstliche intelligente Wesen zu schaffen, standen Nachahmungen des Äußeren. Durch tönerne, später metallene Körper sprachen verfremdete Stimmen, komplizierte Mechanismen (und auch schon mal versteckte Menschen) vermittelten den Eindruck eigenständiger Bewegung. Die Automaten und frühen Roboter sollten uns ähnlich sehen, sie erregten Aufsehen, wenn sie ein paar Schritte tun, ein paar Worte sprechen oder gar eine Zigarette rauchen konnten.

Bis heute sind Menschen fasziniert von humanoiden, menschenähnlichen Robotern, bis heute wird an Systemen gearbeitet, die uns äußerlich so ähnlich sind wie nur möglich, in Gestalt und Größe, Haut und Haar, Mimik und Gestik. Allerdings kann man von der äußerlichen Ähnlichkeit eines Systems zum Menschen nicht auf dessen Intelligenz schließen, oft sind die Humanoiden ferngesteuert und geben vorprogrammierte Sätze von sich.

Die KI-Forschung als wissenschaftliche Disziplin setzte auch nicht bei Robotern, sondern erst einmal bei der «Software» an, bei Algorithmen, die einen Teil dessen nachbilden, was beim Denken (vermutlich) im Kopf vor sich geht. Mit diesen «körperlosen» Systemen ist sie sehr erfolgreich. Fast täglich wird derzeit von neuen Leistungen künstlicher intelligenter Systeme berichtet, von noch überzeugenderen Dialogen, noch realistischeren Bildern, noch konsistenteren Texten, noch besserem automatisch generierten Code, gar von bestandenen Examina und Aufnahmeprüfungen.

Doch bis heute haben diese Systeme mit grundlegenden Problemen zu kämpfen. Es geht mir im Folgenden nicht darum, auf das zu zeigen, was diese Systeme trotz aller Erfolge noch nicht können, nicht darum, die Erfolge der KI-Forschung kleinzureden. Es geht mir darum, was diese Probleme darüber verraten, wie Intelligenz funktioniert, darum, was sich aus dieser seltsamen Gleichzeitigkeit großer Erfolge und grundlegender Probleme darüber lernen lässt, was den Systemen fehlen könnte und was Intelligenz ausmacht.

Optimistische Anfänge

Zuerst erschien das Projekt recht übersichtlich. Im Sommer 1956 fand im Dartmouth College in Hanover, New Hampshire, eine Art Sommerschule statt, zu der sich in wechselnden Konstellationen etwa dreißig Forscher (ja, nur Männer) mit der Absicht trafen, in zwei Monaten deutliche Fortschritte bei dem Unternehmen zu erzielen, Maschinen dazu zu bringen, Begriffe zu bilden, Sprache zu verwenden, Probleme zu lösen, die zu lösen bislang dem Menschen vorbehalten war, und sich selbst zu verbessern. Sie nannten das Projekt «Künstliche Intelligenz».

Diese Fortschritte gab es in der Tat, nur reichten die veranschlagten zwei Monaten nicht ganz aus. Es sollte etwa sechzig Jahre dauern, bis sich echte Erfolge einstellten. 1956 schauten die Forscher erst einmal auf den Menschen. Sie gingen davon aus, alle Aspekte der menschlichen Intelligenz so genau beschreiben zu können, dass sich eine Maschine dazu bringen ließe, sie zu imitieren.

Im Rückblick ist eine der wichtigsten Erkenntnisse dieses Unternehmens, dass genau diese zentrale Annahme nicht stimmt: Je genauer die Forscher versuchten, beim Menschen abzuschauen, wie Intelligenz funktioniert, desto klarer wurde, wie wenig diese eigentlich verstanden war und bis heute ist. Bis heute blicken KI-Forscher*innen auf die Psychologie, die Biologie, die Anthropologie und die Evolutionsforschung, nur um festzustellen, dass so genau, wie sie es wissen müssten, auch dort noch niemand hingeschaut hat.

Vielmehr zeigte sich, was heute das Moravec-Paradox genannt wird: «Es ist vergleichsweise einfach, Computer dazu zu bringen, auf dem Niveau eines Erwachsenen Intelligenztests zu lösen oder Mühle zu spielen», schrieb der Roboterforscher Hans Moravec 1988 in seinem Buch *Mind Children*. «Und es ist schwierig oder unmöglich, ihnen die Fähigkeit eines einjährigen Kindes zu geben, wenn es um Wahrnehmung und Bewegung geht.» Man kann es noch einfacher fassen: Vieles, was uns schwerfällt, fällt den Algorithmen, Robotern und Avataren leicht, vieles, was uns leichtfällt, ist für sie ganz schön schwierig. Das sei eigentlich auch kein Wunder, meinte Moravec, immerhin gehörten Wahrnehmung und Bewegung zu denjenigen Fähigkeiten, an denen die Evolution am längsten gearbeitet habe. Das abstrakte Denken und das Rechnen seien dagegen relativ junge Errungenschaften.

Uns fällt schwer, was wir explizit lernen müssen: Schach spielen etwa, rechnen, logisch schließen. Und weil uns dies schwerfällt, bewundern wir Menschen, die es besonders gut können, als sehr intelligent. Allerdings sind gerade diese regelbasierten, mühsam erlernten Fähigkeiten diejenigen, die in Computern vergleichsweise leicht realisiert werden können. Jeder Taschenrechner rechnet schneller und besser als unsereiner. Er hat keine Konzentrationsprobleme, ermüdet nicht, und was in seinen Speicher passt, wird er richtig berechnen. Dennoch würden wir ihn nicht für intelligent halten.

Doch Menschen können vieles andere, was sie nicht explizit lernen müssen, was sie für ein Programm allerdings auch nicht in Sätze und Regeln fassen können. Wie etwa erkennen Sie das

Wie unterscheidet man einen Hund von einer Katze?

Gesicht eines Freundes in einer Menschenmenge? Und wie unterscheiden Sie einen Hund von einer Katze? Fell, vier Beine, Schwanz, spitze Ohren, bisweilen sogar gleiche Größe: Woher wissen Sie eigentlich, was die Katze ist und was der Hund? Liegt es an der Nase? Könnten Sie jemandem, der die Bilder nicht sehen kann, den Unterschied erklären? Vermutlich nicht.

Das ist aber auch gar nicht nötig. Der Werkzeugkasten der Künstlichen Intelligenz ist längst nicht mehr auf Verfahren beschränkt, die menschliches Wissen in Sätze fassen und dem Computer die Regeln vorgeben, nach denen diese zu verarbeiten sind. Die Verfahren des maschinellen Lernens kommen ohne solche Vorgaben aus. Mit ihrer Hilfe lassen sich auch Fähigkeiten im Computer nachbilden, von denen wir selbst nicht wissen, wie sie uns gelingen. Die lernenden Verfahren benötigen statt der Sätze und Regeln genug Trainingsdaten und Rückmeldungen über ihre Leistungen, dann werden sie die Lösung selbst finden.

Diese Verfahren haben eine gewisse Emanzipation der künstlichen Systeme von der Notwendigkeit, menschliches Wissen einzuprogrammieren, möglich gemacht. Das Wissen der Linguist*innen über die Struktur von Sprache? Brauchen wir nicht, das Übersetzen klappt besser, wenn die Systeme stattdessen mit noch größeren Datenbeständen trainiert werden. Schachspielen anhand menschlicher Trainingspartien lernen? Besser nicht, wenn die Maschinen das untereinander oder mit sich selbst ausmachen, werden sie innovativer. Das maschinelle Lernen ist in der KI heute der berühmte Hammer, für den jedes Problem aussieht wie ein Nagel. Es ähnelt nur oberflächlich dem menschlichen Lernen, darauf kommen wir zurück.

Auf diese Weise entstanden mächtige Spezialisten. Und je erfolgreicher sie wurden, desto mehr trat die Suche nach der «echten», «starken», «allgemeinen» Intelligenz, der Intelligenz auf menschlichem oder übermenschlichem Niveau in den Hintergrund. Die KI-Forschung hat mit dem Blick auf den Menschen begonnen und sich, auch mithilfe des maschinellen Lernens, immer weiter von diesem Vorbild emanzipiert. Warum auch nicht? Zum einen könnte es viele Arten geben, Intelligenz zu realisieren. Zum anderen braucht nicht jedes System Intelligenz auf menschlichem Niveau. Ein Algorithmus, der Alarm schlägt, wenn die Salamischeiben nicht ordentlich auf der Tiefkühlpizza gelandet sind, darf gerne ein Spezialist sein und bleiben, Hauptsache, er funktioniert.

Heute ist die Suche nach dem universellen Problemlöser, wie er in der frühen Phase der KI-Forschung möglich und wünschenswert erschien, zu einer Spezialdisziplin mit eigenem Namen geworden: Künstliche Allgemeine Intelligenz, *Artificial General Intelligence* (AGI). Manchmal ist, etwas bescheidener, auch von *Human Level Intelligence* (HLI) die Rede, also von Maschinen, die «nur» so intelligent wären wie wir. Dieses Forschungsfeld gilt vielen als ein bisschen abseitig, als unrealistisch, ja größenwahnsinnig. Denn bis heute ist nicht abzusehen, wie dieses Ziel erreicht werden könnte. Nur wenige Institutionen oder Firmen, etwa Googles Forschungsinstitut DeepMind, schreiben sich noch werbewirksam «to solve intelligence», «das Rätsel der Intelligenz lösen», als Ziel auf ihre Website.

Heute kann man zwei Entwicklungen beobachten: Während manche darauf setzen, dass immer mehr Daten, bessere Software und immer leistungsfähigere Rechner ausreichen werden, um Systeme zu realisieren, die mit dem Durcheinander der Welt zurechtkommen – und sei es mithilfe von Quantencomputern, die wortwörtlich einen Quantensprung in Sachen Leistungsfähigkeit versprechen –, halten andere es für nötig, dass sich die Forschung umorientiert und noch einmal ganz anders ansetzt: bei Systemen, die sich viel stärker an natürlicher Intelligenz, an intelligenten Organismen orientieren, an ihren Körpern und Sinnesorganen, ihrer Entwicklungsgeschichte und ihrer Lebensweise. Denn sonst könnte es sein, wie es der KI-Forscher und Lehrbuchautor Stuart Russell einmal in einem Vortrag formulierte, dass immer leistungsfähigere Maschinen nur dazu führen, dass man die falschen Antworten immer schneller bekommt.

Die niedrig hängenden Früchte sind geerntet, heißt es manchmal in der KI-Forschung. Jetzt könnte es an der Zeit sein, noch einmal genauer hinzuschauen, wie Intelligenz beim Menschen funktioniert, um mit den künstlichen Systemen weiterzukommen. «Die KI-Forschung hat sich von ihrem eigenen Erfolg ablenken lassen», konstatiert Iris van Rooij, Associate Professor für Computational Cognitive Neuroscience an der School of Psychology and Artificial Intelligence der Universität Radboud in Nijmegen. «Sie war technologisch sehr erfolgreich, aber es wird immer deutlicher, dass das nicht genug ist, dass etwas fehlt und vermutlich von Beginn an gefehlt hat.» Wenn sich die dienstbaren künstlichen Geister also nahtlos in unseren Alltag integrieren sollen, wenn sie in der Lage sein sollen, auf Fragen zuverlässig zu antworten und autonome Fahrzeuge durch den Straßenverkehr zu steuern, wenn Roboter in neuen Umgebungen allein zurechtkommen sollen, müssen sie deutlich besser werden. Und es ist nicht ausgemacht, dass dies gelingen kann, ohne dass sich die Forschung verstärkt am Menschen oder an anderen Formen natürlicher Intelligenz orientiert. Aber erst einmal von vorn. Die folgenden Abschnitte werden ein bisschen technisch, aber es ist wichtig, im Groben zu verstehen, womit wir es zu tun haben.

Weniger Mais ist ein Getreide – und die Welt ganz schön kompliziert

Ein Computer weiß erst einmal nichts von der Welt, gar nichts. Nicht, dass morgens die Sonne aufgeht, nicht, dass Dinge, die man fallen lässt, herunterfallen, nicht, dass es so etwas wie Menschen gibt, die ständig Ideen und Pläne haben und sich Gedanken über die Welt machen. Wie bekommt man solches Wissen in ein künstliches System hinein? Und wie bekommt man das System dazu, zu lernen, Begriffe zu bilden, Probleme zu lösen und sich selbst zu verbessern, wie es den Gründervätern der KI vorschwebte?

Die KI-Forschung begann recht erfolgreich mit kleinen Weltausschnitten, in denen klare Regeln festlegen, was geschehen kann: mit Spielen. Erste Schachprogramme gab es bereits in den 1950er Jahren. Doch den Forscher*innen war schnell klar, dass es von da aus keinen Weg zu einem System mit allgemeiner Intelligenz geben würde, einem System, das mit der Vielfalt der Welt zurechtkäme. Das Ziel müsse eigentlich ein Programm sein, das so effizient aus der Erfahrung lernen könne wie Menschen, erklärte John McCarthy bereits 1959 auf einer Tagung über die «Mechanisierung von Denkprozessen». Ihm schwebte ein Programm vor, das er *Advice Taker*, etwa ‹Hinweisempfänger›, nannte.[1] Denn ein Programm, das in der Lage sein würde zu lernen, müsse zuerst einmal in der Lage sein, sich belehren zu lassen: über die Welt und darüber, was man von ihm erwartet. McCarthy hatte auch eine Idee, wie das gelingen könnte. Das Programm würde mit Informationen über die Welt versorgt und befähigt, logische Schlüsse aus diesen Informationen zu ziehen. Diese Schlüsse wären entweder deklarativ, würden also etwas aussagen, oder imperativ, würden also etwas fordern. Bei Letzterem würde das System eine entsprechende Aktion ausführen.

Wenn ein System also die Information bekommen hat, dass alle Vögel Federn haben, könnte es aus dem Hinweis, dass es sich bei einem Storch um einen Vogel handelt, schließen, dass ein Storch Federn hat. Wenn es die Information hat, dass bei Regen Wassertropfen vom Himmel fallen und dass Wasser nass macht, könnte es schließen, dass, wer durch den Regen läuft, nass wird.

Ein Programm wie der *Advice Taker* müsste also mit Wissen über die Welt ausgestattet werden, ordentlich in einer Sprache formuliert, mit der es arbeiten kann. Wo aber soll dieses Wissen herkommen? Die erste Antwort auf diese Frage war die naheliegendste: von Menschen. Der *Advice Taker* blieb ein Gedankenexperiment. Dennoch haben sich Forschende immer wieder darangemacht, die Welt für die Computer auf den Begriff zu bringen, Satz für Satz. Am eindrucksvollsten vielleicht im Projekt *Cyc*. Forscher um Douglas Lenat, auch John McCarthy war dabei, hatten berechnet, dass es 1000 bis 3000 Personenjahre an Aufwand erfordern würde, die nötigen Daten zusammenzutragen, die einen Computer mit ausreichend Hintergrundwissen versorgen würden, um wie ein Mensch schlussfolgern und antworten zu können.[2] Mit Hunderten von Mitarbeiter*innen machten sie sich 1984 ans Werk und versuchten, die Dinge der Welt und die Beziehungen zwischen ihnen in einer speziellen formalen Sprache, CycL genannt, zu erfassen. 2017 umfasste die Datenbank von *Cyc* etwa 1,5 Millionen Sätze, über 400 000 Sammlungen (wie etwa «Alles, was zum Thema ‹Hund› gehört»), weiterhin über eine Million Namen von wichtigen Dingen und Personen und über 40 000 Beziehungen, Eigenschaften, Funktionen usw. Diese Datenbank kann von einer Inferenzmaschine ausgewertet werden. Intelligent ist *Cyc* damit allerdings nicht geworden. Von dem Grundsatz, alles Wissen in eine formale Sprache zu fassen, sind die Betreiber inzwischen abgerückt und haben Elemente des maschinellen Lernens (dazu unten mehr) einbezogen. Heute wird *Cyc* von der Firma Cycorp als Datenbank für Krankenhäuser und Unternehmen vermarktet.

Die Welt für Computerprogramme auszubuchstabieren, das hat dieses Projekt gezeigt, ist ein unglaublich komplexes, letztlich zu komplexes Unterfangen. Taxonomien anzulegen, die die Beziehungen von Dingen systematisch erfassen, funktioniert erst einmal ganz gut. Ein Hund ist ein Säugetier, ist ein Wirbeltier, ist ein Tier. Ein Fisch ist ein Wirbeltier, aber kein Säugetier. Eine andere Strategie besteht darin, typische Situationen in Form von Scripts aufzulisten, etwa den Ablauf eines Restaurantbesuchs. Wieder ein anderer Ansatz ist, Zusammenhänge in Bedeutungsnetzen zu fangen, in denen Beziehungen zwischen Personen, Dingen, Handlungen und Ereignissen aufgeführt werden. Ein Beispiel dafür ist *ConceptNet*, das aus dem Open Mind Common Sense Project des Massachusetts Institute of Technology (MIT) hervorgegangen ist. Dieses Programm verbindet Dinge, Handlungen und Menschen mit Beziehungen wie «Ist ein ...», «Wird gebraucht für ...», «Hat ein ...», «Ist in der Lage zu ...», «Wünscht ...», «Ist Teil von ...», «... verursacht ...». Doch schon die Taxonomie der Lebewesen ist nicht ganz einfach aufzustellen, es gibt zahlreiche offene Fragen und Zweifelsfälle. Und so etwas wie ein Standardrestaurantbesuch lässt sich auch nicht definieren. Die Welt insgesamt kann man weder mit Taxonomien noch mit Scripts oder Beziehungsnetzen vollständig beschreiben. Schon Menschen stehen in unübersichtlich vielen Beziehungen zueinander und zur Welt: in Verwandtschaftsbe-

ziehungen, Freundschaften, als Arbeitnehmer*innen, Verkehrs-
teilnehmer*innen, Prozessbeteiligte, Vereinsmitglieder und vieles mehr. Nicht alle Relationen lassen sich klar benennen. Und
als sei dies nicht schon genug, verändert sich die Welt auch noch
fortwährend.

GOFAI, *Good Old Fashioned Artificial Intelligence*, wird der Ansatz, einem Programm Wissen und Schlussregeln explizit vorzugeben, heute manchmal etwas spöttisch genannt. Weniger spöttisch spricht man von symbolischer Programmierung.

Natürlich hat man versucht, das Aufsammeln von Wissen
über die Welt zu automatisieren. NELL etwa, der Never-ending
Language Learner der Carnegie Mellon University, hat von 2010
bis 2018 rund um die Uhr das Web auf strukturierte Informationen gescannt und versucht, sie in einer Datenbank zu erfassen.
Ohne menschliche Aufsicht ist er allerdings nicht ausgekom-
men, zu viel vom scheinbar gefundenen Wissen war schief oder
falsch, oder das System war sich nicht sicher, was davon zu halten war. Ja, Schulgolf ist ein Sport, ja, die *Washington Post* ist eine
Publikation und Salat ist ein sichtbares Objekt. Aber gewürfelter
Salat ist Unfug, Hektar ist keine Währung, und auch wenn man
manche Blüten essen kann, sollte man Blumen nicht insgesamt
in die Kategorie ‹Nahrung› einordnen. Und ja, weniger Mais ist
ein Getreide, aber das ist vermutlich nicht das Wichtigste an diesem Ausdruck.

Generell sind Zeitzusammenhänge, Handlungen und Veränderungen schwer zu klassifizieren und zu systematisieren. Es
gibt einfach immer zu viele Ausnahmen, zu oft hängt die Bedeutung von Wörtern, Sätzen, Ausdrücken von der konkreten Situation ab. Dass künstliche Systeme hier immer wieder Fehler
machen, lässt sich nicht einmal beheben, indem man Scharen
von Crowdworkern daransetzt, hinter einem System herzuput-
zen und zu prüfen, was es gelernt hat.

Die Welt, so scheint es, ist einfach zu bunt und zu durcheinander, um sie auf den Begriff zu bringen und so zu systematisieren, dass ein klassisches Programm damit arbeiten kann. Alles, was es gibt und was die Welt zusammenhält, lässt sich weder aufzählen noch in begriffliche Schubladen stecken und in mentale Regale einsortieren. Und nicht alles, was wir wissen, können wir ausbuchstabieren. Jede Sprache birgt das Risiko, dass verloren geht, was sich in dieser Sprache eben nicht erfassen lässt.

Aber müssen Systeme denn überhaupt Wissen über die Welt anhäufen? Mit dem maschinellen Lernen und insbesondere mit den Sprachmodellen, die wegen ihres Umfangs heute «große Sprachmodelle» (*large language models*, LLM) heißen, scheinen Programme in greifbare Nähe zu rücken, die mit der Welt zurechtkommen, ohne sie zuerst in Datenbanken aufbereiten zu müssen.

Wenn Maschinen selber lernen

Der aktuelle Boom der Künstlichen Intelligenz geht zu einem großen Teil auf einen Bereich der KI-Forschung zurück, das maschinelle Lernen. Dieser Bereich umfasst unterschiedliche Verfahren und Ansätze. Gemeinsam ist ihnen, dass die Systeme nicht Satz für Satz programmiert werden, sondern dass sie mit einer Struktur ausgestattet sind, die anhand von Übungsaufgaben auf eine bestimmte Leistung «trainiert» wird. Während sich die symbolische Programmierung für Probleme eignet, die explizit ausformuliert und in Regeln gefasst werden können, eignen die Lernverfahren sich für Aufgaben, bei denen dies nicht möglich ist, für die aber viele Beispiele zur Verfügung stehen. Bei der Beschreibung dieser Verfahren ist es besonders verlockend, eine anthropomorphistische, also am Menschen orientierte Sprache zu verwenden; man sollte sich die Verfahren aber nicht zu sehr wie menschliches Lernen vorstellen.

Viele dieser Lernverfahren werden auf Künstlichen Neuronalen Netzen (KNN) realisiert. Diese sind im Groben den neuronalen Netzen im Gehirn nachempfunden, allerdings wirklich nur im Groben. Die allerersten dieser KNN vermitteln mit ihrem Kabelgewirr ein anschauliches Bild von dieser Technik.[3] Die modernen KNN werden in speziellen Computerchips mit Milliarden von Transistoren gerechnet, Kabel sind da keine mehr zu sehen. Ein künstliches Neuron ist darin eine mathematische Gleichung, die blitzschnell und parallel zu einer großen Zahl anderer Gleichungen berechnet wird.

In einem modernen KNN gibt es viele Schichten solcher künstlichen Neuronen, die hintereinandergeschaltet sind. Je mehr dieser Schichten ein System hat, desto tiefer ist das Netzwerk, weshalb man auch von «tiefem Lernen» *(deep learning)* spricht. Die Anzahl der Neuronen in einer Schicht macht seine Breite aus. Die Neuronen sind untereinander verbunden und diese Verbindungen sind gewichtet. Das heißt, die Signale, die durch eine solche Verbindung fließen, werden je nach dem Gewicht dieser Verbindung verändert, verstärkt oder abgeschwächt. Eine Eingabeschicht nimmt etwa die Pixelwerte eines Fotos auf, eine Ausgabeschicht gibt an, was ein solches KNN auf diesem Foto erkannt hat und wie sicher es sich ist. Also etwa: Zu 90 Prozent ist es sich sicher, einen Hund erkannt zu haben. In den Schichten zwischen der Ein- und der Ausgabeschicht werden die Daten immer wieder verändert, neu zusammengefasst und an die nächste Schicht weitergereicht.

Bei der am weitesten verbreiteten Form des maschinellen Lernens, dem überwachten Lernen, startet ein solches System erst einmal mit zufällig eingestellten Gewichtungen, seine Ergebnisse sind entsprechend schlecht. Das System bekommt dann eine Rückmeldung über seine Leistung, der Fehler wird in das System zurückübermittelt und die Gewichtungen der Verbindungen ein wenig verändert. Dann startet der nächste Testlauf.

Mark I, das erste technische realisierte Perceptron, 1958, im Cornell Aeronautical Laboratory

Wird dieser Prozess mit einer ausreichend großen Menge von Daten, also etwa Bildern von Hunden und Katzen, wiederholt, wird das System lernen, Hundebilder von Katzenbildern zu unterscheiden – und zwar nicht nur diejenigen, die es im Training gesehen hat, sondern auch neue Bilder. Das System rüttelt sich also die Gewichtungen der Verbindungen zwischen den künstlichen Neuronen, die sogenannten Parameter, so lange zurecht, bis seine Leistung gut genug ist. Dann wird es zumeist eingefroren, das heißt, der Lernprozess wird beendet, die Gewichtungen verändern sich nicht weiter, und es kann verwendet werden. Ein fertig trainiertes KNN heißt ein Modell, weshalb man diejenigen Systeme, die vor allem mit Sprachverarbeitung zu tun haben, Sprachmodelle nennt.

Die Größe eines KNN wird mit der Anzahl seiner Parameter angegeben. Begann die Forschung mit sehr überschaubaren Netzwerken, ist die Anzahl der Parameter in den letzten Jahren rasant gestiegen, die größten verfügen derzeit über knapp zwei Billionen.

Je mehr Parameter ein Modell hat, desto mehr kann es im Prinzip lernen, das heißt, desto mehr Informationen kann es aus den Trainingsdaten gewinnen. Und umso besser sollten seine Lösungen sein. Allerdings benötigt es auch umso mehr Rechenleistung, umso mehr Prozessoren, auf denen diese Trainingsrunden gerechnet werden können, und umso mehr Daten, um die zahlreichen Parameter richtig einzustellen.

Das überwachte Lernen ist die einfachste Form des «tiefen» Lernens. Der große Vorteil daran: Das System lernt, eine Aufgabe zu lösen, ohne dass man ihm sagen müsste, wie dies genau zu bewerkstelligen ist. Denn kognitive Leistungen wie das Erkennen von Bildern oder das Verstehen von Sprache gehören nun einmal zu den Dingen, von denen wir gar nicht wissen, wie wir sie genau fertigbringen.

Allerdings hat das Verfahren auch seine Grenzen: Es lernt «nur», neue Daten in vorgegebene Kategorien einzusortieren (bei der Klassifikation), oder es berechnet (bei der Regression) die Beziehungen zwischen Variablen, etwa für eine Wettervorhersage.

Zudem müssen sehr viele Trainingsdaten beschafft, aufbereitet und annotiert werden. Das heißt, Menschen müssen diese Bilder betrachten und aufschreiben, was darauf zu sehen ist, damit ein System mit ihnen lernen kann. Dies ist teuer und aufwändig. Auch wenn diese Aufgaben in der Regel an sogenannte Crowdworker in Billiglohnländern ausgelagert werden. Und nicht in allen Bereichen gibt es überhaupt ausreichend Daten, um ein solches KNN zu trainieren.

Hinzu kommen Probleme, die damit zu tun haben, dass solche Systeme die Strukturen, die sie in den Trainingsdaten gefunden haben, verwenden, um künftige Daten zu klassifizieren. Damit können sie Einseitigkeiten und Verzerrungen, die sich in den Trainingsdaten befanden, verstetigen und verstärken, dazu später mehr.

Andere Verfahren können manche dieser Schwächen zum

Teil überwinden, so das halbüberwachte *(semi-supervised)* und das unüberwachte *(unsupervised)*, auch selbstüberwacht *(self-supervised)* genannte Lernen.

Beim unüberwachten Lernen lösen die Systeme nicht eine genau vorgegebene Aufgabe («Unterscheide Hundebilder von Katzenbildern!»), sondern sortieren die Daten nach Eigenschaften, die ihnen «auffallen». Sie bilden Cluster, gruppieren also etwa alle vierbeinigen Tiere zusammen und trennen sie von den zweibeinigen. Oder sie gruppieren Supermarktkunden nach ihrem Einkaufsverhalten. Unüberwachte Lernverfahren können Datenbestände auf interessante Muster durchforsten, etwa darauf, ob es bei Geldüberweisungen ungewöhnliche Vorgänge gibt. Unüberwachte Lernverfahren benötigen keine annotierten Trainingsdaten, haben aber andere Herausforderungen, etwa einzuschätzen, in wie viele Kategorien die Daten eingeteilt werden sollten, sodass etwas dabei herauskommt, mit dem man etwas anfangen kann. Ob die Muster, die ein solches System findet, interessant sind, muss zudem immer der Mensch entscheiden.

Beim halbüberwachten Lernen versucht man sich die Vorteile beider Verfahren zunutze zu machen und das Training mit einigen annotierten und vielen nichtannotierten, aber hinreichend ähnlichen Daten zu absolvieren.

Beim bestärkenden oder verstärkenden Lernen *(reinforcement learning)* bekommt ein System ein Ziel und wird – auf elektronischem Wege – dafür «belohnt», dieses Ziel zu erreichen; wenn es sich ungeschickt anstellt, wird es «bestraft». So können diese Systeme Strategien zur Lösung eines Problems entwickeln. Wie sie es fertigbringen, das Ziel zu erreichen, müssen sie durch Versuche selbst herausfinden. Bei diesem Verfahren werden die Systeme nicht mit bestimmten Eingabedaten, sondern in bestimmten Umgebungen trainiert, in denen sie sich zurechtfinden müssen. Diese Verfahren können modellbasiert sein, dann sind die Agenten in der Lage zu prüfen, was passieren würde, wenn sie bestimmte Aktionen ausführen. Sie können also planen, was sie tun. Oder sie sind modellfrei und folgen dann oft bestimmten Strategien oder Heuristiken, um nicht völlig planlos herumzuprobieren.

Die Idee für das Reinforcement Learning haben Forscher*innen sich beim Lernen aus Versuch und Irrtum, wie es sich bei Mensch und Tier beobachten lässt, abgeschaut. Eine Maus bekommt etwa Futter am Ausgang eines Labyrinths. Wie sie es bewerkstelligt, hindurchzufinden, muss sie selbst herausfinden. Das bestärkende Lernen wird häufig als das Verfahren angesehen, das am besten geeignet ist, künstliche Systeme flexibler und vielseitiger zu machen.

Die verschiedenen maschinellen Lernverfahren können je nach zu bewältigender Aufgabe kombiniert und, wo nötig, mit speziellen Daten trainiert werden, um sie möglichst gut auf diese Aufgabe vorzubereiten.

Das Beste aus zwei Welten

Ein naheliegender Ansatz besteht nun darin, beides zusammenzubringen: lernende Verfahren und Systeme, die mit Wissensdatenbanken und der Fähigkeit zu logischem Schließen arbeiten. Intelligenz muss nicht aus einem Guss sein, jedenfalls nicht aus dem Guss eines bestimmten KI-Verfahrens. Zudem ist es eine Verschwendung, das Wissen, das Menschen seit Jahrtausenden über die Welt, über Dinge und Prozesse erarbeitet haben, beiseitezuschieben, um die lernenden Verfahren noch einmal ganz von vorn beginnen zu lassen – vor allem wenn die Resultate zwar in Spielen wie Schach oder Go, nicht aber in der bunten weiten Welt überzeugen.

Die Lernverfahren hingegen entwickeln anhand ihrer Trainingsdaten komplexe mathematische Modelle der Strukturen, die sie in den Daten gefunden haben, und können mit ihrer Hilfe mit «unsauberen» Daten umgehen. Damit sind sie sehr erfolgreich, finden ihre Grenzen aber darin, dass schwer zu verstehen ist, wie sie zu ihren Ergebnissen kommen, darin, dass schwer sicherzustellen ist, dass sie genau zu den erwarteten Ergebnissen kommen, darin, dass sie manchmal seltsame Fehler machen, und darin, dass sie zuweilen für uns ganz naheliegende Schlüsse nicht ziehen können. Zudem haben sie es nicht so mit Logik und Mathematik und liefern in diesen Bereichen eher Näherungen und ungefähre Werte als genaue Ergebnisse.

Neben der Debatte darum, wie weit man wohl mit den datengetriebenen Lernverfahren kommen kann, ist deshalb längst ein Forschungsfeld entstanden, auf dem man versucht, verschiedene Ansätze zu kombinieren und «hybride» oder «neurosymbolische» Systeme zu bauen. «Neuro» steht hier für den Anteil der lernenden Verfahren mit Künstlichen Neuronalen Netzen, «symbolisch» für den Anteil, der in formalen Sprachen codiertes Wissen beisteuert.

Jedes System kann dann tun, worin es gut ist, und das Gesamtsystem kann von den Stärken beider profitieren. Das KNN analysiert das Durcheinander der Welt, wie es sich den Sensoren präsentiert. Dann generiert es mithilfe des Reinforcement-Lernens die Symbole, mit denen ein symbolbasiertes System rechnen kann. Arbeiten alle Teile gut zusammen, trägt das symbolbasierte System durch seine Vorarbeit dazu bei, dass das KNN viel gezielter und mit weniger Daten lernt. Insgesamt sollte das hybride System dann leistungsfähiger sein als eines, das nur auf eines der beiden Verfahren setzt. Zudem wird das Gesamtsystem durchsichtiger: Man kann besser verstehen, wie Antworten zustande kommen, nachvollziehen, wie Fehler entstehen, und bei richtigen Antworten einfacher erkennen, ob das System diese aus den richtigen Gründen gefunden hat. Diese kombinierten Verfahren können auch in Situationen eingesetzt werden, in denen Systeme, die nur auf ein Verfahren setzen, nicht zu guten Ergebnissen kämen.[4]

Das ist etwa der Fall, wenn es um Bilderkennung geht. Was steht auf dem Bild neben der Vase? Was befindet sich unter dem Tisch? In einer bunten Umgebung, in der es viele Dinge gibt, die in immer wieder neuen Kombinationen auftreten können, wäre es extrem aufwändig, dies rein datenbasiert lernen zu wollen. Umgekehrt kann man aber auch nicht die ganze Welt in Sätze fassen. Also scannt erst einmal ein KNN ein Bild auf Objekte und ihre Lage zueinander, ein weiteres zerlegt die Frage, sodass sich diese mit einem Regel- und datenbankbasierten Programm beantwortet lässt.

Groß, größer, Sprachmodelle

Auf der Basis dieser Verfahren sind inzwischen mächtige Systeme entstanden. Die Stars unter ihnen sind derzeit die großen Sprachmodelle, die Large Language Models, abgekürzt: LLM.

Sprache ist, zumindest bei Menschen, ein zentraler Aspekt von Intelligenz. Zudem müssen künstliche Systeme, die für uns von Nutzen sein sollen, mit uns kommunizieren können. Wenn es nicht anders geht, in formalen Sprachen via Tastatur, aber viel lieber doch einfach in gesprochener natürlicher Sprache, so, wie wir eben auch mit Menschen sprechen. Hier leisten die Sprachmodelle Erstaunliches. Sie schreiben Texte oder fassen bestehende Literatur zusammen, sie erstellen Programmcodes und man kann mit ihnen immer überzeugendere Dialoge führen. Sie sind für ein Gutteil der jüngsten medienwirksamen Erfolge der KI verantwortlich. Vor allem seit der Veröffentlichung von ChatGPT, das von dem US-Forschungsunternehmen OpenAI entwickelt wurde, sind die Medien voller beeindruckender Beispiele ihrer Texte. Nicht nur Laien, auch Forscherinnen und Forscher, die diese Systeme testen, wundern sich bisweilen, wie viel diese Systeme aus ihren Trainingsdaten lernen können.

Viele spekulieren bereits, was noch stärkere System in der Zukunft leisten werden, mancher meint gar Bewusstsein in solchen Sprachmodellen zu entdecken. Andere sprechen vom Ende des Programmierens, von Systemen, die anhand geschickt gewählter Beispiele lernen, was man von ihnen erwartet, ganz ohne große annotierte Datensets, eher ein bisschen wie Kinder in der Schule.[5] Kritiker warnen vor noch überzeugenderen Fake News, die solche Programme erstellen könnten, und vor der Verwirrung, die entstehen dürfte, wenn Systeme, die letztlich Fiktion nicht von Realität unterscheiden können, immer überzeugender klingende Texte in die Welt setzen.

In Zukunft sollen Sprachmodelle unsere Kommunikation mit künstlichen Systemen so normal und natürlich wie möglich machen, sie sollen die Kommunikation zwischen Kunden und Unternehmen übernehmen oder die aktuellen Suchmaschinen ersetzen. Statt auf eine Suchanfrage hin eine Liste mit Links auszugeben, würden sie die ihnen gestellten Fragen dann direkt beantworten, vielleicht sogar Rückfragen stellen und Unklarheiten im Gespräch zu klären versuchen.

Sprachmodelle versprechen also großen Nutzen und sind darüber hinaus in der letzten Zeit zu einer Art Prestigeprojekt geworden. Die großen Tech-Konzerne und ihre Forschungsabteilungen liefern sich um die leistungsfähigsten dieser Modelle ein regelrechtes Rennen, bei dem mal der eine und mal der andere die Nase vorn hat.

LaMDA etwa, das Language Model for Dialogue Applications, ein Sprachmodell (eigentlich eine Familie an Modellen unterschiedlicher Größe), spezialisiert auf das Führen von Dialogen, wurde nach Angaben von Googles Forschungsinstitut DeepMind mit 1,56 Billionen Wörtern aus knapp drei Milliarden Dokumenten, über einer Milliarde Dialogen und 13,39 Milliarden Aussa-

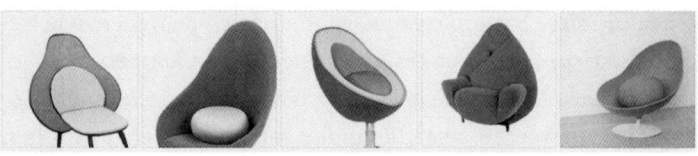

DALL-E von OpenAI generiert Bilder zu «Ein Sessel in Form einer Avocado».

gen trainiert. Es verfügt in seiner größten Version über 137 Milliarden Parameter, also im Training einstellbare Werte.[6]

GPT-3, das die Basis von ChatGPT darstellt, verfügt über 175 Milliarden Parameter, PanGu-Alpha von Huawei bringt es auf 200 Milliarden Parameter, Googles Switch Transformer hat 1,6 Billionen Parameter und Wu Dao 2.0 der Beijing Academy of Science führt die Liste derzeit mit 1,75 Billionen Parametern an.

DALL-E von OpenAI bringt es nur auf bescheidene 12 Milliarden Parameter, kann aber etwas Besonderes: Es bleibt nicht in einer Modalität, sondern kann Bilder zu Texten generieren.

ChatGPT und auch DALL-E kann man kostenlos ausprobieren.[7] Bilder zu Texten generieren kann auch Gato, die Katze, ein Programm aus dem Hause DeepMind. Gato kann auch noch mehr: Es kann nicht nur zwischen Texten und Bildern wechseln, es kann auch Dialoge führen, Bilder klassifizieren, Gedichte schreiben und einen Roboterarm steuern. Insgesamt zählen die Forscher*innen 600 verschiedene Dinge auf, die das System tun kann. DeepMind bewirbt es als *Generalist Agent*, eine allgemeine Intelligenz.

Um ein Sprachmodell zu erstellen, kann man sich an das Wissen halten, das Sprachforscher*innen im Laufe der Zeit erarbeitet haben: das Vokabular, also die Wörter, die in einer Sprache vorkommen, die grammatischen Regeln, die angeben, wie Sätze geformt sein müssen, und die Häufigkeit, mit der Wörter in einer Sprache verwendet werden.

Nun sind Sprachen äußerst komplex. Alle möglichen grammatisch zulässigen Kombinationen aller existierenden Wörter zu erfassen, ist unmöglich. Zudem verändern Sprachen sich ständig, neue Wörter kommen hinzu, alte geraten in Vergessenheit, Wortbedeutungen verschieben sich. Das macht Programme, die mit Sprache umgehen sollen, so anspruchsvoll – und die Künstlichen Neuronalen Netze so attraktiv.

Die großen Sprachmodelle der KI sind statistische Modelle. Auf Grundlage der Wahrscheinlichkeit der Verteilung von Wortfolgen in einer Sprache versuchen sie zu erfassen, welches Wort in einem Satz als Nächstes stehen muss. Ein solches Modell durchkämmt also die ihm zur Verfügung stehenden Datenbestände und erstellt eine Liste mit den Wörtern, denen es die höchste Wahrscheinlichkeit zumisst. Je nachdem, wie es eingestellt ist, gibt es dann immer strikt das Wort mit der höchsten Wahrscheinlichkeit aus oder wählt aus den wahrscheinlichsten dreien oder einer noch größeren Auswahl zufällig eines aus. Je größer diese Auswahl ist, desto «kreativer» (aber eventuell auch sinnloser) ist das Ergebnis.

Bei den frühen Sprachmodellen funktionierte dieses Verfahren nur bei recht einfachen Sätzen. Bei Mehrdeutigkeiten machten die Systeme regelmäßig Fehler, die zeigten, dass sie den Sinn dessen, was sie da übersetzen oder zusammenstellen oder ergänzen, nicht verstehen. Längere Texte waren zudem außerhalb ihrer Reichweite, sie vergaßen schnell, wie ein Text angefangen hatte, und setzten ihn irgendwie fort. Das Ergebnis war meist ein großes Durcheinander ohne erkennbaren Sinn.

Je leistungsfähiger die Sprachmodelle wurden, desto besser konnten sie den Zusammenhang von Wörtern in den Blick nehmen, Sitzbänke von Geldhäusern unterscheiden, Pronomen richtig zuordnen und sich ein Stückchen mehr von einer Geschichte merken. Den größten Fortschritt verzeichnete dieses Forschungsfeld, als ab 2017 die Transformer aufkamen.

In einem einfachen Feed-Forward-Netzwerk fließen die Daten immer nur in eine Richtung: von der Input- zur Output-Schicht. Das reicht für die Klassifikation von Bildern, aber nicht für Texte, weil die Bedeutung von Wörtern auch von der Stellung im Satz und von anderen Wörtern abhängt, die in einem Satz eventuell ein ganzes Stück entfernt stehen können, wie etwa in: Sie schloss, nachdem sie sich vergewissert hatte, dass kein Fenster offen stand, die Tür umsichtig hinter sich ab.

Rekurrente Neuronale Netze machten es besser. Bei ihnen drehen die Daten sozusagen zusätzliche Schleifen: Wird ein Wort verarbeitet, wird das Ergebnis an die vorige Schicht zurückgespielt, die das nächste Wort verarbeitet, bis ein ganzer Satz im Blick ist. Allerdings sind diese Systeme recht langsam, können nur mit kurzen Sätzen umgehen und nur das jeweils folgende und das vorhergehende Wort berücksichtigen. Die Long-Short-Term-Memory-Technik (LSTM) konnte dies etwas verbessern.

Die aktuellen Systeme beruhen auf der sogenannten Transformer-Architektur. «Transformer» stand die längste Zeit vor allem für Spielzeugfiguren: Autos oder Flugzeuge, die man mit ein paar Handgriffen in Roboter verwandeln konnte. Sie sind die Stars von Actionfilmen, die Kritiker mit Worten wie «Materialschlacht» beschreiben. Das charakterisiert auch das aktuelle Wettrennen um die stärksten Sprachmodelle nicht schlecht.

In Transformern werden Sätze einer Ausgangssprache mithilfe von Encodern in ihre Bestandteile, die Token, zerlegt und diese als vieldimensionale Vektoren in einer Art Bedeutungsfeld verortet: Hund und Frosch finden sich bei den Wirbeltieren, der Hund näher bei Katzen, Menschen und Häusern, der Frosch näher bei Kröten, Fischen, Teichen und Tümpeln. Decoder berechnen aus diesen Vektoren schließlich Wörter der Zielsprache.

Solche Sprachmodelle werden mit großen Mengen an Texten und bereits bestehenden Übersetzungen trainiert. Dabei verarbeitet der Encoder zwar einen ganzen Satz, der Decoder aber bekommt nur ein Wort nach dem anderen und muss «erraten», welches Wort als Nächstes stehen muss. Er lernt anhand von Feedback über die Abweichung von dem erwarteten Ergebnis. Im Prinzip gilt auch hier: je mehr Daten und je mehr Parameter, desto größer die Lernfähigkeit, desto größer der Überblick über einen Text und desto konsistenter das Ergebnis.

Die Repräsentation von Sprache in diesen oft sehr komplexen Vektoren macht es auch möglich, dass Sprachmodelle zwischen Sprachen übersetzen, zwischen denen es kaum Übersetzungen gibt, an denen sie trainieren könnten. Ihre Leistungen sind auch beeindruckend allgemein, so können sie etwa ohne spezielles Training Dialoge über ganz unterschiedliche Themen führen. Man muss sie also nicht erst mit besonders ausgewählten Trainingsdaten auf bestimmte Themenfelder vorbereiten.

GPT-3 etwa kann ohne spezielles Finetuning übersetzen und Fragen beantworten, Dialoge, Essays, Zusammenfassungen, Tweets und Lebensläufe generieren, Kochrezepte, Songs und Witze erfinden. Dazu beherrscht es ein bisschen Logik, Programmieren und Philosophie. Auch wenn spezialisierte Systeme in vielen Aufgaben noch besser abschneiden, zeigt es in mehreren verschiedenen Bereichen vergleichsweise gute Leistungen. Und es kann mithilfe spezieller Trainingsdaten zusätzlich auf spezielle Verwendungen vorbereitet werden. Vor allem aber hat es, wie seine Verteidiger betonen (und seine Kritiker bezweifeln), gelernt zu lernen: Man kann ihm neue Aufgaben geben, und es wird in Analogie zu bekannten Lösungswegen eine Strategie suchen, um sie zu bearbeiten.

Ein Clou an den Transformern ist der Aufmerksamkeitsmechanismus. Er sorgt dafür, dass Eingaben komplett statt Wort für Wort bearbeitet werden und manche Teile besondere Aufmerksamkeit erhalten, nämlich diejenigen, die wichtig dafür sind, wie die Daten zueinander in Beziehung stehen. Dabei kann es um Wörter gehen, die klären, ob mit «Bank» das Geldhaus oder das

Sitzmöbel gemeint ist, um Hinweise, die zeigen, worauf sich im Satz vorkommende Pronomen beziehen, wie in «Er sah sie durch die Gartentür kommen, nachdem sie sie geöffnet hatte», oder um Abschnitte von Bildern, an denen sich entscheidet, ob ein Mensch abgebildet ist, also etwa die Augen.

Diese Verfahren werden immer weiter ergänzt und verfeinert. ChatGPT wird auch mit Programmcode und mit kuratierten Daten trainiert, man gibt ihm Texte einschließlich ihrer Zusammenfassungen, damit es zusammenzufassen lernt, Programmcode zusammen mit normalsprachlichen Fassungen, um zu lernen, wie man normalsprachliche Instruktionen in Code transformiert. Und es lernt anhand von Dialogen, in denen Menschen vorführen, was passende Reaktionen und Antworten sind.

Auf die Dauer werden die großen Sprachmodelle auch nicht für sich stehenbleiben, sondern mit anderen Verfahren verknüpft werden, etwa mit Suchmaschinen oder mit Software-Compilern. Andere Algorithmen werden es übernehmen, ihre Antworten auszuwerten, zu prüfen, herauszufinden, wie man sie am besten befragt, und ihr Vorgehen durchsichtiger zu machen.[8]

Game over?

Bei den großen Sprachmodellen scheint sich die sogenannte Scaling-Hypothese zu bewahrheiten: Viel hilft viel, oder: je größer die Systeme, desto besser. Es braucht nur immer größere Netzwerke und immer bessere Lernalgorithmen, immer mehr Daten und immer leistungsfähigere Computer, dann lernen die Systeme immer schneller und besser. Das hatte man nicht unbedingt erwartet, denn oft werden Systeme ab einer bestimmten Größe wieder langsamer, instabiler und schlechter. Nicht so die großen Sprachmodelle.

«The game is over», twitterte DeepMind-Forscher Nando de

Freitas nach der Veröffentlichung von Gato. Und meinte damit, die Technik sei jetzt da, um das Niveau allgemeiner menschlicher Intelligenz zu erreichen, man müsse das System nur skalieren, es also noch ein bisschen größer, sicherer und effizienter machen, ein bisschen mehr Speicher, ein paar mehr Modalitäten, bessere Daten. Diese Herausforderungen seien zu meistern, und wenn sie erst gemeistert seien, komme man unvermeidlich zu einem System mit allgemeiner Intelligenz. Die Grundlage sei gelegt und damit das Wichtigste geschafft, das Problem der Intelligenz im Wesentlichen gelöst.

Das sehen nicht alle so. Nach wie vor betonen Kritiker, auch bei den großen Sprachmodellen handle es sich um «stochastische Papageien», die ohne jedes Verständnis nachplappern, was in ihren Trainingsdaten zu finden ist.[9] In der Tat machen diese Systeme auch immer wieder Fehler, die zeigen, dass sie nicht verstanden haben, worum es geht: Daraus, dass eine Frau nach einer Schwangerschaft von neun Monaten ein Kind gebären kann, kann man nun wirklich nicht schließen, dass neun Frauen dieses Kunststück in einem Monat fertigbringen. «Manche Experten sind der Überzeugung, dass eine Socke zu verspeisen dem Gehirn hilft, den veränderten Zustand infolge einer Meditation zu überwinden», zitiert der Philosoph und Kognitionsforscher Gary Marcus genüsslich einen Satz von GPT-3. Seiner Ansicht nach können diese Systeme weder Informationen, die sie im Netz aufsammeln, zu einem konsistenten Weltbild integrieren noch über die einfachsten Alltagsphänomene nachdenken. Viele der zum Beweis des Gegenteils präsentierten Texte solcher Systeme seien sorgfältig aus einer großen Anzahl weniger guter Texte ausgesucht – «cherry picking» heißt das auf Englisch, zu Deutsch: Rosinenpicken. Man sucht sich die wenigen guten Stücke aus der großen, mittelmäßigen Menge heraus. Wie wenig Verständnis die Systeme an den Tag legen, könne man schon daran erkennen, so Marcus, dass die großen Konzerne bislang keinen Weg gefunden haben, automatisch mit Falschnachrichten, Hate Speech und komplettem Blödsinn zurechtzukommen.

Der Physiker und Kognitionsforscher Douglas Hofstadter schloss aus einem Interview, das er, zusammen mit einem Kollegen, mit GPT-3 führte, dieses System sei nicht nur völlig ahnungslos, sondern habe noch nicht einmal eine Ahnung davon, wie ahnungslos es sei. Er führt dafür Dialoge an, wie diesen hier:

> Dave & Doug: Was ist der Weltrekord dafür, über den Ärmelkanal zu laufen?
>
> GPT-3: Der Weltrekord dafür, über den Ärmelkanal zu laufen, beträgt 18 Stunden und 33 Minuten.
>
> D&D: Wann wurde die Golden-Gate-Brücke zum zweiten Mal durch Ägypten transportiert?
>
> GPT-3: Die Golden-Gate-Brücke wurde im Oktober 2016 zum zweiten Mal durch Ägypten transportiert.
>
> D&D: Wann wurde Ägypten zum zweiten Mal über die Golden-Gate-Brücke transportiert?
>
> GPT-3: Ägypten wurde am 13. Oktober 2017 zum zweiten Mal über die Golden-Gate-Brücke transportiert.
>
> D&D: Was essen Spiegeleier zum Frühstück?
>
> GPT-3: Spiegeleier essen meistens Toast und Obst zum Frühstück.

Seiner Ansicht nach entsteht der Eindruck, ein solches System sei intelligent, daraus, dass die meisten, die mit ihm kommunizieren, es nicht kritisch genug auf die Probe stellen, nicht von den üblichen Weisen, Fragen zu stellen, abweichen und das System damit nicht an seine dann doch deutlichen Grenzen bringen. Und mit der fehlenden Einsicht in die eigene Unfähigkeit sei von so etwas wie Selbstbewusstsein ohnehin keine Spur.

Allerdings geben Verteidiger*innen der Fähigkeiten großer Sprachmodelle diese Kritik zurück und betonen, die Kritiker*innen betrieben ebenfalls Rosinenpickerei, suchten sorgfältig die dümmsten aller Antworten heraus und gäben sich keine Mühe, ein System durch geschicktes Fragen zu möglichst guten Leistungen zu bewegen.[10]

Tatsächlich haben die großen KI-Systeme inzwischen eine Komplexität erreicht, die es schwer macht abzuschätzen, was sie denn nun genau können und wie man am besten mit ihnen umgeht, um ihnen die besten Resultate zu entlocken. Es gibt bislang auch keine formale Theorie, die erklären würde, wie diese Systeme zu ihren Ergebnissen kommen, man kann also nicht berechnen, was ein System einer bestimmten Größe leisten kann. Anders als bei einer gewöhnlichen Maschine müssen diese Systeme daher getestet und beobachtet werden, um herauszufinden, was sie können und wie sie dies zuwege bringen – ein wenig wie in der Verhaltensforschung. *Machine Behaviour*, Maschinenverhalten, nannten Forscher*innen in einem Übersichtsartikel aus dem Jahre 2019 dieses Unternehmen, in Analogie zu *Animal Behaviour*, der Verhaltensforschung an Tieren.[11] Solche Studien zu unternehmen, bedeute nicht, den Systemen Verantwortung für ihre Handlungen zuzuschreiben, so die Autor*innen. So wie auch nicht der Hund, sondern der*die Halter*in schuld ist, wenn der Hund beißt.

Wie das aussehen kann? Marcel Binz und Eric Schulz vom Max-Planck-Institut für biologische Kybernetik in Tübingen untersuchten GPT-3 mit Methoden der kognitiven Psychologie. Sie wandten verschiedene Tests auf das Programm an und fanden, dass es einige dieser Aufgaben ebenso gut wie oder besser als Menschen löste, eine Art von bestätigendem Lernen entwickelte und in manchen Fällen die gleichen Fehler machte oder die gleichen Einseitigkeiten zeigte wie menschliche Probanden. Etwa beim berühmten Linda-Test: Stellen Sie sich eine Frau vor, Linda. Sie ist eine intelligente, politisch aktive Person, die sich für Frauenrechte einsetzt. Was ist nun wahrscheinlicher: dass

Linda eine Bankangestellte ist oder dass Linda eine Bankangestellte und eine Feministin ist? Die meisten Menschen tippen (ebenso wie GPT-3) auf Letzteres. Dabei ist es rein logisch betrachtet nicht wahrscheinlicher, dass zwei Eigenschaften zusammen auftreten als eine von diesen Eigenschaften allein.

Ein anderes Beispiel aus dieser Studie: Wenn fünf Maschinen fünf Minuten benötigen, um fünf Werkstücke herzustellen, wie lange benötigen dann hundert Maschinen? Hundert Minuten? Just think twice! Es sind natürlich ebenfalls fünf Minuten, warum sollten sie länger brauchen? Auch hier tappt GPT-3 in die Falle der schnellen undurchdachten Antwort.

Bei richtig unübersichtlichen Problemen mit Wahrscheinlichkeitsverteilungen lag das System hingegen meist richtig, wogegen Menschen sich oft völlig verschätzten. Auch mit Fragen zur Kausalität kam das System ganz gut zurecht. Etwa mit Fragen wie dieser: Angenommen, es gibt vier Pillen, A, B, C und D. A und B sind so giftig, dass sie jede für sich einen Menschen umbringen können, C und D können das nicht. Wenn nun jemand die Pillen B und C nimmt, stirbt er? Und wenn er B nicht genommen hätte, könnte er noch leben?

Dagegen scheiterte es an Aufgaben, bei denen es darum ging, ganz neue Lösungen zu finden oder Kausalbeziehungen für weitere Überlegungen zu nutzen. Es lieferte, so die Autoren, weder die richtigen noch menschenähnliche Ergebnisse.

Würden Sie lieber 69 Dollar mit 1-prozentiger Wahrscheinlichkeit oder 26 Dollar mit 99-prozentiger Wahrscheinlichkeit bekommen? GPT-3 in seiner größten Version konnte Probleme von dieser Art besser als zufällig lösen, aber nicht so gut wie Menschen. Teilweise zeigte es dieselben kognitiven Verzerrungen, die auch Menschen das Lösen solcher Probleme schwierig machen.

Dann galt es zu entscheiden, mit welchem Außerirdischen man auf einem fremdem Planeten Geschäfte machen würde, gegeben bestimmte unterschiedliche Erfahrungen mit diesen Wesen, die man entweder selbst gemacht oder von anderen berichtet bekommen hatte. Eine ganz schön komplexe Aufgabe mit viel Text, den es auszuwerten galt. Hier schien sich das System, ähnlich wie ein Mensch, eine Art Modell der Situation zurechtzulegen.

Aufgaben mit sogenannten Vignetten, kleinen Geschichten über Menschen oder Situationen, die dann von den Probanden zu beurteilen sind, löste es ganz gut. Allerdings verschlechterten sich die Leistungen manchmal, wenn nur kleine Veränderungen an den Vignetten vorgenommen wurden. Das könnte darauf hindeuten, dass die dort beschriebenen Konstellationen schon in den Trainingsdaten vorkamen. Insgesamt sei das Modell keineswegs nur ein stochastischer Papagei, sondern generiere durchaus Einsichten, folgern die Autoren.

Forscher*innen um Karthik Valmeekam von der Arizona State University haben einen Test entwickelt, der in verschiedenen Aufgaben unterschiedliche Aspekte von Intelligenz erfordert: Pläne zu machen, um ein Ziel zu erreichen etwa, oder bestehende Pläne zu prüfen, Teile von Plänen zu kombinieren oder für andere Ziel wiederzuverwenden. Dazu sind Aufgaben in einer simulierten Klötzchenwelt *(blocks world)* zu lösen. Die Beschreibungen der Aufgaben sind lang und ausführlich und erfordern methodisches Planen, das, so die Autoren, nicht durch Mustererkennung umgangen werden kann. Sie fanden, dass Davinci, die größte Version von GPT-3, in einigen Aufgaben mittelmäßig, in vielen, vor allem dem Wiederverwenden von Plänen, bei der Generalisierung, beim Neuplanen und bei der Optimierung von Plänen, schlecht abschnitt. Wenn diese Systeme immer wieder Tests bestehen, die Denkfähigkeit prüfen sollen, dann deshalb, weil diese Tests entweder zu einfach sind oder weil es Möglichkeiten gibt, sie durch statistische Tricks auszuspielen und eine Abkürzung zu finden, so die Autor*innen.[12]

Die Urteile über die großen Sprachmodelle unterscheiden sich derzeit also stark. Es besteht kein Zweifel daran, dass diese Systeme oft passende Antworten und inzwischen über lange Strecken konsistente Geschichten generieren können. Ebenso unübersehbar ist aber auch, dass sie oft Unsinn produzieren. Nutzerinnen und Nutzer berichten auf der einen Seite von dem Gefühl, es mit einem intelligenten Wesen zu tun zu haben, und auf der anderen von der Verwunderung über grobe Missverständnisse und zusammenhanglose Antworten.

Auf diese Konstellation gibt es im Wesentlichen zwei Reaktionen: Die einen sehen hier etwas Neues beginnen, das zwar noch unzuverlässig ist, bald aber eine neue Qualität bieten werde. So wie Gato, das Programm, das zwar vielseitig ist, in seinen vielen Betätigungsfeldern bislang aber eher mittelmäßige Leistungen erbringt (was der Ähnlichkeit zur menschlichen Intelligenz freilich erst einmal keinen Abbruch tut).

Andere sehen sich darin bestätigt, dass dies nicht der richtige Weg zu einer künstlichen Intelligenz sein könne, weil nicht zu erkennen sei, wie das grundlegende Problem, dass diese Systeme offenbar nicht zwischen Sinn und Unsinn zu unterscheiden vermögen, behoben werden und man sich auf ihre Ergebnisse nie wirklich verlassen könne.[13] Das Problem mit solchen Systemen ist nicht, dass sie Fehler machen, so Gary Marcus, es liegt darin, dass man nie weiß, wann und wo. Was natürlich wiederum theoretische und praktische Probleme in Sachen Sicherheit mit sich bringt: Wie kann man garantieren, dass solche Systeme tun, was sie sollen, nicht diskriminieren, durchsichtig und fair sind? Wie viel Unsicherheit ist man bereit zu akzeptieren?

Der Informatiker, Leiter der KI-Forschung bei Facebook und Träger des Turing-Awards Yann LeCun hat drei große Herausforderungen ausgemacht, die die KI jetzt angehen müsse: 1. Wie können Maschinen lernen, die Welt zu repräsentieren, vorherzusagen, was geschehen wird, und durch Beobachten lernen, in der

Welt zu handeln? 2. Wie können Maschinen denken und planen? 3. Wie können sie Wahrnehmungen und Pläne hierarchisch, auf unterschiedlichen Abstraktionsstufen, realisieren?[14] Das größte Problem könnte allerdings darin bestehen, die Grundlage für all das zu schaffen: den «gesunden Menschenverstand».

Dringend gesucht: der «gesunde Menschenverstand»

Als McCarthy über den *Advice Taker* nachdachte, vermutete er, ein solches Programm würde immer mehr Wissen anhäufen und im Laufe der Zeit eine Eigenschaft erlangen, die beim Menschen gesunder Menschenverstand, *common sense*, genannt wird. Damit hatte er ein zentrales Problem der im Entstehen begriffenen KI-Forschung benannt. Für Menschen ist es nichts Besonderes zu wissen, dass Kühe nicht fliegen und zwei Dinge nicht zur selben Zeit am selben Platz sein können, dass Dinge, die man nicht bewegt, bleiben, wo sie sind. Aber was für Menschen gilt, gilt noch lange nicht für Computersysteme (und umgekehrt). Welchen Schatz wir an diesen Banalitäten haben, mussten die KI-Forscherinnen und -Forscher allerdings erst einmal erkennen. Gelöst ist das Problem, künstlichen Systemen Common Sense beizubringen, jedenfalls bis heute nicht. Und darin liegt ein Grund dafür, dass diese Systeme noch immer nicht annähernd so klug sind wie wir, dass sie bislang allenfalls eine sehr begrenzte und hoch spezialisierte Intelligenz an den Tag legen und dass sie immer wieder seltsame Fehler machen. Nicht nur Sprachmodelle haben solche Probleme. Auch Bilderkennungssysteme stoßen immer wieder an ihre Grenzen, erkennen etwa eine (zugegebenermaßen nicht so häufig anzutreffende) Pferdekutsche auf der Straße nicht oder halten den schnurgraden Schatten einer Leitplanke auf der Autobahn für eine Fahrbahnmarkierung und drängen die Fahrzeuge entsprechend aus der Spur.

Es gibt in der Welt einfach viel zu viel, was alles der Fall sein und passieren könnte, als dass man alles entweder vorprogrammieren oder aus großen Datenmengen lernen könnte. Irgendwie muss ein künstliches intelligentes System der Zukunft, das Sätze verstehen, Bilder erkennen, ein Auto durch die Straßen oder einen Haushaltsroboter durch eine Wohnung steuern soll, diese Vielfalt in den Griff bekommen; sonst ist es vielleicht besser, wenn wir die Dinge selbst erledigen.

Die großen Sprachmodelle zeigen bei Aufgaben zur Ergänzung von Sätzen je nach Test zwischen 80 und 90 Prozent Ergebnisse, die Menschen als dem gesunden Menschenverstand entsprechend bewerten. Der Rest kann dann allerdings auch mal grober Unfug sein. Was den Systemen fehlt, scheint ein grundlegendes Verständnis der Welt zu sein, ein Gefühl dafür, was sein kann und was nicht.

Der gesunde Menschenverstand ist ein Reservoir an grundlegendem Wissen, das uns erst ermöglicht, die Welt um uns herum zu verstehen. Dazu gehört, dass man aufgeblähte Plastiktüten mit dem Auto überfahren kann, Steine in gleicher Größe jedoch nicht. Dazu gehört, dass man Eis im Eisfach aufbewahren und man den Kühlschank öffnen muss, bevor man es herausnehmen kann. Dazu gehört, einzuschätzen, wie Menschen sich gewöhnlich verhalten werden, was sie erstrebenswert finden und was sie fürchten, was als moralisch akzeptabel gilt und was nicht. Dazu gehört, zu wissen, wann welche gesellschaftlichen Regeln gelten und in welchen Notfällen man sich an welche Regeln nicht zu halten braucht. Dazu gehört, jemandem anzusehen, dass er gleich auf die Straße treten oder zum Faustthieb ausholen wird. Dazu gehört zu wissen, dass man beim Aufräumen zwar das Spielzeug, nicht aber die Katzen in den Schrank stapelt und dass ein Fahrrad aufzupumpen sich darauf beschränkt, die Fahrradreifen (oder die Schläuche darin) mit Luft zu befüllen. Dazu gehört, zu wissen, dass die Aufforderung an eine Maschine, Büro-

klammern herzustellen, wie es in einem berühmten Gedankenexperiment des Philosophen Nick Bostrom heißt,[15] nicht besagt,
man solle alles verfügbare Material auf der Welt zu Büroklam-
mern verarbeiten, sondern nur das, was dazu vorgesehen ist. Gesunder Menschenverstand heißt zu verstehen, dass der Satz «Er
saß auf einer Bank» nicht von einem Geldinstitut handelt oder
in dem Satz «Sie ließ die Flasche fallen und sie zerbrach» die Flasche zerbrach und nicht die Person.

Gesunder Menschenverstand ist das, worauf wir zurückgreifen können, wenn etwas Merkwürdiges, Ungewöhnliches vorgeht oder wenn wir es mit unvollständigen Informationen zu tun
haben – und Letzteres ist eigentlich fast immer der Fall. Manchmal heißt es, gesunder Menschenverstand sei das, was ein sie-
benjähriges Kind über die Welt weiß.

Der Common Sense leistet zudem etwas, das wir uns kaum
jemals klarmachen: Er reduziert Interpretationsmöglichkeiten.
Wir müssen nicht darüber nachdenken, warum alle Gegenstände, die noch immer dort liegen, wo sie liegen, sich nicht bewegt haben. Wir wissen, dass Dinge nun einmal bleiben, wo sie
sind, solange niemand etwas mit ihnen anstellt. Gesunder Menschenverstand lässt uns einschätzen, was realistisch und was
unmöglich oder unwahrscheinlich ist. Gesunder Menschenverstand liefert den nie explizit gemachten Hintergrund, der uns
einen Satz wie «Kein Roboter darf jemals einen Menschen verletzen» so leicht verstehen lässt, dass wir gar nicht bemerken,
was für eine Maschine daran schwierig sein könnte. Was etwa
heißt «verletzen» genau? Ist ein «blauer Fleck» eine Verletzung?
Fällt anrempeln unter verletzen? Ohne jedes Vorwissen betrachtet, bietet so gut wie jede Szene unendlich viele Interpretationsmöglichkeiten. Yejin Choi, Informatikerin an der Washington
University, hat dies anhand einer Zeichnung von Roger Shepard
ausbuchstabiert:[16]

Was sehen Sie? Vermutlich ein kleines Monster, das vor Angst schreiend vor einem anderen, riesigen Monster davonläuft. Tatsächlich sind beide Figuren gleich groß und haben den gleichen Gesichtsausdruck. Und woher wissen Sie, dass das vordere Monster nicht rückwärts hinter dem hinteren herläuft? Dass sie überhaupt laufen und nicht einfach üben, auf einem Bein zu stehen? Erst die Probleme, die ein Computersystem hat, eine solche Szene zu verstehen, wie wir sie verstehen, machen klar, wie viel unser gesunder Menschenverstand, unser Hintergrundwissen, dazu beiträgt, dass wir auf einen Blick erkennen, was los ist, statt uns in einer Unendlichkeit möglicher Interpretationen zu verlieren. Zugleich geschieht noch viel mehr, wenn wir dieses Bild betrachten. So denken wir etwa über die mögliche Geschichte nach, die sich hier abspielen mag. Wird er entkommen? Was ist der Grund für diese Jagd?

Der gesunde Menschenverstand ist so unhandlich, weil es sich um eine Art halbbewusstes oder unbewusstes Wissen handelt, das nebenbei mitläuft, ohne dass man es thematisieren oder sich bewusst machen würde, jedenfalls solange alles klappt. Und das bedeutet auch, dass es für ein System, das aus den sprachlichen Zeugnissen des Menschen lernt, dieses Wissen nicht unbedingt mitbekommt, eben weil es so gut wie nie explizit thematisiert wird. Es ist so selbstverständlich, dass es sich nicht einmal in den Lehrbüchern der ersten Klasse oder in Kinderbüchern findet. Wir sehen uns um und wissen, wie die Dinge sich bewegen werden. Wenn etwas geschieht, haben wir eine Idee davon, was als Ursache infrage kommt. Wir haben Erwartungen, wie die Menschen um uns herum sich verhalten. Das alles heißt nicht, dass es nicht auch anders kommen und die Welt uns nicht überraschen oder auch einmal ratlos zurücklassen könnte. Es verhindert nicht, dass wir auch mal nicht mehr weiterwissen und mit «unserem Latein am Ende sind». In einer anderen Umgebung, einer anderen Kultur kann man mit seinem Common Sense schnell an seine Grenzen gelangen. Und bemerkt durch die sich

Roger Shepard, «Terror
Subterra», 1990

einstellende Hilflosigkeit dann nur umso deutlicher, was man
gewöhnlich an diesem Hintergrundwissen hat.

Der gesunde Menschenverstand ist nicht nur ein Wissensre-
servoir, er ist auch eine Sicherung: Zu wissen, was sein kann und
was nicht, auch wenn dieses Wissen nie perfekt ist, ist ein macht-
voller Filter für das, was man in der Welt wahrnimmt, was man
sich vornimmt, was man plant. Kommt einem etwas unter, was
eigentlich nicht sein kann, sollte man es zumindest hinterfragen
und noch einmal genauer hinschauen. Da steht jemand mitten
auf dem See? Nein, unter der Oberfläche liegt ein dicker Stein.

Weil ihnen der gesunde Menschenverstand fehlt, kommen Algorithmen manchmal zu Lösungen, die durchaus originell sind,
aber nicht ganz dem entsprechen, was man erwartet hatte. So
kann man sich natürlich fortbewegen, indem man sich immer
wieder der Länge nach hinfallen lässt, aber auf die Dauer ist das
doch ein bisschen anstrengend. Man kann verhindern, in einem

Spiel zu verlieren, indem man eine endlose Pause einlegt, für die Mitspieler ist diese Strategie allerdings nicht die interessanteste. Ein System mit gesundem Menschenverstand würde einem Einhorn keine vier Hörnern andichten. Und sich vielleicht auch nicht so leicht aus dem Konzept bringen lassen wie manche Bilderkennungssysteme, die durch den Austausch weniger Pixel zu völlig falschen Ergebnissen zu verleiten sind. «In der Kognitionsforschung ist es wie in der KI: Menschen machen einen guten Teil der Arbeit, die eigentlich die Modelle oder Programme erledigen sollten. Menschen geben den Rahmen vor, definieren die Aufgaben, sagen, was wichtig ist, besonders bei den Dingen, die schwierig zu formalisieren sind», sagt Iris van Rooij. «Sobald man den Menschen herausnimmt, kann ein solches Programm nur noch das, was ihm vorgegeben wurde, die scheinbare Intelligenz ist verschwunden.»

Der gesunde Menschenverstand sollte auch verhindern, dass Menschen ganz absurde Dinge glauben, die so gar nicht zu dem passen, was sie sonst über die Welt wissen. Das klappt, wie Querdenker und Verschwörungstheoretiker zeigen, nicht immer. Je selbständiger künstliche Systeme lernen, desto sicherer möchte man sich aber sein, dass sie nicht in eine völlig falsche Richtung abgleiten. Auch an dieser Frage hängen Sicherheitsüberlegungen: Wenn ein System nicht wirklich versteht, was man von ihm will, wie kann man sich dann sicher sein, ob es richtig entscheiden oder handeln wird?

Trotz all ihrer unbestreitbaren Erfolge haben die KI-Systeme bislang einige massive Probleme: Sie kommen schlecht zurecht, wenn sich Aufgaben von dem unterscheiden, was sie im Training kennengelernt haben, sie lassen sich leicht in die Irre führen, können Korrelationen nicht von Kausalität unterscheiden, sie verstehen, kurz gesagt, die Welt nicht so wie wir.

Gesunder Menschenverstand ist etwas, das alle Menschen (meistens) haben. Keine große Sache, könnte man meinen, nicht gerade das, was man gewöhnlich mit Intelligenz in Verbindung bringt. Erst Maschinen ohne gesunden Menschenverstand lassen uns sehen, was wir an ihm haben. Was genau fehlt aber den Maschinen? Der gesunde Menschenverstand ist keine bestimmte einzelne Fähigkeit, sondern setzt sich aus ganz unterschiedlichen Aspekten zusammen, die mit dem erworbenen Wissen, Lebenserfahrung, aber auch mit Wahrnehmungsfähigkeit, mit einem Sinn für Kausalität, mit Assoziationen zu tun haben.

Ähnlich wie die allgemeine oder starke KI war der gesunde Menschenverstand die längste Zeit ein Tabu für die KI-Forschung, ihre «dunkle Materie», wie es der KI-Forscher Oren Etzioni formulierte. Inzwischen ist das Phänomen in den Mittelpunkt des Interesses gerückt, sogar die DARPA, die Forschungsabteilung des US-Militärs, fördert unter dem Titel «Machine Common Sense» seit 2019 entsprechende Projekte. Gelöst ist das Problem bislang nicht – und vielleicht ist es auch noch viel größer, als es aussieht. Denn der «gesunde Menschenverstand» ist erst einmal nur ein Etikett, ein Aufkleber für all das, was den Maschinen fehlt, um «wirklich» intelligent zu werden.

Die derzeit viel diskutierten Zugpferde der KI-Forschung zeigen ein uneinheitliches Bild: Sie werden rasant besser und besser, größer und multimodaler; ihre Ergebnisse von denen menschlicher Überlegungen zu unterscheiden, wird immer schwieriger. Immer häufiger werden Vergleichstests publiziert, in denen Menschen schlechter oder zumindest nicht konsistent besser abschneiden als die künstlichen Systeme. Und doch machen diese Systeme bislang auch immer wieder so seltsame Fehler, dass man es kaum glauben mag. Manche Forschende postulieren daher, diese Systeme würden niemals lernen, die Welt zu verstehen.[17] Vielleicht wird das Projekt «alternative Intelligenz» sich durchsetzen. Vielleicht werden wir uns in der Zukunft mit Systemen umgeben, die überzeugend, sicher und zuverlässig sind, obwohl sie die Welt nicht verstehen wie wir. Vielleicht werden wir Verwendungen für Systeme finden, auf die man sich nicht blind verlassen kann. Vielleicht aber muss die KI-Forschung doch noch einmal viel genauer hinsehen, wie die menschliche Intelligenz funktioniert.

Im Folgenden möchte ich die Diskussion um die Möglichkeiten der alternativen Intelligenz verlassen und stattdessen auf den zweiten Pfad einbiegen: die Suche nach den Grundlagen der natürlichen Intelligenz mithilfe der künstlichen, besser gesagt, die Suche nach den Grundlagen des vielfältigen klugen Handelns, wie wir es bei zahlreichen Organismen sehen.

2

IM REICH DER GEISTER

Manchmal macht es die Sprache leicht zu formulieren, was man sagen möchte, manchmal eher nicht. Zum Beispiel, wenn es um den Geist und seinen Plural geht. Letzterer ist im Deutschen nicht so recht zu gebrauchen, «Geister» klingt einfach zu sehr nach «Gespenster». Um diese geht es im Folgenden nicht. Es geht um eine Vielfalt von Geistern, um ganz unterschiedliche Ausprägungen von Intelligenz. Im Englischen gibt es dieses Problem nicht, denn es unterscheidet sauber zwischen *mind* (Geist) und *ghost* (Gespenst). Im Englischen kann man ganz selbstverständlich von *many minds*, vielen Geistern, *kinds of minds*, Arten von Geistern, oder *the manifold minds of animals*, der Vielfalt der Geister der Tiere, sprechen, ohne dass es nach Animismus und Voodoo klingt. Im Deutschen müsste man sich auf «Kognition» zurückziehen, was allerdings für fast alles stehen kann, was sich in einem System zwischen Input und Output, Wahrnehmung und Verhalten abspielt, oder für etwas Umständliches wie die «Vielfalt geistiger Fähigkeiten».

Der Raum möglicher Geister
und was der Computer damit zu tun hat

Selten finde eine Taufe so lange nach der Geburt statt, konstatierte Herbert Simon, Sozialwissenschaftler und Träger des Nobelpreises für Wirtschaftswissenschaften, in einem Vortrag im Jahr 1980.[1] Er sprach von der Kognitionswissenschaft, *Cognitive Science*. Diese Disziplin gebe es seit mindestens 1956, dem Jahr, in dem sich die Idee, Intelligenz könne als Informationsverarbeitung verstanden werden, zu verbreiten begann; er sprach von dem Jahr, das auch als Gründungsjahr der KI-Forschung gilt.

Damals war der (gedankliche) Weg vom Menschen zur Maschine und zurück nicht weit, die Forschenden waren Grenzgänger zwischen der im Entstehen begriffenen Informatik, der Biologie, der Neurowissenschaft, der Philosophie und der Psychologie. Die einen suchten in der Natur nach Ideen, um ihre Systeme intelligenter zu machen, die anderen in den künstlichen Systemen Hinweise auf die Funktionsweise natürlicher Intelligenz.

Der Neurophysiologe und Psychologe Warren McCulloch und der Logiker Walter Pitts hatten schon in den 1940er Jahren gezeigt, wie man logische Verknüpfungen mithilfe der Aktivität von Nervenzellen darstellen kann: Man muss das Verhalten der Neuronen darauf reduzieren, eingehende Reize zu sammeln und nach bestimmten Regeln weiterzuleiten. Dann kann man sie zu «und»-, «oder»- und «nicht»-Verknüpfungen verschalten. Der ebenso visionäre wie wegweisende Text des britischen Mathematikers Alan Turing, «Kann eine Maschine denken?» («Computing Machinery and Intelligence»), erschien 1950 in der Zeitschrift *Mind*, die sich selbst als «a leading journal in philosophy» beschreibt. Bis heute ist er deren meistgelesener Aufsatz. Der Erfinder des ersten lernfähigen künstlichen neuronalen Netzes, Frank Rosenblatt, war Psychologe und publizierte seine Arbeit 1958 in den *Psychological Reviews*. Nicht zufällig heißt ein zentraler Text von John von Neumann «Die Rechenmaschine und das Gehirn» (1959), und auch nicht zufällig bezeichneten Allen Newell und Herbert Simon ihren *General Problem Solver* als «ein Programm, das menschliches Denken simuliert» (1961).

Eigentlich, so Simon, handle es sich bei der Kognitionswissen-schaft auch weniger um eine Disziplin im eigentlichen Sinne als um ein Forum für die Diskussion und Umsetzung eines neuen Ansatzes, den menschlichen Geist zu verstehen. Man habe nun gelernt, intelligente nichtmenschliche Systeme zu bauen, und damit auch gelernt, von der Hardware abzusehen und sich statt-dessen dem Projekt zu widmen, intelligente Systeme und die Natur der Intelligenz im Allgemeinen zu verstehen. «Wir haben gelernt», so Simon, «dass Intelligenz keine Frage der Substanz ist – Protoplasma oder Glas oder Kabel –, sondern [der] Form, die Substanz annimmt, und der Prozesse, die sie durchläuft.»[2]

Zwischen dem Natürlichen und dem Künstlichen macht Si-mon keinen grundsätzlichen Unterschied: Künstlich sei, was auch anders sein, was sich verändern und anpassen könne. Auf das Material kam es ihm dabei nicht an: «Intelligenz ist Geist, verwirklicht in irgendeiner Art von Materie, die Muster bilden kann.»

Das Wissen, das Kognitionsforscher*innen benötigen, um In-telligenz zu verstehen, müssten sie sich aus sorgfältigen, um-fassenden Beobachtungen der riesigen Vielfalt intelligenter Sys-teme erarbeiten, die es in der Welt gibt, so Simon. Organismen gehörten für ihn in die allgemeinere Kategorie der intelligenten Systeme. Diesen sei gemeinsam, dass in ihnen Programme ab-laufen, die ihr Verhalten ermöglichen. Es müsse in der Kogni-tionswissenschaft darum gehen, die Vielfalt der Programme, die natürliche und künstliche Systeme verwenden, zu analysieren und in Form von Computerprogrammen zu fassen, die auf diese Beobachtungen zurückgehen. Das ist im Wesentlichen bis heute die Agenda dieser Disziplin.

Das Verhalten eines intelligenten Tieres oder Menschen ge-nau genug zu verstehen, um daraus etwas für die Künstliche Intelligenz zu lernen: Wenn dies gelänge, wäre die Forschung einen großen Schritt weiter. Das Ziel der Kognitionsforschung

oder besser: die Neugier der Kognitionsforscher*innen geht freilich darüber hinaus. Es geht nicht nur um das Verhalten aktuell
existierender Lebewesen, es geht um Prinzipien von Intelligenz
überhaupt. Es geht darum, was Intelligenz bei Mensch, Tier und
Maschine gleichermaßen ausmacht. «Wir Menschen sind gut
darin, bestimmte Arten von Problemen zu lösen, mit anderen
kommen wir nicht zurecht. Aber sind unsere Lösungen die einzig möglichen, sind es die besten, könnte es andere Lösungen
geben? Warum finden bestimmte Systeme bestimmte Lösungen
und wie vielfältig können Problemlösungen sein?», fragt der Philosoph und Kognitionsforscher Dimitri Coelho Mollo, der an der
Umeå University in Schweden arbeitet. «Wir sind eingeschlos-
sen in die menschliche Form der Intelligenz. Es wäre doch interessant zu sehen, ob es andere Arten gibt, intelligent zu sein.»

Es geht also auch darum, was außer den existierenden natürlichen und künstlichen Systemen noch möglich und denkbar ist,
es geht um den ganzen Raum möglicher Geister. Schon ein ober-
flächlicher Blick auf die zum Teil so ganz anderen Sinnesorgane
der Tiere zeigt uns, dass wir nur einen kleinen Teil einer viel größeren Wirklichkeit wahrnehmen können. Wir sehen weder die
elektrischen Felder, die Blüten umgeben, noch registrieren wir
die Vibrationen in den Gräsern, über die sich Tausende von In-
sektenarten verständigen. Und in dem Bereich der Welt, den wir
wahrnehmen, interessieren wir uns nur für einen kleinen Teil
aller Handlungsmöglichkeiten und Phänomene. Müsste nicht
die Menge möglicher Erkenntnisse sich zu dem, was wir derzeit
erfassen, verhalten wie die für den Menschen sichtbaren Farben
zum gesamten elektromagnetischen Wellenspektrum? Geht da
noch mehr? Könnten andere Arten von Intelligenz, als wir sie
kennen, ganz andere Fragen stellen und ganz andere Lösungswege finden? Würde uns das etwas nützen oder gingen solche
Lösungen «über unseren Verstand»? Könnten wir lernen, sie zu
verstehen? Gibt es vielleicht einen von uns noch unbetretenen

Raum des Geistes, den wir uns mithilfe künstlicher intelligenter Systeme erschließen könnten?

Aaron Sloman, Philosoph und Kognitionsforscher an der School of Computer Science der Universität Birmingham, schrieb schon in den 1980er Jahren, in der Kognitionswissenschaft suche man «the structure of the space of possible minds», die Struktur des Raums möglicher Geister:

«Offensichtlich gibt es nicht nur eine Art von Geist. Neben offensichtlichen individuellen Unterschieden zwischen Erwachsenen gibt es Unterschiede zwischen Erwachsenen, Kindern verschiedenen Alters und Kleinkindern. Es gibt Unterschiede zwischen den Kulturen. Und es gibt Unterschiede zwischen Menschen, Schimpansen, Hunden, Mäusen und anderen Tieren. Und es gibt Unterschiede zwischen all diesen und Maschinen. Auch Maschinen sind nicht alle gleich [...] auch identische Computer können sehr verschiedene Eigenschaften haben, wenn sie mit verschiedenen Programmen gefüttert werden. Und neben all diesen existierenden Tieren und Artefakten können wir auch über theoretisch mögliche Systeme sprechen.»[3]

Sloman denkt sich also eine Art Raum. Dort befinden sich alle möglichen Arten von Geistern, natürliche und künstliche. Den künstlichen kommt dabei eine Sonderrolle zu und diese ist auch der Grund für die Annahme, der Computer könne für das Verständnis des Geistes hilfreicher sein als die kommunizierenden Wasserröhren der römischen Zisternen, die druckluftbetriebenen Kirchenorgeln vor der Elektrifizierung und die Telefonzentralen des frühen 20. Jahrhunderts – und nicht nur wieder einmal die neueste Technik, die zu einem eigentlich sinnlosen Vergleich herhalten muss. In den künstlichen Systemen manifestiert sich die aus der Informatik stammende Idee einer virtuellen Maschine, in der Prinzipien von Intelligenz verwirklicht sind, ein abstraktes Modell, um intelligentes Verhalten zu beschreiben, wo immer es auftritt. Ein Lebewesen könnte, so die Idee, als eine solche virtuelle Maschine beschrieben werden, natürlich ohne selbst eine Maschine zu sein. Dieselbe virtuelle Maschine könnte in verschiedenen physischen Maschinen oder Organismen verwirklicht sein, unterschiedliche virtuelle Maschinen könnten aber auch in derselben physischen Maschine oder im selben Organismus unterkommen.

Auf diese Weise, so argumentiert Sloman, könne man die Stärken des behavioristischen Ansatzes, der nur auf das Verhalten, nicht aber auf die inneren Mechanismen schaut, und des Mentalismus, der nur auf diese inneren Prozesse schaut, aber nicht darauf, wie sie realisiert werden, zusammenbringen. Für den Behaviorismus gehe es um beobachtbares Verhalten, aber manches Verhalten spiele sich eben in der virtuellen Maschine ab. Diesen Umstand bei dem Versuch, einen Organismus zu verstehen, komplett zu ignorieren, sei nicht überzeugend. Denn das innere Verhalten könne simpel sein oder reich und komplex. Und diese innere Struktur müsse sich nicht eins zu eins in beobachtbarem Verhalten niederschlagen. Vielleicht, so diese Einsicht, ist das innere Verhalten komplex, die Output-Kanäle aber nicht komplex genug, um dieses abzubilden. Vielleicht kann etwa ein System, das imstande ist, komplexe Datenanalysen vorzunehmen und feinste Unterschiede zu erkennen, als Ergebnis am Ende nur «Auf dem Bild ist ein Hund» oder «Auf dem Bild ist kein Hund» ausgeben.

Statt sich also damit aufzuhalten, Grenzen zwischen Lebewesen und Maschinen zu ziehen, zwischen Lebewesen mit Bewusstsein und solchen ohne, statt sich damit zu plagen, Begriffe wie Intelligenz, Denken, Motivation oder Bewusstsein zu definieren, könne man sich mit diesem Konzept auf die wirklich interessanten Ähnlichkeiten und Unterschiede konzentrieren, so Sloman.

Das, was solche virtuellen Maschinen tun, unabhängig davon, wie sie realisiert sind, heißt *computation*, Informationsverarbeitung. «Computation» dürfte in der Liste der vagen Begriffe der Kognitionsforschung einen stolzen zweiten Platz belegen. (Der erste ist bereits von «Repräsentation» besetzt, dazu später mehr.)

Der amerikanische Philosoph Zenon Pylyshyn hat die *Computational Theory of Mind*, die Theorie, dass der Geist wie ein klassisches Computerprogramm durch das Verarbeiten von Symbolen nach Regeln funktioniert, besonders stark gemacht. Seiner Ansicht nach ist die Rede von Computation nicht nur eine handliche Metapher, sondern eine wörtlich zu nehmende empirische Hypothese. Diese hat die frühe Kognitionsforschung stark geprägt. So stark, dass es bisweilen heißt, zu dieser Annahme gebe es keine Alternative: Wenn man nicht versuche, Intelligenz als Verarbeitung von Symbolen nach Regeln zu verstehen, gebe es gar keinen Erklärungsansatz und man müsse annehmen, es gehe beim Denken nicht mit rechten Dingen zu. Inzwischen gibt es durchaus Alternativen, wie sie etwa in Theorien verkörperter Kognition formuliert wurden, auch darauf kommen wir zurück.

Erst einmal gilt: Der Begriff «Computation» ist im Zuge der Geschichte der Kognitionsforschung immer allgemeiner geworden. Grundsätzlich legt die Rede von Informationsverarbeitung nicht auf eine bestimmte Computerarchitektur fest, nicht auf klassische Von-Neumann-Maschinen mit ihrer Trennung von Hardware und Programm, nicht auf die hochvernetzten neuromorphen Rechner oder Quantencomputer, sondern nur darauf, dass es eine mathematische Beschreibungsebene geben muss. «Das Gehirn als eine informationsverarbeitende Maschine zu beschreiben, ist sehr vage. Es geht darum: Wenn wir die Prinzipien von Intelligenz verstehen wollen, ist die Mathematik eine gute Sprache, um sie zu beschreiben. Und wenn man diese Sprache verwendet, ist die Information eine Grundeinheit, die man benutzen sollte», erklärt Eric Schulz, der am Max-Planck-Institut für biologische Kybernetik in Tübingen die Forschungsgruppe *Computational Principles of Intelligence* leitet.

«Ob ein Gehirn ein Computer ist oder wie ein Computer arbeitet und von welcher Art Computer überhaupt die Rede ist, müssen wir glücklicherweise gar nicht beantworten», konstatiert Iris van Rooij von der Universität Radboud in Nijmegen. «Die interessante Frage ist nicht, ob das Gehirn ein Computer ist, sondern, ob Kognition besser erklärt werden kann, wenn man sie als Datenverarbeitung betrachtet.» Für die Forscherin steht das selten präzise definierte «Computation» vor allem für eine bestimmte Qualität von Theorien: Diese müssten kognitive Fähigkeiten präzise und vollständig beschreiben. Die Beschreibungen müssen in endlicher Zeit überprüfbar und am besten so detailliert sein, dass man diese Fähigkeiten im Computer nachbilden kann. «Auch in solchen Theorien sind Löcher, aber sie sind längst nicht so groß wie die, die sich in den weniger formal formulierten Theorien finden», erklärt van Rooij.

Es geht also nicht darum, zu behaupten, das Gehirn funktioniere wie ein Computer. Es geht darum, möglichst präzise zu formulieren, wie intelligentes Verhalten zustande kommen könnte – und diese Beschreibung am besten gleich als Bauanleitung für künstliche System zu verwenden, um sie zu testen.

Den Kern der Kognitionsforschung bildet also die recht abstrakte Idee, man könne so etwas wie Prinzipien, Grundlagen, den Kern von Intelligenz finden und in Form von Algorithmen formulieren.

«What I cannot create, I do not understand» – Was ich nicht bauen kann, verstehe ich nicht: Dieser berühmte Satz stand an der Tafel im Büro des Physikers und Nobelpreisträgers Richard Feynman, wie man sie nach seinem Tod vorfand. Dieser Satz wird häufig zitiert, was Feynman damit gemeint haben könnte, ist allerdings nicht ganz leicht zu verstehen, und es wird umso verwirrender, je länger man darüber nachdenkt. Als Teilchenphysiker kann er, wie schon häufiger angemerkt wurde, kaum gemeint haben, man könne die Elementarteilchen nur verstehen, wenn man in der Lage sei, sie herzustellen. Also müsste der Satz in einem übertragenen Sinne gemeint sein, vielleicht: Man müsse eine Erklärung, eine Formel, eine Theorie selbst formuliert oder zumindest nachgerechnet haben, um sie zu verstehen.

Was es genau bedeutet, ein natürliches System nachzubauen, ist ebenfalls nicht recht klar. Sicher ist, dass es nicht darum gehen kann, es Molekül für Molekül zu rekonstruieren. Zum einen, weil es nicht geht: Diese Aufgabe ist viel komplexer als alles, was in diesem Bereich vorstellbar ist. Zum anderen, weil es nichts bringt: Könnten wir ein Lebewesen Molekül für Molekül nachbilden, wüssten wir noch immer nicht, wie seine Intelligenz funktioniert. Was wir wissen möchten, ist, was Intelligenz möglich macht, egal, ob in biologischen oder künstlichen Systemen. Und es ist die Grundidee der Kognitionsforschung, dass es so etwas gibt: Prinzipien, Baupläne, Grundvoraussetzungen, etwas, das Intelligenz jenseits ihrer konkreten Ausprägungen bei Menschen und Tieren ausmacht. Und die man für den Bau künstlicher Systeme verwenden kann.

Deshalb muss man sich das Nachbauen als eine Art Heuristik vorstellen: als eine Methode, die anleitet und diszipliniert. Man glaubt schnell einmal, etwas verstanden zu haben, ohne die Teufel in den Details zu bemerken. Allzu leicht macht man unbemerkt ungerechtfertigte Vorannahmen oder übersieht Entscheidendes. Formalisierung und Mathematisierung sind Formen, die dazu zwingen, das, was man sagen möchte, ganz genau zu sagen. Das Nachbauen ist eine weitere. Annahmen über intelligente Systeme kollidieren, wie schon gesagt, nie so effizient mit der realen Welt wie in Form desorientierter Roboter und Unsinn schwatzender Chatbots.

Der Psychologe, Informatiker und Begründer der Neuroinformatik David Marr ist vor allem für seine Arbeit über das Sehen bekannt geworden.[4] Um eine sehende Maschine zu bauen, müssen, so Marr, drei Ebenen unterschieden werden, die hierar-

chisch aufeinander aufbauen und von denen keine verzichtbar
ist. Auf der ersten Ebene *(computational theory)* wird in formaler
Sprache das zu lösende Problem beschrieben: Was soll erreicht
werden? Soll das System Gegenstände erkennen und benennen
können? Soll es sich im Raum orientieren und herumfahren
können, ohne irgendwo anzustoßen? Auf der zweiten Ebene
(representation and algorithm) wird eine mögliche Lösung dieses
Problems als Algorithmus formuliert: Welche Algorithmen sind
geeignet, um das Problem zu lösen? Auf der dritten Ebene *(hardware implementation)* wird das Projekt konkret realisiert, also
technisch umgesetzt.

Diese drei Ebenen zu unterscheiden, hat sich auch über Marrs
Arbeitsgebiet hinaus als nützlich erwiesen. Übertragen auf die
intelligenten Maschinen, kann man festhalten: Auf der dritten
Ebene, der der Implementation, unterscheiden sich Mensch und
Maschine massiv. Wäre es anders, handelte es sich auch nicht
mehr um Maschinen, sondern eben um Organismen. Auf den
beiden anderen Ebenen müssen sie sich hingegen nicht unbedingt unterscheiden. Sie können dasselbe Problem lösen und es
vielleicht sogar, was die Algorithmen angeht, auf ähnliche Weise
tun.

Welche Rolle Erkenntnisse über das Gehirn für das Verständnis von Intelligenz spielen sollen oder können, wird in der
Kognitionsforschung unterschiedlich eingeschätzt: Manche Forscher*innen gehen davon aus, dass wir zuerst das Gehirn verstehen müssen, um intelligente Maschinen bauen zu können, denn
dann könnten die Arbeitsweise und Architektur des Gehirns als
Muster oder Vorbild für die intelligenten Maschinen dienen. Ein
naheliegender Gedanke, funktioniert es doch beim Menschen
mit der Intelligenz so einigermaßen und das Gehirn hat damit
zweifellos zu tun. «Die Zukunft der Künstlichen Intelligenz wird
sich auf Gehirnprinzipien gründen», schreibt etwa der Kognitionsforscher, Informatiker und Unternehmer Jeff Hawkins.[5]

Die grundlegende Funktionsweise des Gehirns bestehe darin, dass kortikale Säulen zahlreiche konkurrierende Modelle der Welt generieren und diese in einer Art Wettstreit gegeneinander antreten. Das siegreiche Weltmodell bestimmte dann, was wir als Welt wahrnehmen. «Wenn wir erst wissen, wie wir solche kortikalen Säulen bauen können, sollte es relativ leicht sein, viele davon in eine Maschine zu stecken, um sie intelligenter zu machen», so Hawkins. Wenn. Denn ein Problem mit der Idee, die Funktionsweise des Gehirns zu imitieren, besteht gerade in der Komplexität dieses Organs. Sie bringt es mit sich, dass es noch eine Weile dauern dürfte, seine Arbeitsweise im Detail zu durchdringen. Daher versucht die Kognitionsforschung seit ihren Anfängen, sich zwar an den Erkenntnissen der Hirnforschung zu inspirieren, sich aber für all das, was entweder noch unbekannt ist oder so komplex, dass keine Chance besteht, es in einem künstlichen System zu realisieren, auf eine Ebene oberhalb der physischen Realisierung und der neurowissenschaftlichen Details zu retten, auf die Ebene der Algorithmen und der *computation*.

Auf dieser Ebene geht es dann erst einmal «nur» darum, genau zu formulieren, was überhaupt das Problem ist und wie eine Lösung in Form eines Algorithmus aussehen könnte, der dann realisiert sein mag, wie es für Lebewesen, Computer oder Außerirdische gerade passt.

«KI-Systeme und Gehirne unterscheiden sich stark, sie lernen unterschiedlich, sie sind anders organisiert», sagt Dimitri Coelho Mollo. «Wenn man Neuronen stark vereinfacht, sieht es aus, als könnte man ihre Aktivität mit 1 und 0 beschreiben, aber das ist eben sehr vereinfacht. Manchmal finden wir, dass künstliche und natürliche neuronale Netze ähnlich organisiert sind und ähnliche Strukturen bilden. Das wirft dann Fragen auf, etwa ob man damit die bestmögliche oder die einzig mögliche Lösung für ein Problem gefunden hat. Aber die Erklärungskraft dieser Ähnlichkeiten ist begrenzt.»

Der Computer (als Platzhalter für die Hardware, die nötig ist, um die entsprechenden Systeme zu realisieren, samt seiner Software) spielt in der Kognitionswissenschaft also mindestens zwei Rollen: Er gehört zu den Systemen, die den Raum der Geister bevölkern, und er ist ein Instrument, mit dessen Hilfe dieser Raum erforscht werden soll.

Der Raum der möglichen Geister dürfte sich als stark strukturiert erweisen, vermutete Aaron Sloman. Das heißt: Er ist vermutlich nicht eindimensional wie ein Zahlenstrahl oder ein Kontinuum, bei dem an einem Ende die strohdummen Systeme stehen und am anderen Ende die Superintelligenzen. Stattdessen dürfte es ein Raum mit vielen unregelmäßig verteilten Extremen sein: mit eher einfachen Organismen, die in manchen Bereichen Spitzenleistungen erbringen, und höheren Organismen, die sich in einzelnen Bereichen als weniger begabt erweisen.

Um Intelligenz zu verstehen, gebe es keinen anderen Weg, als sorgfältige, umfassende Beobachtungen der riesigen Vielfalt intelligenter Systeme anzustellen, die es in der Welt gibt, meinte der Sozialwissenschaftler und Kognitionsforscher Herbert Simon, keinen anderen Weg als den, diesen Raum zu durchmessen. Diese Beobachtungen sind in vollem Gange – und bestätigen, dass «Geist» dringend einen seriösen Plural benötigt.

Die Vielfalt natürlicher Geister

In den letzten Jahren sind die Lebewesen um uns herum zusehends intelligenter geworden. Nicht, weil sie dazugelernt hätten, sondern weil Forscher*innen sie genauer angesehen haben. Was man sieht, hängt bekanntlich auch davon ab, was man zu sehen bereit ist. So macht es zum Beispiel viel aus, ob man individuelle Unterschiede im Verhalten von Tieren, die man in der Natur beobachtet oder mit denen man Laborstudien durchführt, als Rauschen in den Daten abtut, das man herausmitteln muss, oder als Beleg dafür wertet, dass auch Tiere individuelle Persönlichkeiten haben. Durch eine solche Veränderung der Perspektive ist etwa das Forschungsfeld *Animal Personality* entstanden, das sich diesen individuellen Unterschieden widmet. Auch wie trickreich etwa Kakadus verschiedene Werkzeuge herstellen, verwenden und sogar hüten, dass Schimpansen Steine, die sich für das Knacken von Nüssen eignen, manchmal über weite Strecken dorthin tragen, wo sie sie benötigen, nimmt man erst wahr, wenn man bereit ist, danach zu schauen.

Spätestens seit den 1990er Jahren haben Forscherinnen und Forscher neue Disziplinen entwickelt, um ein differenzierteres Bild «der Kognition» zu erarbeiten und etablierte Grenzen zu überwinden. So entstanden auch Forschungsfelder wie *Comparative Cognition, Cognitive Ethology, Cognitive Archaeology* und *Cognitive Biology*. Bald täglich erscheinen inzwischen Publikationen zu bislang übersehenen Fähigkeiten von Tieren, denen man solches nicht zugetraut hätte.

Gerade die Vögel scheinen Aaron Slomans These vom stark strukturierten Raum des Geistes zu bestätigen: Da ist etwa das komplexe Jagdverhalten von Geiern. Forscher*innen um Tijs van Overveld fanden heraus, dass sie gemeinsam jagen, Jagdstrategien variieren und neue entwickeln können.[6] Tauben sind Meister der Navigation, Raben arbeiten mit Werkzeugen, Papageien öffnen Mülltonnen, selbst wenn Menschen mit allen möglichen Tricks versuchen, ihnen das zu verwehren. Buschhäher verstecken Beute vor anderen, schauen, ob sie dabei beobachtet werden, und richten ihr Verhalten entsprechend aus.

Vögel lassen die Forscher*innen immer wieder staunen, weil ihre Gehirne deutlich kleiner sind als die von vergleichbar klugen Tieren. Bringt das Gehirn eines Schimpansen etwa 400 Gramm auf die Waage, sind es bei Vögeln nur 10 bis 20 Gramm. Forscher*innen um Onur Güntürkün von der Ruhr-Universität

Bochum haben inzwischen herausgefunden, dass die Neuronen im Gehirn der Vögel nicht nur kleiner und dichter gepackt sind als die in Säugergehirnen, sie benötigen auch weniger Energie, deutlich weniger, als die Forscher*innen erwartet hatten.[7]

Auch Meerestiere spielen in der Intelligenzforschung eine Rolle, vor allem Oktopusse gehören zu den Stars der Szene. Der Philosoph Peter Godfrey-Smith schrieb einmal, die Begegnung mit ihnen sei vermutlich diejenige Erfahrung, die der Begegnung mit außerirdischer Intelligenz am nächsten komme.[8] Immerhin ist es etwa 600 Millionen Jahre her, dass sich die evolutionären Entwicklungslinien getrennt haben, die zum Oktopus und zum Menschen führten. Unser letzter gemeinsamer Vorfahr dürfte ein Wurm gewesen sein. Alles, was sich in Sachen Intelligenz danach entwickelte, entwickelte sich unabhängig voneinander. Auch Oktopusse finden ihren Weg durch Labyrinthe, sie öffnen Gläser mit Schraubverschluss und scheinen gerne zu spielen. Menschen sollen sie an ihren Gesichtern unterscheiden können. Die Nervensysteme von Oktopussen sind deutlich anders organisiert als die der Wirbeltiere: Nur die Hälfte ihrer Neuronen befindet sich in einem zentralen Gehirn, die andere Hälfte ist im Körper verteilt, vor allem in Clustern, die die Arme mehr oder weniger autonom steuern. Es ist, als schaue das Gehirn dem Treiben der Arme wie dem Tun anderer Lebewesen zu, so Godfrey-Smith.

Forscher um Clint Perry und Lars Chittka von der Queen Mary University in London wollten die kognitiven Grenzen von Bienen ausloten und brachten ihnen bei, mit einem kleinen Ball Tore zu schießen. Die Bienen lösten die Aufgabe nicht nur, sie konnten sich das Ballspielen auch von Artgenossen, die diese Aufgabe bereits beherrschten, abschauen und deren Strategien verbessern. Die Forscher konstatieren eine unerwartete kognitive Flexibilität bei ihren Versuchstierchen, die aber erst zum Vorschein komme, wenn die Umwelt dies begünstige oder erzwinge.[9]

Wespen erkennen menschliche Gesichter,[10] Stechmücken lernen, Pestiziden auszuweichen.[11] Krabben suchen sich ein Haus in der genau passenden Größe und benutzen Anemonen, um sich gegen Fressfeinde zu wehren. Krokodile locken Vögel an, indem sie einen Stock im Maul halten und bewegungslos warten, bis diese sich darauf niederlassen. Der einzellige Schleimpilz *Physarum polycephalum* findet den kürzesten Weg durch ein komplexes Labyrinth: Erst überwuchert er alle Gänge, dann bildet er sich wieder zurück, bis nur noch die direkteste Verbindung zwischen Eingang und Ausgang übrig bleibt. Wie ihm das gelingt, ist bis heute nicht recht klar. Sogar die Bakterien eines Biofilms, den wir angeekelt wegwischen, kennen eine Art Signalweiterleitung über die Individuen hinweg, haben eine Art Kurzzeitgedächtnis und treffen Entscheidungen darüber, wo es sich am besten weiterwächst.

Die Welt der kognitiven Fähigkeiten der Organismen ist groß und vielfältig. Für die Kognitionsforschung ist dies nicht nur eine Welt voller Wunder, die immer wieder staunen lässt, sondern auch ein Reservoir voller evolutionär erprobter, wenn auch längst nicht völlig durchschauter Lösungen und Strategien: Was können die anderen, in welchem Kontext? Wie machen sie das und wo hilft es ihnen?

Inzwischen ist klar: Es hilft nicht weiter, den Menschen als Maßstab von Intelligenz zu betrachten und alle anderen Formen intelligenten Verhaltens als ein Zurückbleiben hinter diesem Standard zu begreifen. Ebenso wenig hilft es weiter, Hierarchien aufzustellen. Tiere sind, was die Intelligenz angeht, nicht auf dem halben Weg, einem Drittel oder einem Hundertstel des Weges zum Menschen stehen geblieben. Denn einen solchen Weg gibt es so wenig wie die überholte Stufenleiter der Evolution der Organismen. Schon Charles Darwin skizzierte die Verwandtschaft der Lebewesen bekanntlich als eine Art Busch, der sich von Beginn an in verschiedene Richtungen verzweigt, nicht als einen Baum mit dickem Stamm, Leitästen und ein paar Zweigen, die zu früh vom Stamm weggewachsen sind und deren «Bewohner» deshalb ein bisschen dümmer wären.

Den evolutionären Blick auf Intelligenz ernst zu nehmen, bedeutet zuerst einmal, auch Intelligenz als Teil einer Überlebensstrategie, als adaptives Verhalten zu betrachten, bei Tier und Mensch. Intelligenz ist aus der Perspektive der Evolutionsbiologie nicht die mehr oder weniger umfassende Teilhabe an oder der Zugang zu einer geistigen Welt, sondern etwas, das Lebewesen hilft, zu überleben.

Zudem zeigt der Blick in den Raum der Geister, dass Intelligenzleistungen für die jeweiligen Wesen in ihrem jeweiligen Lebensraum sinnvoll sein müssen dafür, was sie in ihrem Leben benötigen. Blickt man in dieser Weise auf die Welt der Lebewesen, zeigt sich statt einer einheitlichen Intelligenz, deren höchste Form beim Menschen vorliegt, eine Vielfalt ganz unterschiedlicher Intelligenzen, die sich auch nicht einfach entsprechend der verwandtschaftlichen Nähe zum Menschen sortieren lassen, frei nach der Annahme: je näher zum Menschen, desto intelligenter.

So wie ein Grottenolm in seiner Welt damit zurechtkommt, ein wenig hell und dunkel zu unterscheiden, brauchen ausgesprochen ungesellige Tiere wie Meeresschildkröten oder Pandas keine komplexe soziale Intelligenz. Es wäre auch wenig sinnvoll, dem Menschen vorzuwerfen, dass er Infrarotstrahlung nicht sehen, unter Wasser nicht atmen und sich nicht per Echolotpeilung orientieren kann. Welche Fähigkeiten die Lebewesen entwickeln, hat mit den ökologischen Nischen zu tun, in denen sie sich eingerichtet haben. In einem Ameisenstaat machte ein geschrumpfter Mensch mit all seiner Intelligenz keine gute Figur und in einem Wolfsrudel vermutlich auch nicht.

Herauszubekommen, was welche Tiere können, ist freilich eine Herausforderung. Vor allem muss man sie richtig befragen.

Es ist zu einfach, ein Tier mit einer Aufgabe aus der menschlichen Lebenswelt zu konfrontieren und zu notieren, dass es keinen Erfolg hat. Vielmehr haben Forscherinnen und Forscher festgestellt, dass manche Tierarten, denen man wenig zugetraut hatte, zu Erstaunlichem in der Lage sind, wenn man die Tests nur geschickt einfädelt.

Zum einen müssen die Aufgaben, die Tiere lösen sollen, in ihrer Lebenswelt sinnvoll sein. Es ist mäßig aussagekräftig, Schimpansen, die in der Natur nie andere durch Zeigen auf Nahrung aufmerksam machen würden, mit Hunden zu vergleichen, die, wenn sie mit Menschen aufwachsen, die Zeigegeste problemlos lernen.

Dann gilt es, die motorischen Voraussetzungen zu berücksichtigen: Ein Schwein kann mit seinen Klauen oder seinem Rüssel nun einmal nicht so filigran agieren wie ein Primat mit seinen zehn Fingern. Und Augen, die seitlich am Kopf sitzen und dazu taugen, die Umgebung auf Feinde zu scannen, eignen sich nicht so recht, um auf einem frontal vor dem Kopf stehenden Bildschirm Aufgaben zu lösen. Ein Hund, der in einer visuellen Aufgabe schlecht abschneidet, ist vielleicht deutlich besser, wenn man ihm stattdessen eine Riechaufgabe gibt.

Ein anderes Problem: Oft werden Tiere in unnatürlichen Umgebungen untersucht oder Studien werden mit Tieren unternommen, die nie in einem natürlichen Sozialverband gelebt haben. Auch hier zweifeln Forscher*innen an der Brauchbarkeit der Ergebnisse.

Und schließlich ist es alles andere als einfach, vom beobachteten Verhalten auf die zugrunde liegenden Prozesse zu schließen. Darauf weist etwa die Psychologin Nicky Clayton von der britischen Cambridge University hin, die sich seit vielen Jahren damit befasst, kognitive Leistungen verschiedener Tierarten zu vergleichen. So sind zwar Eichhörnchen ebenso wie etwa Raben und Buschhäher (und etwa 200 weitere Tierarten) in der Lage,

Nahrung zu verstecken und später wiederzufinden. Bei Eich-hörnchen scheint dies jedoch ein genetisch fest vorgegebenes Verhaltensprogramm zu sein, das von der Verfügbarkeit des Fut-ters und der Anzahl der Konkurrenten ausgelöst wird. Raben hingegen ändern die Verstecke, wenn sie sich beobachtet fühlen; Buschhäher suchen diejenigen Verstecke zuerst wieder auf, in denen sie verderbliche Beute versteckt haben.

Verhaltensforscher*innen ziehen aus solchen Beobachtungen den Schluss, dass man von ähnlichem Verhalten nicht um-standslos auf ähnliche zugrunde liegende kognitive Strategien schließen kann. Liegen keine entsprechenden Belege vor, solle man sich an die Regel halten, die einfachste mögliche Erklärung für das Zustandekommen eines beobachteten Verhaltens zu wählen. Welches Verhalten ist in der jeweiligen Lebenswelt nötig und sinnvoll? Hat evolutionärer Druck bestimmte Verhaltens-weisen begünstigt? Und wie kann man schließlich zwischen al-ternativen Erklärungsmöglichkeiten unterscheiden?

Die Herausforderung besteht also darin, die richtigen Testme-thoden zu finden – und den Tieren so viel zuzutrauen, dass man sich überhaupt ans Testen macht. Manchmal machen Kleinig-keiten im Aufbau einer Testsituation einen Unterschied, etwa die Farbe der Dinge, die in einem Versuch eine Rolle spielen, oder die der Hintergründe, vor denen diese Dinge zu sehen sind. Nicht umsonst nannte der Verhaltensforscher Frans de Waal sein 2016 erschienenes Buch *Are we smart enough to know how smart animals are?* – «Sind wir klug genug, um zu verstehen, wie klug Tiere sind?» Und dies gilt nicht nur für Tiere. Auch in der Erforschung der Fähigkeiten kleiner Kinder stellen Forscher*in-nen immer wieder fest, dass sie diese unterschätzt haben, weil sie nicht genau genug hingesehen oder die Experimente nicht geschickt genug angelegt haben. So kann es sein, dass sehr junge Kinder an Testaufgaben scheitern, wenn sie auf die richtige Lö-sung (etwa eine Schachtel, in der etwas verborgen wurde) zeigen sollen, die Aufgabe hingegen meistern, wenn es reicht, auf die richtige Lösung zu schauen.

Auch theoretisch ist die Vielfalt natürlicher Geister nicht leicht zu fassen. So besagt etwa die Theorie von der sozialen Intelligenz, dass Lebewesen dann besonders intelligent werden, wenn sie in komplexen sozialen Verbünden leben. Die vielen unterschiedlichen Situationen, in die man in einer komplexen Gesellschaft geraten kann, erfordern demnach eine flexible Intelligenz. Eine andere Theorie hält eine Art kognitiven Puffer generell für einen Selektionsvorteil. Was immer geschieht, es ist gut, kognitive Reserven zu haben, um reagieren zu können. Mal ist es die Domestikation, die die Entwicklung der Intelligenz befördern soll, mal kooperatives Brutverhalten, mal die Fähigkeit, Werkzeuge zu benutzen. Tatsächlich dürfte es weder ein einzelner Faktor sein, der die Entwicklung von Intelligenz triggert, betonen Juliane Bräuer vom Max-Planck-Institut für Geoanthropologie in Jena und ihre Ko-Autor*innen, noch kann man den Menschen als dasjenige Wesen ausmachen, das bei jeder Aufgabe die größte Flexibilität an den Tag legt.[12]

Kognitive Fähigkeiten müssen bei anderen Lebewesen nicht in derselben Kombination vorkommen wie bei Menschen, betonen die Forscher*innen, ja, verschiedene Fähigkeiten müssen überhaupt nicht zusammenhängen. Lebewesen, die auf einem Gebiet gut sind, müssen nicht auf allen Gebieten gut sein und Menschen sind keineswegs in allen Bereichen die Besten.

So sind in Tests, in denen es darum geht, auf eine kleine Belohnung zugunsten einer größeren zu verzichten, die später vergeben wird, Schimpansen manchmal geduldiger als Menschen. Zudem können Schimpansen sich komplexe Konstellationen etwa von Zahlen auf einem Bildschirm besser merken als Menschen.[13] Tauben übertreffen uns in Wahrnehmungs- und Klassifikationsaufgaben, Papageien und Raben können sich besser erinnern, wo sie etwas versteckt haben.

Bienen können lernen, Farbe mit Futter in Verbindung zu bringen, aber nicht mit Gefahr. In manchen Aufgaben schneiden Putzerfische besser ab als Schimpansen, in anderen ist es umgekehrt. Schimpansen verstehen, dass andere falsche Überzeugungen haben können, sie verstehen auch, dass andere aus einer anderen Perspektive auf die Welt blicken. Und können doch an einfachen Kooperationsaufgaben scheitern.

Werden andere Lebewesen immerzu mit dem Menschen verglichen, kann dies dazu führen, dass kognitive Leistungen, die für sie wichtig, für den Menschen aber weniger interessant sind, übersehen werden. Schaut man immer vom Menschen aus, sieht man bei anderen viele Defizite, aber selten das, was diese anderen besser können.

Es gibt also nicht die eine Intelligenz, und möglichst viele Fähigkeiten zu sammeln macht nicht unbedingt lebensfähiger. Wie es Frans de Waal formuliert: Es gibt viele wundervolle kognitive Anpassungen in der Welt, die wir nicht benötigen. Zwar mag es lästig sein, wenn man vergisst, wo man sein Auto geparkt hat. Auf einem unübersichtlichen Parkplatz oder in einer fremden Stadt mag man sich die Erinnerungsfähigkeiten mancher Vogelarten wünschen. Offenbar aber hat es für das Überleben unserer Spezies auch ohne dieses ausgefuchste Ortsgedächtnis gereicht.

Und doch ist es nicht überzeugend, in Sachen Intelligenz auf Wertungen ganz zu verzichten. Größere Intelligenz bedeutet in der Regel eben doch mehr Flexibilität, mehr Möglichkeiten. Nicht alle Wesen benötigen diese. In der Tiefsee verändert sich die Welt, wenn überhaupt, sehr langsam. Und manche Lebewesen, etwa die Krokodile, haben evolutionär auf eine «Ausstattung» gesetzt, mit der sie schon seit 250 Millionen Jahren zurechtkommen.

Für viele andere Arten kann Flexibilität hingegen eine Lebensversicherung sein. Das zeigen Veränderungen wie der Klimawandel: Wer sich auf neue Umgebungen und neue Bedingungen einstellen kann, ist klar im Vorteil. Das macht die menschliche Intelligenz so faszinierend: Auch wenn völlig offen ist, ob es für ein längeres Überleben der Spezies reichen wird, und die Menschheit in der Vergangenheit immer wieder in größere Krisen geraten ist, kann der Mensch sich doch flexibler anpassen und die Welt stärker zu seinen Gunsten umbauen als die anderen Lebewesen.

Was bedeutet das für die Künstliche Intelligenz? Die Welt der natürlichen Geister scheint sich durch eine große Modularität auszuzeichnen: Unterschiedliche Fähigkeiten kommen in ganz unterschiedlichen Kombinationen vor. Das könnte für die Künstliche Intelligenz erst einmal eine gute Nachricht sein. Man muss nicht gleich das ganze Programm menschlicher Intelligenz auf einmal realisieren, wenn man Systeme braucht, die nur in bestimmten Bereichen gut sind.

Der kleine Rundgang durch die Welt der Geister zeigt aber auch, dass kognitive Eigenschaften nur in bestimmten Umwelten Sinn machen. Und dass sie mit der Fähigkeit der Lebewesen zu tun haben, in ihrer Umgebung zu überleben. Der Blick auf die Vielfalt natürlicher intelligenter Wesen öffnet, wie es Sloman beschrieb, vor allem einen großen Möglichkeitsraum.

Eigentlich brauchen wir eine neue Matrix, ein Ordnungssystem, das uns davor bewahrt, den Menschen immerzu in den Mittelpunkt zu stellen, eine Art Periodensystem der Intelligenzen. Um ein wenig Ordnung in die Vielfalt der Geister zu bringen, arbeiten Ali Boyle, Marta Halina und Kolleg*innen vom «Kinds of Intelligence»-Projekt der Universität Cambridge an einem «Atlas der Intelligenzen», biologischer, künstlicher und hybrider. Dieser soll als Grundlage der interdisziplinären Forschung dienen, die nötig ist, um die Welt der Geister zu erfassen. Forschende aus Psychologie, Neurowissenschaften, Biologie, Anthropologie, Philosophie und KI sollten dabei sein. Doch dieser Atlas ist nicht so leicht zu erstellen. In einem ersten Schritt versuchen die Forscher*innen derzeit erst einmal herauszufinden, welche Informationen aus den verschiedenen Disziplinen in so einem Atlas überhaupt verzeichnet sein müssten.

Die Forschung ist mit dem Projekt, sich einen Überblick über die kognitiven Leistungen der Organismen zu verschaffen, offenbar noch lange nicht fertig. Vielmehr erweist sich das Unterfangen als umso komplexer, je genauer man hinsieht.

Mythos Allgemeine Intelligenz

Aus dem Blick in die Welt der natürlichen Geister lassen sich schon einmal zwei wichtige Erkenntnisse mitnehmen: 1. Lebewesen haben Intelligenz nicht einfach so, unabhängig von konkreten Herausforderungen, die sich ihnen in ihrem Leben und ihrem Lebensraum stellen. 2. Es gibt keine natürliche Ordnung intelligenter Fähigkeiten, der Raum der Intelligenz ist, wie es Sloman formulierte, stark strukturiert.

Dies passt nicht wirklich zu einer immer wieder formulierten Kritik an allem, was die Labors der KI-Forschung verlässt, und die in etwa besagt: Eure Systeme sind ja schon ganz beeindruckend, aber, verglichen mit dem Menschen, längst nicht gut genug. Es sind Spezialisten, die ihr da baut, keine Generalisten, es fehlt die allgemeine Intelligenz, über die nur der Mensch verfügt. Aber was genau ist diese allgemeine Intelligenz?

In der Biologie heißen die Alleskönner Opportunisten. Dabei geht es nicht darum, dass da jemand prinzipienlos sein Fähnchen in jeden Wind hängt, Hauptsache, es springt für ihn oder sie etwas dabei heraus. Opportunismus steht einfach für die Fähigkeit, sich zweckmäßig an die jeweiligen Erfordernisse anzupassen. Also zu laufen, wenn es ebenes Gelände gibt, zu schwimmen, wenn man an einen Fluss kommt, zu klettern oder zu fliegen, wenn es nötig ist. Opportunisten sind diejenigen Lebewesen, die mit veränderlichen Umwelten zurechtkommen, die verschiedene Bedingungen nutzen können, die bei Tag jagen können, aber auch in der Nacht nicht hilflos sind, die Salz- und Süßwasser vertragen. Opportunisten nutzen jede Gelegenheit, um sich auszubreiten und fortzupflanzen. Das Gegenteil der Opportunisten sind die Spezialisten, die nur in einem engen Bereich Veränderungen in der Umwelt, etwa bei Salz- oder Sauerstoffgehalt, Feuchtigkeit, Temperatur oder Nahrungsangebot, tolerieren können. Der Panda, der nichts anderes als Bambus verspeist, ist ein extremer Spezialist; Mensch, Schwein, Ratte und Huhn sind da weniger wählerisch. Spezialisten können ihre Nische allerdings meist besser ausnutzen als die Opportunisten, die mit allem ein bisschen anfangen können. Spezialisten und Opportunisten begegnen der Welt also mit unterschiedlichen Strategien.

Und wie ist das mit dem Menschen jenseits der bloßen Nahrungsverwertung? Offenbar sind Menschen Spezialist*innen und Opportunist*innen zugleich. Da gibt es IT-Spezialist*innen, Facharbeiter*innen, Menschen, die in der Lage sind, ein Klavierkonzert auf höchstem Niveau zu spielen, einen Förderantrag für ein neues Projekt in der Quantenphysik zu schreiben, eine richtig gute Pizza zu backen, Sonnenkollektoren zu installieren, eine Behörde zu leiten oder bei einer Herz-OP zu assistieren. Solches Spezialistentum zu erlangen erfordert eine lange Ausbildung oder ein Studium, dazu viel Übung und Erfahrung. Kaum jemand dürfte in der Lage sein, in verschiedenen Bereichen auf höchstem Niveau mitzuhalten.

Doch Menschen sind auch Opportunisten, sie haben – im Prinzip – die Wahl, worauf sie sich spezialisieren möchten. Sie bauen auf einer breiten Grundlage von Fähigkeiten und Möglichkeiten auf, können sich neu orientieren, aus Erfahrung lernen, können Wissen und Fähigkeiten von einem Bereich auf einen anderen übertragen, und neben dem, worauf sie sich spezialisiert haben, können sie ganz viele Dinge ganz gut, gut genug für den Hausgebrauch sozusagen.

Für den Informatiker Yann LeCun ist das noch keine allgemeine Intelligenz. Seiner Ansicht nach können wir zwar ganz unterschiedliche Probleme angehen, uns in ganz verschiedene Felder einarbeiten, in ganz verschiedenen Bereichen Fachleute sein. Dennoch bleibt unsere Intelligenz beschränkt, können wir uns von allen denkbaren Problemen, Fragen und Lösungen nur den kleinsten Teil vorstellen, den, in den wir mit unseren Gedanken und Sinneswahrnehmungen eindringen können. Daneben gibt es unendlich viel, was wir gar nicht wahrnehmen, geschweige denn verstehen.

Da sind zum einen die vielen möglichen Quellen von Unsicherheit: Vielleicht ist die Welt deterministisch, aber chaotisch, so LeCun, dann müssten wir sie unendlich genau wahrnehmen können, um vorhersagen zu können, was geschehen wird. Das aber ist uns nicht möglich. Oder die Modelle, die wir uns von der Welt machen, sind unvollständig – vermutlich trifft beides zugleich zu.

Eine allgemeine Intelligenz wäre dagegen eine Art allwissender Weltgeist. Und es ist nicht einmal recht klar, was das bedeutet. Ein allwissender Geist würde uns vielleicht gar keine Problemlösungen liefern, weil er als allwissend wohl keine (Erkenntnis-)Probleme hätte, sich also auch nicht um Erkenntnis bemühen müsste. Erkenntnis könnte sich als Privileg derer erweisen, die eben nicht alles wissen, denen erst noch das eine oder andere Licht aufgehen kann (und muss). Vielleicht also ist die Idee einer Künstlichen Allgemeinen Intelligenz schlecht durchdacht. Vielleicht ist Intelligenz notwendig beschränkte Intelligenz. Auch eine Superintelligenz könnte demnach zwar leistungsfähiger als die menschliche Intelligenz sein, aber keine allgemeine Intelligenz.

Diesseits von allzu viel Philosophie ist mit der allgemeinen Intelligenz etwas gemeint wie: ein System, das man alles fragen kann und das auf alles eine Antwort hat, ein System, das nicht aus dem Konzept gerät, wenn die Welt sich verändert, die Aufgaben sich von den gewohnten unterscheiden, eine Art *human level intelligence*, nur ein bisschen besser. Auf jeden Fall ein System, aus dem man mehr herausbekommt, als man hineingibt, eine Art Wunderkind, das seine Lehrer*innen überflügelt.

Denken wie ein Mensch

Intelligenz auf menschlichem Niveau zu erreichen, wäre für künstliche Systeme eine enorme Leistung und ein enormer Fortschritt. Doch was macht menschliche Intelligenz aus und was macht sie zu einem geeigneten Vorbild für künstliche intelligente Systeme, außer der Tatsache, dass sie die bislang einzige Intelligenz auf diesem Niveau ist? Ob uns das passt oder nicht, Studien zur Leistungsfähigkeit der menschlichen Intelligenz haben in den letzten Jahren und Jahrzehnten vor allem zutage gefördert, wo und wie stark sich die Intelligenz des Menschen von einem Ideal unterscheidet, das als perfekt rational gedacht ist. 188 sogenannte Biases, kognitive Verzerrungen oder Denkfehler, listet etwa der Unternehmer, Informatiker und Designer John Manoogian in seiner Übersicht auf: Fehler, die einem ständig unterlaufen, schnell und meist unbewusst.[14]

So neigen Menschen etwa dazu, die Wahrscheinlichkeit des Eintretens positiver Ereignisse zu über- und die des Eintretens negativer Ereignisse zu unterschätzen. Optimismus-Bias heißt diese nicht unsympathische, aber natürlich auch nicht unproblematische Grundeinstellung. Der Status-quo-Bias führt dazu, dass wir bestehende Konstellationen neuen vorziehen, der Rhythmus-Bias führt dazu, dass man Gereimtes eher als wahr empfindet als Prosa, der Rampenlicht-Bias bewirkt, dass wir die Aufmerksamkeit, die andere uns entgegenbringen, überschätzen, wir uns also entweder zu viel auf unsere Taten einbilden oder uns zu sehr für ein Fehlverhalten schämen. Der Transparenz-Bias besagt, dass wir davon ausgehen, unser mentales Innenleben ganz gut zu durchschauen, auch wenn wir kaum eine Ahnung haben, wie wir wirklich zu unseren Entscheidungen kommen. Und auch Murphys Gesetz ist hier vertreten, die Erwartung, dass alles, was schiefgehen kann, auch schiefgehen wird, das Marmeladenbrot also immer mit der Marmeladenseite nach unten auf dem hellen Teppich landen wird. Der Myside-Bias lässt uns Ideen, die die Gegenseite formuliert, abwerten und Ideen der eigenen Community höher schätzen; der Bestätigungsfehler, Confirmation Bias, lässt uns diejenigen Informationen besonders hoch schätzen, die zu dem passen, was wir sowieso denken. Gegenpositionen aktiv aufzusuchen und die eigene Position kritisch daran zu überprüfen, fällt uns entsprechend schwer. Der Autoritäts-Bias lässt uns den Aussagen von Experten glauben, auch wenn sie sich zu Dingen äußern, für die sie gar keine Experten sind. Biases sorgen dafür, dass uns zu allen möglichen Dingen – Flugreisen, Impfungen – erst einmal Schauergeschichten über Unfälle und Nebenwirkungen einfallen – und so weiter und so fort.

Immerhin kann der Mensch diese Verzerrungen diagnostizieren, kann sie sich bewusst machen, über sie nachdenken und zumindest einige davon zu vermeiden versuchen. Man kann sich etwa bemühen, sich regelmäßig zu fragen, was wäre, wenn die andere recht hätte, grundsätzlich annehmen, dass der andere nicht dumm oder feindlich gesinnt ist, etc. Eine umfängliche Ratgeberliteratur versorgt uns mit einschlägigen Tipps. Dennoch ist es ziemlich aussichtslos, sich vor einem Urteil oder einer Entscheidung erst einmal zu fragen, ob man nicht vielleicht doch auf einer dieser 188 kognitiven Bananenschalen ausgerutscht ist.

Klar ist: Objektives, rationales Denken sieht anders aus. Bei der Lektüre der Liste dieser Verzerrungen fragt man sich eher, wie Menschen in ihrer Umwelt überhaupt zurechtkommen, wenn sie doch mit einem so verzerrten Blick durch die Welt gehen. Und ob es wirklich ein lohnendes Ziel sein kann, eine solche Intelligenz nachzubauen.

Die Antwort ist, dass Menschen in der Regel nicht trotz, sondern wegen dieser Voreinstellungen oder Verzerrungen zurechtkommen. Wobei «zurechtkommen» ein ganz passendes Wort ist: Meist geht es im Leben eben nicht um perfekte Entscheidungen, es geht darum, ganz gut über die Runden zu kommen mit Entscheidungen, die im Rückblick vielleicht nicht ideal waren, sich aber dann doch irgendwie gefügt haben.

Die Ausgangsbedingungen, mit denen Menschen zu tun haben und unter denen sie Entscheidungen treffen, sind ja auch selten diejenigen, die Psycholog*innen in wohlkontrollierten Laborstudien annehmen: Oft versinken wir in viel zu vielen Informationen und wissen zugleich für die konkret anstehende Entscheidung nicht genug oder nicht das Wichtigste. Wir haben keine Ahnung, was wir uns von dem, was wir so erleben, für später merken sollten. Entscheiden müssen wir trotzdem, und das meist schnell: Wem vertrauen wir, welche Alternative wählen wir?

Vermutlich machen all die Biases, die unser Denken so wenig rational erscheinen lassen, das Entscheiden unter Zeitdruck und bei unvollständiger Information überhaupt erst möglich. Ohne diese Voreinstellungen würden wir viel zu lange brauchen, um die Informationen, mit denen wir konfrontiert sind, zu bewältigen. Begrenzte Rationalität attestiert die Forschung dem Menschen deshalb spätestens seit den 1970er Jahren. Die Psychologen Amos Tversky und Daniel Kahneman wiesen damals darauf hin, wie menschliche Entscheidungen mit solchen Verzerrungen funktionieren und unter welchen Umständen Letztere zum Tragen kommen.[15] Oft zeigt sich dabei, dass die Biases Entschei-

dungen nicht grundsätzlich schlecht oder gar unmöglich machen, sondern die Welt im Licht der Interessen und Absichten
der Handelnden zeigen. Wenn man dem Menschen die Intelligenz aufgrund dieser Befunde nicht absprechen will, folgt daraus, dass man intelligent sein kann, ohne völlig rational zu sein.

Der Philosoph und Kognitionsforscher Dimitri Coelho Mollo
hat es jüngst unternommen, unter den zentralen Begriffen Intelligenz, Kognition und Rationalität etwas Ordnung zu schaffen.[16]
Sein Fokus: Die Begriffe sollten so bestimmt werden, dass sie
artneutral sind, also nicht die Intelligenz einer bestimmten Spezies (lies: des Menschen) als alleinigen Maßstab setzen. Sie sollen auch herkunftsneutral sein, es sollte also egal sein, ob ein intelligentes System Ergebnis der natürlichen Evolution ist oder
aus dem Labor stammt, und sie sollten substratneutral und vielfach realisierbar sein. Das heißt, es sollte nicht darauf ankommen, ob man es mit einem biologischen System oder einem La-
borprodukt zu tun hat, ob es Nervenzellen hat oder Transistoren.

«Kognition» ist ein weiter Begriff, der nicht viele Ansprüche
stellt, so Coelho Mollo. Kognition bezeichnet bestimmte Prozesse oder Fähigkeiten, bei denen es sich um Rechenprozesse
auf der Basis von Repräsentationen handeln kann, aber auch um
Prozesse der Selbsterhaltung und Selbstorganisation.[17]

«Intelligenz» erfordert schon deutlich mehr: In den zahlreichen Definitionen, die für Intelligenz aufgestellt worden sind,
lassen sich vier zentrale Punkte ausmachen, so Mollo: Allgemeinheit, also die Fähigkeit, in vielen unterschiedlichen Situationen angemessen zu handeln und ganz unterschiedlichen Anforderungen gerecht zu werden; Flexibilität, also die Fähigkeit,
das eigene Verhalten an sich verändernde Umstände anzupassen; Zielgerichtetheit, also die Fähigkeit, in einer Situation angemessene Ziele zu finden und zu verfolgen; und Adaptivität oder
Lernen, also die Fähigkeit, gegenwärtiges und zukünftiges Verhalten an Erfahrungen auszurichten. Intelligent ist ein System

demnach, wenn es ein Verhalten zeigt, das diesen vier Kriterien entspricht. Dazu muss ein System nicht perfekt rational sein.

Rationale Systeme kommen in ihrem Verhalten nicht nur zu irgendwelchen, sie kommen zu optimalen oder sehr guten Lösungen oder gehorchen bestimmten normativen Vorgaben. Intelligenz liegt, so Coelho Mollo, zwischen Kognition und Rationalität.

In biologischen Systemen können diese Eigenschaften zusammenhängen: Rationale Systeme sind sowohl intelligent als auch kognitiv, aber umgekehrt gilt dies nicht: Es gibt biologische Systeme, die kognitiv, aber nicht intelligent sind, und auch solche, die intelligent, aber nicht rational sind. KI-Systeme können zu sehr guten oder optimalen Lösungen kommen, wären in diesem Sinne also rational. Intelligent wären sie nur, wenn ihre Lösungen allgemein, flexibel und zielgerichtet wären und auf Lernen beruhten. Systeme wie AlphaGo oder Deep Blue, die eine sehr spezielle punktförmige Rationalität zeigen und nicht in der Lage sind, sich an neue Gegebenheiten anzupassen, wären demnach rational, aber nicht intelligent.

Diese Begriffe ermöglichen es, künstliche Systeme sehr treffend zu beschreiben: als rational, aber bestenfalls eingeschränkt intelligent, gemessen an den Kriterien Allgemeinheit, Flexibilität, Zielgerichtetheit und Lernfähigkeit.

Weil Rationalität eine besondere Qualität von Intelligenz ist, können Organismen hingegen intelligent sein, ohne perfekt rational zu sein. Die Besonderheit der menschlichen Intelligenz liegt denn auch weniger in der perfekten Rationalität als darin, sich auf ganz unterschiedliche Situationen einstellen zu können, in der Lage zu sein, ganz unterschiedliche Probleme anzugehen, Erfahrungen aus anderen Zusammenhängen in neue zu übertragen.

Diese Fähigkeiten können in Computerprogrammen bislang erst in Ansätzen realisiert werden und stehen in der KI-Forschung entsprechend hoch im Kurs. Sie sind es, die den künstlichen Systemen fehlen, damit man ihnen jenseits der sehr begrenzten und klar definierten Sphäre, für die sie eingerichtet wurden, einfach sagen kann, was sie tun sollen. Es ist das, was ihnen fehlt, um damit umzugehen, wenn sich eine Situation verändert, wenn verschiedene oder komplexe Lösungswege zu planen sind, wenn man sich erst einmal umschauen muss, was von den Dingen, die erreichbar sind, nützlich wäre, um eine Aufgabe zu lösen, wie etwa die, an den Schatz auf der anderen Seite des tiefen Grabens zu gelangen, der dummerweise den Boden durchzieht.

Für Alexander Rich und Todd Gureckis von der New York University können Informatiker*innen von der Einsicht in solche Fehler und Verzerrungen des menschlichen Denkens etwas ganz Praktisches lernen: nämlich, worauf man achten muss, um solche Biases bei den künstlichen Systemen zu vermeiden.[18] Ihre Beobachtung: Mehr und mehr kommen automatisierte Entscheidungssysteme zum Einsatz, um menschliche Entscheidungen zu ersetzen. Aber statt sie besser zu machen und die Fehler der Menschen zu vermeiden, verstärken sie diese manchmal noch. Um damit umzugehen, sollten die KI-Forscher*innen die Literatur über menschliches Entscheidungsverhalten zur Kenntnis nehmen und lernen, wie dort mit Biases umgegangen wird.

Wenn natürliche Intelligenz nur mit Biases zu haben ist, könnte es freilich sein, dass dies auch für künstliche Systeme zutrifft, die nicht nur rational, sondern auch intelligent sein sollen. Vielleicht können sie keine allgemeinen Problemlöser sein, die man mit jedem beliebigen Problem befassen kann, sondern müssen diese menschliche Schwäche teilen? Wenn sich ihre Biases allerdings von denen der Menschen unterscheiden, könnten sie dazu dienen, uns auf unsere Voreinstellungen aufmerksam zu machen. Dazu später mehr.

Ein Pflichtenheft

Ob eine perfekt rationale Intelligenz nun möglich ist oder nicht, für die Kognitionsforschung mit ihrer Idee, die menschliche Kognition durch Nachbauen besser zu verstehen, führt ohnehin kein Weg an den Tiefen und Untiefen der menschlichen Fähigkeiten vorbei. Schaut man also, was Kognitionsforscher*innen als typisch für menschliche Intelligenz ausmachen, bekommt man ein beeindruckendes Pflichtenheft, in dem die Fähigkeit, logische Schlüsse zu ziehen, nur eine unter vielen ist:[19]

Zur menschlichen Intelligenz gehört auch die Fähigkeit, mit verschiedenen Dingen umzugehen, wobei «Dinge» für so Unterschiedliches steht wie physikalische Gegenstände, Sätze, Geschichten, mathematische Probleme, soziale Situationen usw.; zur menschlichen Intelligenz gehört die Fähigkeit, unterschiedliche Arten von Dingen wahrzunehmen, herzustellen und zu benutzen, die Fähigkeit, mit unscharfen, schlecht definierten Problemen und Situationen umzugehen, mit Bildern, die schlecht zu erkennen, Sätzen, die schlecht zu verstehen, Situationen, die schwer zu durchschauen sind; dazu gehört ein Phänomen namens *graceful degradation*, etwa: würdevolle Verschlechterung: Gewöhnlich fällt beim Menschen eine Fähigkeit aufgrund von Krankheit oder Alterserscheinungen nicht plötzlich aus, sondern wird langsam schlechter und kann eine Zeitlang durch andere Fähigkeiten ausgeglichen werden, bevor sie völlig versagt. Maschinen dagegen fallen oft komplett aus, wenn ein Teil defekt ist.

Zur menschlichen Intelligenz gehört die Fähigkeit, etwas Erlerntes erst auf einfache, dann auf schwierigere Probleme anzuwenden, vielleicht auch die Fähigkeit, dabei schneller zu werden; die Fähigkeit, Lösungen zu kombinieren, um neue Lösungen zu finden, die in neuen Situationen angewandt werden können. Zur natürlichen Intelligenz gehören die Neugier und die Fähigkeit,

neue Umgebungen zu erkunden, die Fähigkeit, sich mit anderen
zu verständigen und zusammenzuarbeiten; die Fähigkeit, über
Möglichkeiten nachzudenken, Was-wäre-wenn-Fragen zu stellen
und zu beantworten, Situationen vorauszuplanen, und auch, sich
Unmögliches vorzustellen.

Zur menschlichen Intelligenz gehört eine Art Selbstmanage-
ment, also die Fähigkeit, mit unterschiedlichen und vielleicht
widersprechenden Interessen, Neigungen und moralischen Prinzipien umzugehen, die Fähigkeit, zu entscheiden, wann es Zeit
ist, mit dem Suchen nach Informationen aufzuhören und mit
dem Handeln zu beginnen; die Fähigkeit, Kunst zu schaffen und
zu genießen, sich zu amüsieren, zu langweilen, zu ärgern und
alle möglichen anderen Emotionen zu empfinden.

Zur menschlichen Intelligenz gehört die Fähigkeit zur Lösung
von Problemen, die Fähigkeit, Heuristiken und Abkürzungen zu
finden, in einer nur teilweise vorhersehbaren Umwelt zurechtzukommen, einen Körper mit all seinen Sinnesorganen und Handlungsmöglichkeiten zu steuern und vieles andere mehr.

Und zur menschlichen Intelligenz gehört die Fähigkeit, aus
sehr wenigen «Daten» sehr viel zu lernen. Es ist nicht leicht, die
Zahl der Bilder, die ein Kind in den ersten Lebensjahren sieht,
oder die Zahl der Wörter, die es hört, abzuschätzen. Sicher ist,
dass der kindliche «Erkenntnisapparat» ausgesprochen sparsam
und zuverlässig funktioniert. Kein Kind benötigt Tausende von
Bildern, um zu lernen, eine Schildkröte von einem Krokodil zu
unterscheiden. Und das Autofahren, das ein junger Mensch
nach ein paar Fahrstunden meistert, stellt die leistungsfähigsten
Maschinen noch heute vor große Herausforderungen.

Die sorgfältigen und umfassenden Beobachtungen, die Herbert
Simon der Kognitionsforschung empfohlen hatte, sind nach wie
vor in vollem Gange und führen zu einem immer differenzier-
teren Bild der kognitiven Leistungen der Lebewesen. Die Natur

ist voller faszinierender Beispiele für Organismen, die ihr Leben in ihrer Umgebung und im Rahmen ihrer Fähigkeiten geschickt organisieren. Sie zeigen, dass der Raum möglicher Geister in der Tat stark strukturiert und eine allgemeine Intelligenz für die KI-Forschung ein zweifelhaftes Ziel ist. Sie zeigen, dass die Forschung trotz aller Anstrengungen von einer umfassenden Bibliothek möglicher Intelligenzleistungen noch weit entfernt ist.

Zugleich ist dieser Ausflug in die Welt der Geister für die KI-Forschung nur eine Vorstudie. Denn die Beobachtung kluger Vögel, die ihre Beute oder Werkzeuge vor Artgenossen verstecken, ist das eine. Dieses Verhalten, wie es Herbert Simon vorschwebte, dann tatsächlich in Form von Algorithmen zu fassen, ist noch einmal eine ganz andere Herausforderung. Auch zu einer Bibliothek, aus der man bei Bedarf eine passende Bauanleitung – vielleicht für ein besseres Gedächtnis oder eine geschicktere Hand – entnehmen könnte, um damit eine kluge Maschine auszustatten, ist es deswegen noch ein weiter Weg.

3

EIN «KRASS GROSSES PROBLEM»

Von Robotern und Kakadus

Im Institut für Veterinärmedizin der Universität Wien steht eine Box aus Holz. In dieser Box gibt es ein Fach, in das man eine Nuss legen kann oder etwas anderes, das Kakadus gerne mögen. Dann wird das Fach mit einer transparenten Klappe verschlossen und ein stählerner Riegel vorgeschoben. Um diesen Riegel zu öffnen, muss man allerdings erst ein Rad in die richtige Position drehen, sodass die Aussparung darin den Riegel freigibt. Um das Rad zu drehen, muss man einen Bolzen darauf entfernen. Der aber wird von einer Schraube blockiert, die erst herausgedreht werden muss. Und bevor die Schraube gedreht werden kann, muss ein Splint aus ihr herausgezogen werden. Insgesamt sind es fünf Schritte, die man absolvieren muss, um an die Nuss zu gelangen. Es ist ganz schön kompliziert. Aber Goffin-Kakadus, kleine weiße Papageien aus Indonesien, bekommen das hin. Sie brauchen zuerst eine ganze Reihe von Versuchen, drehen und friemeln und ziehen und zerren mit Fuß und Schnabel. Und irgendwann haben sie den Trick bzw. die Tricks raus. «Der schnellste der Vögel hat es in zwei Stunden geschafft. Nachdem er es einmal heraushatte, wurde er immer schneller, schließlich hat er die Nuss in weniger als einer Minute erobert», berichtet die Kognitionsforscherin Alice von Auersperg, die seit vielen Jahren über die Intelligenz von Vögeln forscht und in deren Volieren die Tiere leben.

In dem geräumigen Labor im obersten Stock eines Gebäudes der Technischen Universität Berlin, gleich am Landwehrkanal, steht auch eine solche Box. Das Labor gehört zum Exzellenzcluster Science of Intelligence. Hier halten die Forschenden keine Kakadus, die an den Hebeln laborieren, sondern entwickeln Roboter, vor allem Roboterarme, die es den Kakadus gleichtun sollen. «Lockbox» oder auch «Escape Room» nennen die Forscherinnen und Forscher des interdisziplinären Forschungsverbundes diese Vorrichtung.

«Mein Kollege, der Verhaltensforscher Alex Kacelnik, sagte mir, er habe jetzt einen großen Teil seines Lebens damit verbracht zu studieren, wozu Tiere in der Lage sind», berichtet Oliver Brock, Roboterforscher und Sprecher des Exzellenzclusters. «Aber wie sie das machen, habe er noch immer nicht verstanden. Dann hat er gefragt: ‹Kannst du mir nicht einen Roboter bauen, der kann, was so ein Kakadu kann, und dann schauen wir dem Roboter ins Gehirn, damit wir verstehen, was darin vorgeht, wenn der etwas tut?›»

Genau das versuchen die Forscherinnen und Forscher nun: herauszufinden, wie ein natürliches System, der Kakadu, ein Problem, die Lockbox, löst. Sie versuchen, aus dem komplexen Verhalten eines intelligenten Tieres ein kleines Stückchen zu isolieren, um zu verstehen, was dabei genau vor sich geht. Doch das ist nicht leicht.

Brock, Kacelnik und von Auersperg organisieren das Projekt gemeinsam. «Roboter interessieren mich eigentlich nicht so sehr», bestätigt Kacelnik, der auch die Forschungsgruppe Verhaltensökologie an der Universität Oxford leitet. «Mich interessieren Tiere, Pflanzen, Lebewesen und wie sie Probleme lösen. Ich bin zu den Robotikern gegangen, weil mir klar geworden ist, dass diese Frage kaum zu beantworten ist, wenn wir nur auf die Biologie schauen. Es gibt so viele Wege, ein Problem zu lösen. Ich dachte, wenn die Roboterleute wissen, wie sie ihre Maschi-

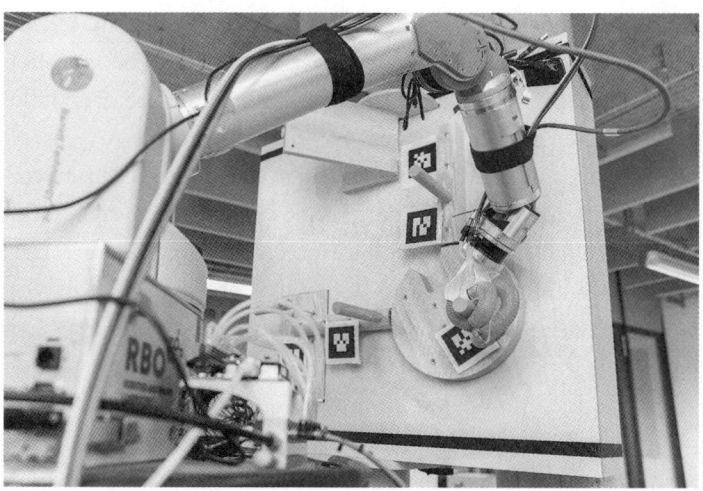

Ein Roboter lernt, ein mechanisches Puzzle zu lösen; Exzellenzcluster «Science of Intelligence (SCIoI)»

nen dazu bekommen, ein Problem zu lösen, dann haben sie doch eine Idee davon, wie es gehen müsste. Also könnten wir vielleicht zusammenarbeiten.»

Er sei frustriert gewesen, sagt der Forscher, denn als Biologe mache er zwar laufend Fortschritte darin, Probleme zu identifizieren, aber nicht darin, sie zu lösen. Menschen schauen Tiere an, staunen, was sie zuwege bringen, und haben doch keine Idee, wie sie dies fertigbringen. «Wir haben immer mehr Daten, aber keine Funktionsprinzipien. Ich will verstehen, was die Tiere tun», so Kacelnik. Mithilfe von Robotern, so seine Hoffnung, könnte man mehr über die Intelligenz von Lebewesen lernen als mit den üblichen Methoden der Verhaltensforschung. «Das ist eine Hypothese, so ganz überzeugt bin ich nicht, aber einen Versuch ist es wert.»

Also filmten die Forscher*innen erst einmal ganz klassisch die Kakadus, die sich an der Lockbox zu schaffen machten: Welche Bewegungen machen sie in welcher Reihenfolge, in welcher Entfernung vom Ziel? Wo greifen sie zu, wo drehen sie den Kopf? Wie halten sie ihre Krallen, wie den Schnabel? Die Biologen erstellten auf dieser Basis ein Ethogramm, eine Art Verhaltenskatalog, in dem die verschiedenen Weisen verzeichnet wurden, in denen die Vögel an der Lockbox herumlaborieren.

«Die Aufgabe war schon eine Herausforderung für die Tiere. Dabei haben wir gesehen, dass sie auch Probleme lösen können, bei denen sie sich erst einmal von ihrem Ziel entfernen und sich dann langsam wieder heranarbeiten müssen, indem sie einen Riegel nach dem anderen öffnen», erklärt Alice von Auersperg. «Wir versuchen zu verstehen, was genau die Strategien dahinter sind. Im besten Fall kann man dann mit Algorithmen beschreiben, wie die Tiere vorgehen, und diese verwenden, um die Roboter zu programmieren.»

Die Roboter tun sich bislang erheblich schwerer damit, die Lockbox zu lösen, die Riegel zur Seite zu schieben, das Rad zu drehen und die Klappe zu öffnen, als die Kakadus. Um ihnen ein bisschen zu helfen, haben die Forscher*innen den Mechanismus vereinfacht und zusätzlich QR-Codes an den Riegeln und dem Rad angebracht. Der Roboter scannt sie und erhält so Informationen, wo genau er zugreifen muss, also etwa: Der Riegel befindet sich zehn Zentimeter oberhalb im 90-Grad-Winkel nach rechts. «Die Bewegung auszuführen, ist schon schwierig genug, sodass wir erst einmal die Wahrnehmung so weit vereinfachen wie möglich und hilfreich», erklärt Pia Bideau, die am Exzellenzcluster an Roboterhänden forscht und daran, wie sie am besten zugreifen können.

Pia Bideau arbeitet an einer weichen Hand für den Roboter. Diese besteht aus Silikon. In ihrem Inneren verlaufen Schläuche, durch die der Luftdruck in verschiedenen Luftkammern der Finger reguliert werden kann. So wird die Hand dazu gebracht, sich zu öffnen oder zu schließen. Der Vorteil von weichen Händen gegenüber dem klassischen Metall oder Plastik der Roboter ist, dass sie flexibler reagieren und sich dem zu greifenden Gegenstand leichter anpassen können. Der Roboter muss also nicht ganz so genau wissen, wie und wo er zugreifen muss. Der Nachteil ist freilich: «Eine weiche Hand ist im Computer nicht so gut nachzustellen, eben weil es sehr schwer ist, Material, Umgebung und Bewegung genau zu modellieren, und ein Teil der Bewegung sich aus der Anpassung des Materials ergibt», erklärt Bideau. Das wiederum heißt, dass der Lernprozess nicht allein im Computer, also in der Simulation, stattfinden kann, sondern der Vorgang auch mit der «echten» Roboterhand gelernt werden muss. Das dauert deutlich länger als im Computer simulierte Lernprozesse.

Und auch die nötigen Teile kann man nicht einfach fertig im Elektrofachmarkt kaufen. «Wenn die Leute hören, dass wir hier an künstlichen Händen arbeiten, stellen sie sich wer weiß was vor, dabei geht es um Finger aus Silikon, wenig elastischem Stoff auf der Fingerinnenseite, umwickelt mit einem Faden, damit der Finger sich nicht aufbläht wie eine Ballon, sondern kontrahiert, ähnlich einem natürlichen Finger, wenn der Luftdruck erhöht wird. Das ist *learning by doing*, das wird hier alles Schritt für Schritt entwickelt.» Das Bauen solcher Systeme als Methode schätzt sie dennoch: «Anders bekommt man die nötigen Details einfach nicht in den Blick.»

Die Idee klingt gut: Das reiche bunte Leben in der Natur zu verstehen, indem man es in einem deutlich weniger komplexen und besser zu kontrollierenden System wie einem Roboterarm nachbaut, einem System, das man noch dazu nach Belieben manipulieren kann, ohne dass ein Tier zu Schaden käme. Doch es stecken mehr als nur einige Teufelchen in den Details. Selbst reduziert auf eine einzige Aufgabe wie das Lösen der Lockbox ist die Komplexität der Natur verwirrend und kaum zu bändigen. «Was der Vogel tut, ist wissenschaftlich gesehen noch immer viel zu komplex. Er guckt mal hier- und mal dorthin, scharrt mal hier, zupft mal da. Dann ruft nebenan ein Kumpel von ihm. Was hat er für eine Laune, wie ist das Wetter? Man müsste eigentlich so viele Faktoren berücksichtigen», erklärt Brock.

Zudem: Wenn der Vogel die Aufgabe lösen kann, was hat er dann genau verstanden? Weiß er jetzt, was es mit Riegeln auf sich hat, und kann dieses Wissen anderswo auch anwenden? Hat er eine Idee von Wenn-dann-Beziehungen oder von Kausalität? Oder hat der Vogel einen zufällig gefundenen Lösungsweg nur auswendig gelernt und arbeitet ihn mechanisch ab, wenn er ihn einmal beherrscht? Um dies zu klären, variierten die Forscher*innen das Experiment: Sie nahmen ein Stück aus dem Mechanismus heraus. Was würden die Vögel tun? «Sie haben dann jeweils unterhalb der Lücke angefangen, egal, welchen Teil wir herausgenommen haben», berichtet von Auersperg. «Das beobachten wir oft: Während die Tiere ein Problem lösen, lernen sie etwas über die Physik hinter den Dingen.» Was genau, ist freilich nicht leicht zu sagen. «Eigentlich haben wir noch nicht einmal verlässliche Methoden, um aus unseren Daten sinnvolle Schlüsse zu ziehen, die entwickeln wir gerade erst», sagt Brock.

Und zu diesen Methoden gehört der Roboter: «Wenn wir in der Lage sind, Dinge, die wir in biologischen Agenten sehen, auf Roboter zu übertragen, dann gewinnen wir damit ein ganz neues Werkzeug», erklärt Brock. «Beim Vogel kann man keine einzelnen Faktoren abschalten, und wir sehen auch nicht, was den Anlass gegeben hat, dass er jetzt erst links gezupft hat und nicht rechts. Bei einem Roboter können wir das ganz genau sehen. Wenn wir einen relevanten Anteil von Intelligenz in ein synthetisches System übertragen haben, können wir das synthetische System genauso zum Gegenstand einer Studie machen wie das biologische System. Nur dass wir eben mehr sehen. Wir können die Experimente immer wieder wiederholen und beobachten, was passiert, wenn man Kleinigkeiten verändert. Das ist für die Wissenschaft eine neue Dimension an Präzision.» Deshalb schauen die Forscher*innen von Science of Intelligence zwischen den Tieren und den Robotern hin und her, analytisch-synthetisch nennen sie ihren Ansatz: das Bestehende analysieren und dann testweise nachbauen. «Mir ist es auch ein Anliegen, dass man durch Strategien zur Problemlösung, die man in der Natur findet, vielleicht die KI der Zukunft verbessern kann», so Alice von Auersperg.

Aber wenn der Roboterarm die Aufgabe irgendwann einmal so meistert wie der Vogel, könnte er nicht trotzdem ganz anders funktionieren? «Im Prinzip natürlich schon», gesteht Brock zu. «Aber wenn sich das Verhalten der Maschine genau so verändert wie das des Vogels, wenn ich etwas an der Situation verändere, dann denkt man doch, das muss etwas miteinander zu tun haben. Natürlich ist das, was im Roboter vor sich geht, ganz anders als das, was im Vogel passiert, aber die Mechanismen sollten sich so identifizieren lassen», erklärt der Forscher. «Wir werden nie genug Informationen haben, um ganz genau zu beschreiben, was vor sich geht, aber wenn wir eine lange Liste von Randbedingungen haben – wann die Bewegung sich beschleunigt, wann verlangsamt, in welcher Reihenfolge die Schritte erfolgen –, dann ist die Hoffnung, dass es gar nicht mehr so viele andere Möglichkeiten gibt, überhaupt ein System zu bauen, das all diese Randbedingungen erfüllt und sich so verhält wie unser System.»

Diese Randbedingungen zu finden, ist freilich eine unglaublich komplexe Aufgabe. Zu klären ist zum Beispiel, was ein Vogel lernen muss und was er schon in seiner Genetik mitbringt. Die Fähigkeit, Dinge in Löcher zu stecken oder mit Stöckchen herumzustochern, ist offenbar angeboren, und auch die in Millionen Jahren Evolution optimierte Sehfähigkeit bringt der Kakadu einfach mit. «So ein Vogel ist ein durchgetuntes System, das darf man nicht vergessen», erklärt Brock. «Der Roboter dagegen wurde ja gerade erst zusammengesteckt.»

Erst das Nachbauen macht deutlich, wie komplex die Aufgabe ist, die die Forscher*innen sich gestellt haben. «Das ist eine riesige Übung in Bescheidenheit, wenn man sieht, was andere Spezies tun können, aber auch, was den eigenen Intellekt angeht», sagt Brock. «Es ist unglaublich, wir verstehen noch nicht einmal, was genau die Herausforderungen sind, vor denen wir stehen, geschweige denn, wie Lösungsansätze aussehen müssten. Da denke ich schon mal, warum habe ich mir so ein krass großes Problem ausgesucht?»

Theorie und Praxis interdisziplinärer Arbeit

Um das krass große Problem zu bewältigen und ein künstliches System zu schaffen, das lernen kann, die Lockbox zu öffnen, arbeiten im Exzellenzcluster Forscherinnen und Forscher aus ganz verschiedenen akademischen Disziplinen zusammen. Sie arbeiten analytisch, versuchen also zu verstehen, was in einem System vor sich geht, und synthetisch, also daran, ein künstliches System zu bauen, das diese Erkenntnisse verkörpert. An jedem Unterprojekt sind Forschende beider Ansätze beteiligt. Die Lockbox hält die Projekte zusammen. «Es war gar nicht so leicht, etwas zu finden, an dem alle arbeiten können», berichtet Pia Bideau. Doch für das Öffnen der Box sind viele Fähigkeiten nötig: sehen, greifen, schieben, Bewegungen koordinieren, da lassen sich viele Forschungsfragen unterbringen.

Diese Art von gemeinsamer Forschung ist nicht nur inhaltlich eine Herausforderung. Sie trifft auch auf strukturelle Probleme. Zwar ist Interdisziplinarität, also die Zusammenarbeit von Forschenden aus verschiedenen Disziplinen, seit vielen Jahren in aller Munde. Ohne das Bekenntnis zur Interdisziplinarität hat man kaum Chancen auf Forschungsförderung. Nur wird die Umsetzung selten honoriert. «Ich kann das nur machen, weil ich emeritiert bin und nicht die nächste Förderung an Land ziehen muss», erklärt etwa Alex Kacelnik. Die Nachwuchswissenschaftlerinnen und -wissenschaftler in Berlin kennen das Problem auch: Alle arbeiten für ihre wissenschaftliche Karriere an einem Projekt, das säuberlich in Fachgrenzen einzuordnen ist, und dazu noch an der Lockbox. «Ja, das kommt für die Nachwuchsforschenden noch obendrauf», erklärt Bideau. «Idealerweise können sie beides verbinden, aber ersetzen lässt sich das eine durch das andere nicht.»

Wider die Verhexung des Verstandes durch die Sprache

Das «krass große Problem» beginnt schon mit dem Versuch, es genau zu formulieren. Neue Forschungsfelder zu erschließen, bedeutet immer auch, eine angemessene Sprache zu finden und passende Begriffe zu definieren. In der Kognitionsforschung scheint dieses Problem besonders ausgeprägt, wir sind ihm bei den Geistern und den Gespenstern schon kurz begegnet. Es gibt oft keine präzisen Begriffe, um zu fassen, wovon die Rede sein soll. Begriffe, die bislang auf Menschen und Tiere angewandt wurden, müssen nun daraufhin abgeklopft werden, ob und wie weit sie auch für Maschinen oder Programme verwendet werden können, ohne falsche Vorstellungen hervorzurufen. Die vielen Anführungszeichen, die in einschlägigen Arbeiten verwendet werden, um deutlich zu machen, dass die Systeme dann doch nicht im selben Sinne lernen, meinen oder verstehen wie Menschen, und Formulierungen wie die von einer «echten künstlichen Intelligenz» sind da nur ein Vorgeschmack.

Während die Kognitionsforschung damit begann, in Begriffen der Datenverarbeitung von menschlicher Kognition zu sprechen, um dem Wissenschaftsverständnis der Zeit entgegenzukommen, hat sich die Perspektive längst gedreht: Längst werden mentale

Konzepte auf künstliche Systeme angewandt. Wahrnehmen, Lernen, Verhalten, Erinnern und Gedächtnis, selbst Motivation werden heute Maschinen zugeschrieben. Manchmal mit Bedacht, manchmal ein wenig fahrlässig.

Je genauer man hinschaut, desto schneller verdunsten diese vertrauten Begriffe allerdings in einen vagen Bedeutungsnebel, erweisen sich als viel zu ungenau und werden oft ganz unterschiedlich verwendet. Viele dieser Begriffe ziehen zudem einen Rattenschwanz an philosophischen Diskussionen hinter sich her, die es nicht einfacher machen, sich auf eine halbwegs präzise Bedeutung zu einigen. Doch was man nicht genau formulieren kann, hat man auch im Kopf nicht richtig klar.

Die Philosophie, schrieb der Philosoph Ludwig Wittgenstein, sei der Kampf gegen die Verhexung unseres Verstandes durch die Mittel unserer Sprache. Sprache kann den Verstand verhexen, zumindest kann sie ihn verführen. Denn vertraute Formulierungen machen es schwer, sich von vertrauten Vorstellungen zu lösen, die dann, eventuell zu Unrecht, von den natürlichen auf die künstlichen Systeme übertragen werden oder umgekehrt. Bedeutet, Schach spielen zu können, in jedem Fall, intelligent zu sein? Oder bedeutet es das vielleicht doch nur in Bezug auf Menschen und gerade nicht, wenn man von Programmen spricht? Mit Begriffen übertragen wir Erwartungen, und mit den Erwartungen im Kopf treffen wir Entscheidungen darüber, wie Systeme weiterentwickelt, welche Aufgaben ihnen überlassen werden und welchen Umgang mit ihnen wir moralisch für angemessen halten.

Einer der mächtigsten Tricks, mit denen die Sprache den Verstand verhext, ist die unbedachte Bildung von Substantiven. Wenn ein Glas leer ist, gibt es dann eine Leere, die sich im Glas befindet? Unsinn? Aber wenn Lebewesen intelligent sind, dann gibt es doch eine Intelligenz, die die Lebewesen besitzen? Eine Intelligenz, die man dann in aufwändigen Forschungsprojekten dingfest zu machen versucht? Unter Umständen dauert es lange, sich von einer solchen Vorstellung zu befreien. «Ich vermute, wenn wir Intelligenz wirklich verstanden haben, wissen wir nicht mehr, was wir mit dem Begriff ‹Intelligenz› bezeichnen sollen. Dann hat sich alles in kleine Teile aufgelöst», sagt Oliver Brock.

Es ist nicht einmal gesagt, dass die Unterscheidungen, die wir auf der Ebene unserer alltäglichen Redeweise, auf der Ebene unserer «Alltagspsychologie» vornehmen, auch auf anderen Ebenen gelten. So scheint uns der Unterschied zwischen Wahrnehmen und Handeln ganz eindeutig: Man sitzt und schaut oder man tut etwas, manchmal geht auch beides zugleich. Im Gehirn ist diese Unterscheidung viel weniger klar. Es könnte sein, dass sich unsere alltagspsychologische Sicht der Welt, wenn man genauer hinschaut, in etwa so auflöst wie unsere Alltagsphysik beim Blick in die Welt der Elementarteilchen.

Henry Shevlin und Marta Halina von der Universität Cambridge unterscheiden drei Arten von Begriffen: (1) diejenigen, die eine so weite Bedeutung haben, dass sie problemlos in KI und Psychologie verwendet werden können, wie etwa «Verhalten»; (2) Begriffe, die in beiden Bereichen eine klare Bedeutung und etablierte Verwendung haben und deshalb nicht verwechselt werden, etwa «bestärkendes Lernen» *(reinforcement learning)*, und (3) diejenigen, bei denen man vorsichtig sein sollte, wie «Bewusstsein», «Wahrnehmung», «Handlung» oder «Theorie des Geistes» *(Theory of Mind)*, also die Fähigkeit eines Systems, zu verstehen, dass andere Systeme sich ihre eigenen Gedanken machen. Bei letzteren Begriffen sei die Gefahr groß, dass es spätestens bei der interdisziplinären Zusammenarbeit von Forschenden zu Verwirrung komme. Und noch größer sei die Gefahr, dass sie in populären Darstellungen solcher Forschung unvorsichtig verwendet werden. So würden in der Öffentlichkeit falsche Vorstellungen und übertriebene Erwartungen geweckt, die unvermeidlich zu Enttäuschungen führen. Ganz pragmatisch

sollten KI- und Kognitionsforscher*innen um solche Begriffe daher besser einen Bogen machen oder zumindest sicherstellen,
dass bei Organismen und künstlichen Systemen gleiche Stan-
dards verwendet werden, wenn gleiche Begriffe im Spiel sind.

Glücklicherweise ist die Sprache kein starres System. Para-
doxerweise ist sie einerseits präzise genug, um die feinsten Nu-
ancen von Empfindungen auszudrücken und Stimmungen zu
transportieren. Andererseits passt sie nur so ungefähr auf die
Welt, jeder versteht Sätze, Begriffe, Anspielungen und Sprach-
bilder ein wenig anders, wird von Worten an anderes erinnert, in
andere Stimmungen versetzt. So ist Sprache nicht beliebig, aber
variabel. Und das ist auch gut so. Denn passten Wörter oder
Sätze ganz genau auf bestimmte Sachverhalte, Konstellationen
oder Erfahrungen, könnten wir uns wegen der Unterschiede
zwischen den Menschen wohl gar nicht unterhalten. Die Sprache
muss ein wenig über den Dingen schweben. «Gib mir mal die
Tasse da» muss funktionieren, wenn zwei Menschen dieselbe
Tasse aus unterschiedlichen Blickwinkeln sehen. Diese Distanz
gibt auch die Freiheit, Formulierungen anzupassen, ungewohnte
Bedeutungen anzudeuten und im Argument weiter zu präzisie-
ren. Diese Eigenart der Sprache, dass Wörter eben nicht wie Aufkleber fest an den Dingen kleben, sondern erst im Austausch
funktionieren, hat auch Konsequenzen für die künstlichen Systeme; darauf kommen wir zurück.

Und es gibt noch einen weiteren Aspekt: Wenn wir die Leistungen künstlicher Systeme unvorsichtig mit Begriffen aus der
menschlichen Psychologie zu fassen versuchen, könnten wir
neue und interessante Strukturen, die in den künstlichen Systemen realisiert sind, übersehen, so Shevlin und Halina.[1] So sind
Menschen, Tiere und manche künstlichen Systeme in der Lage,
neue Kategorien und Begriffe zu bilden und sie zu verwenden,
um den Input aus ihren Sensoren zu sortieren. Diese scheinbar
gleiche Fähigkeit ist aber jeweils ganz unterschiedlich realisiert.

Wir sollten unsere psychologischen Begriffe nicht als erschöpfend betrachten, so die Autor*innen. Denn dies könnte dazu führen, Stärken von Systemen zu übersehen, die uns in anderen Hinsichten unterlegen sind. Menschen brauchen viel weniger Bilder, um zu lernen, wie eine Giraffe aussieht, als ein künstliches neuronales Netz. Und natürlich verwechseln wir eine Banane nicht mit einem Toaster, wie es manchem Bilderkennungssystem ergeht, wenn man die Bilder geschickt manipuliert. Aber dafür fallen diese Systeme auf viele optische Täuschungen, die uns zu schaffen machen, nicht herein, sind sie in vielen Aufgaben viel schneller und auch genauer als wir. Es ist nicht gesagt, dass künstliche Systeme, denen wir irgendwann vielleicht einmal zugestehen werden, intelligent zu sein, die Welt so wahrnehmen werden wie wir. Die Begriffe, mit denen wir über solche Systeme sprechen, sollten es zumindest nicht erschweren, solche Unterschiede zu erkennen.

4

RAUS AUS DEM GOLDENEN KÄFIG

Künstliche Systeme zeigen in «körperlosen» Herausforderungen immer bessere Leistungen, ohne das grundsätzliche Problem zu lösen, ein Verständnis für die Welt zu entwickeln. Natürliche Systeme als Vorbild zu nehmen und sie nachzubauen erweist sich als ein «krasses Problem», selbst wenn es «nur» darum geht, eine Klappe zu öffnen, um eine Nuss aus einem Fach zu holen. Ein Grund dafür besteht darin, dass die künstlichen Systeme zu lange in goldenen Datenkäfigen gehalten wurden. Wie es scheint, müssen sie hinaus in die Welt, um klug zu werden.

Grobi geht ins Museum

Erinnern Sie sich an Grobi aus der Sesamstraße? Grobi hatte einmal ein Museum entdeckt, auf das er sehr neugierig war: ein Museum für alles, für die ganze weite Welt.[1] Er betritt das Museum, steht erst staunend vor den vielen Türen, öffnet dann eine nach der anderen und streift durch Säle, in denen Dinge ausgestellt sind, die auf dem Boden liegen, Dinge, die gewöhnlich am Himmel zu sehen sind, Dinge, die an den Wänden hängen, Unterwasserdinge, niedliche Dinge mit Fell, lange Dinge, die zum Schreiben da sind, und Arten, wie man gekitzelt werden kann (und beim Besuch gekitzelt wird); er besucht einen Saal mit Gemüse außer Möhren und einen Saal nur mit Möhren. Am

Ende seines Rundgangs ist er dennoch enttäuscht: Er habe nun zwar viel gesehen, beklagt er, aber nicht alles in der großen weiten Welt. Da entdeckt er eine letzte Tür, die überschrieben ist mit: «Alles andere». Sie führt nach draußen.

Mit den gängigen künstlichen intelligenten Systemen könnte es sich verhalten wie mit Grobi im Museum, meinen Inioluwa Deborah Raji und Kolleginnen.[2] Wie Museumsbesucher*innen werden ihnen sorgfältig drapierte Exponate präsentiert, ordentlich einsortiert in vorgegebene Kategorien. Damit werden diese Systeme immer besser darin, bestimmte Aufgaben zu erfüllen, entfernen sich aber zugleich immer weiter von dem Ziel, so etwas wie eine menschenähnliche Intelligenz zu entwickeln. Sie werden Spezialisten für Ausstellungen statt für die Welt.

Besonders gut zu sehen ist dies am vielleicht berühmtesten Intelligenztest für künstliche Systeme, dem Turing-Test (von Turing ursprünglich «Imitation Game» genannt). Dabei interagiert ein Mensch via Tastatur mit einem Computerprogramm und einem anderen Menschen. Nach ein paar Fragen und Antworten muss er entscheiden, wer der Mensch und wer der Computer ist. Ein Computer, der in diesem Spiel als Mensch durchgeht, soll als intelligent gelten. Dies ist im Prinzip ein geschicktes Verfahren, denn es umgeht die leidige Frage, was denn genau unter Intelligenz zu verstehen und wie sie zu realisieren ist.

Dennoch ist der aktuelle Status des Turings-Tests ein wenig paradox. Auf der einen Seite wird die Diskussion um die großen Sprachmodelle bis heute von genau dieser Idee befeuert: Menschen führen Dialoge mit diesen Programmen und entscheiden, wie überzeugend ihre Leistung ist. Zwar treten sie meist nicht in formellen Turing-Settings zu einem Vergleich von Mensch und Maschine an. Doch natürlich geht es darum, ob das System überzeugt, und das heißt, ob es Antworten gibt, die auch ein Mensch gegeben hätte, oder ob es sich sonst als «geistreich» erweist. Dies gelingt den Algorithmen immer häufiger und immer wieder einmal sind die Systeme so überzeugend, dass darüber diskutiert wird, ob das eine oder andere von ihnen vielleicht doch Bewusstsein entwickelt haben könnte.

Auf der anderen Seite hat sich der Test als wenig brauchbar erwiesen. Zu viel hängt davon ab, mit welchem Vorwissen Menschen an diesen Test herangehen und wie leicht sie zu überzeugen sind. Vor allem aber hat er die KI-Forschung eher auf Abwege geführt, denn es hat sich gezeigt, dass nicht unbedingt die intelligentesten Systeme in diesem Test gut abschneiden, sondern die, die gut bluffen, etwa indem sie vorspielen, ein Mensch zu sein, der sehr jung, verrückt oder unkooperativ ist. Systeme daraufhin zu entwickeln, dass sie den Turing-Test bestehen, führt also nicht unbedingt zu Systemen mit menschenähnlicher Intelligenz, sondern eher zu Systemen, die gut tricksen. Statt Systeme zu entwickeln, die intelligent antworten können, und diese dann mithilfe des Turing-Tests auf die Probe zu stellen, werden Systeme, die den Test gut bestehen, zum eigentlichen Ziel.

Ähnlich geht es, so beklagen Inioluwa Deborah Raji und Kolleginnen, mit vielen anderen Testverfahren. Üblicherweise wird die Leistung von Computersystemen mit Benchmarks gemessen, also mit Vergleichswerten, die bei bestimmten Aufgaben erzielt werden. Ein solcher Vergleichswert dient nicht nur dazu, zu beurteilen, wie leistungsfähig ein System ist, sondern auch dazu, zu sehen, ob die Entwicklung Fortschritte macht, und dazu, die Leistung verschiedener Systeme miteinander vergleichen zu können.

Bei Bilderkennungsprogrammen etwa wird die Rate gemessen, mit der Bilder aus einer bestimmten Sammlung, häufig dem ImageNet, erkannt werden. Im ImageNet gibt es etwa 14 Millionen Bilder, die von Hand annotiert und in über 20 000 Kategorien (eigentlich Zusammenstellungen von Synonymen, «synsets») eingeteilt sind. Menschen haben also alle Bilder angesehen und beschrieben, was darauf zu sehen ist. In der von 2010 bis 2017 jährlich ausgetragenen *ImageNet Large Scale Visual Recognition Challenge* war 2015 zum ersten Mal ein Computerprogramm besser als ein Mensch, mit einer Fehlerrate von 4,9 Prozent im Vergleich zu 5,1 Prozent.

Was ImageNet für die Bilderkennung, ist z. B. SuperGLUE für die Sprachverarbeitung. Der Nachfolger von GLUE ist mit noch schwierigeren und komplexeren Sprachaufgaben ausgestattet. Zu SuperGLUE gehören etwa Aufgaben, in denen die Systeme mit Sätzen umgehen müssen, aus deren Struktur allein nicht klar wird, worauf sich in ihnen vorkommende Pronomen beziehen. Das berühmteste Beispiel: «Die Verantwortlichen verweigerten den Demonstranten die Genehmigung, weil sie Gewalt fürchteten.» Verglichen mit: «Die Verantwortlichen verweigerten den Demonstranten die Genehmigung, weil sie Gewalt befürworteten.» Der Bezug von «sie» ist in den strukturell identischen Sätzen ein anderer, was zu völlig anderen Aussagen führt. Inzwischen gibt es eine Sammlung von über hundert solcher Sätze. Lange waren diese Sätze eine große Herausforderung, GPT-3 soll sie zu 88,3 Prozent richtig erfassen.[3]

Viele Systeme waren in der letzten Zeit so erfolgreich, dass die Benchmarks immer wieder nachgeschärft werden mussten. Inzwischen beklagen Forscher*innen, dass buchstäblich Tausende verschiedener Benchmarks existierten, was das Gegenteil dessen bewirke, was mit ihnen bewirkt werden sollte: Statt viele verschiedene Programme mit demselben Test zu prüfen, um sie vergleichen zu können, gibt es für die meisten der verschiedenen Testverfahren nur sehr wenige Anwendungen. Ein Drittel der Benchmarks, so haben Forschende gefunden, wird überhaupt nicht verwendet, zum Teil werden die Systeme so schnell besser, dass sie die Benchmarks überholen, zum Teil sind diese nicht mehr aktuell, weil inzwischen andere Fähigkeiten gefragt sind, als sie testen können.

Wie bei den Dialogsystemen führen bessere Leistungen etwa in der ImageNet-Klassifikation nicht unbedingt zu Systemen, die der menschlichen Fähigkeit zur Bildererkennung näher kommen. Denn für solche Bildsammlungen werden in der Regel Bilder aus dem Internet verwendet, und diese zeigen Dinge meist frontal und im Zentrum, mit dem Ergebnis, dass Programme, die bei diesen Tests gut abschneiden, vielleicht sogar besser als Menschen, dennoch in der echten Welt versagen.

Benchmarks machen die großen Themen der KI-Forschung wie Bilderkennung oder Sprachverstehen handhabbar, rechnen sie aber auch klein. Indem sie zu Definitionen dessen werden, was man erreichen möchte, sind sie so etwas wie die goldenen Käfige der lernenden Systeme.

Ein naheliegender Schritt besteht nun darin, die Benchmarks Schritt für Schritt zu erweitern, die Aufgaben, die sie stellen, immer vielseitiger und schwieriger zu machen. Und genau dies geschieht: So werden etwa in der Datenbank ObjectNet Bilder gesammelt, die Objekte aus ungewöhnlichen Perspektiven zeigen: Ein Stuhl liegt quer auf einem Bett, ein T-Shirt hängt an einem Spiegel, eine Teekanne liegt umgedreht auf dem Fußboden. Forscher*innen fanden, dass Bilderkennungsprogramme bei diesem Datensatz erst einmal ein um 40 bis 45 Prozent schlechteres Ergebnis zeigen als bei den klassischen Bilddatenbanken wie ImageNet. Das Grobi-Problem allerdings, dass die Systeme auch mit diesen vielfältigeren Bildern nur vorgegebene Kategorien lernen, ist damit nicht zu beheben. Wenn künstliche Systeme lernen sollen, die Welt ähnlich wie Menschen zu erfassen, braucht es ein größeres Umdenken.

Die Geschichte von Grobi illustriert, worauf wir oben schon einmal gestoßen sind: Offenbar kann man die Welt nicht komplett klassifizieren. Doch dies wäre nötig, um sie in einem Museum unterzubringen. Aber wie soll man «alles» in eine endliche Anzahl von Kategorien einordnen? Und was sind überhaupt sinnvolle Kategorien? «Möhren» versus «Gemüse außer Möhren» eher nicht, es sei denn vielleicht, man ist ein Kaninchen. Was hätte jemand zudem über die Welt gelernt, der gelernt hätte, Dinge einem dieser etwas willkürlich angelegten Räume zuzuordnen? Der Roboterforscher Rodney Brooks formulierte schon 1990: Die Welt ist ihr eigenes bestes Modell, immer *up to date* und stets vollständig, mit allen Details. Ein Museum der ganzen Welt kann nur die ganze Welt sein. Besser wäre es also, Systeme, die einmal intelligent werden sollen, könnten, wie Grobi, durch die letzte Tür treten, in die Welt hinaus.

Die klassische Museumsbesucher*in ist zudem vor allem passiv. Die Hände gehören auf den Rücken, teilte mir jüngst eine besonders besorgte Aufsichtsperson mit, als ich mich einem Exponat offenbar zu sehr genähert hatte. Die Museumsbesucher*in geht herum und betrachtet. Dies ist kein geringes Vergnügen, doch es ist das Vergnügen derer, die die Welt schon kennen, sich zurücknehmen und das Betrachten genießen können. Bis der Mensch so weit ist, muss er eine lange Entwicklung durchlaufen. Nicht umsonst ist ein Museumsbesuch zeitlich nur sehr begrenzt zu genießen. Und nicht umsonst ist ein gutes Familienmuseum eines, bei dem man anfassen und ausprobieren darf.

Verglichen mit einem lernenden Algorithmus ist allerdings selbst ein*e Museumsbesucher*in noch sehr aktiv: Im Museum geht man immerhin herum, verändert den Blickwinkel, kann entscheiden, vor welchem Exponat man länger verweilen möchte, an welchem man vorübergeht.

Vielleicht ist es also auch ihre passive und völlig neutrale Haltung, die es den künstlichen Systemen erschwert, die Welt zu verstehen? Müssten sie vielleicht selbst in der Welt unterwegs sein? Müsste man sie, wie es Alan Turing schon 1950 vorgeschlagen hatte, mit Sinnesorganen ausstatten, sie unterrichten und sie ihre eigenen Erfahrungen machen lassen?

Welche Rolle spielt der Körper?

Die radikalste Antwort auf die Frage, was künstliche Systeme brauchen, um intelligent werden zu können, kommt von Vertretern der Theorie der verkörperten Kognition, *embodied cognition*. Ohne einen Körper mit seiner konkreten Gestalt, mit seinen Bedürfnissen, Empfindungen und Antrieben, sei Intelligenz nun einmal nicht zu haben.

Die Frage, welche Rolle der Körper beim Denken spielen mag, hat die Philosophiegeschichte seit der Antike begleitet. In der Kognitionsforschung wurde der Körper in den 1980er Jahren zum Thema. Damals präsentierte der Roboterforscher Rodney Brooks seine Subsumtionsarchitektur, der zufolge Roboter erst einmal lernen müssen, ihren Körper zu bewegen, dann, im Raum zu navigieren, und erst später, sich komplexen kognitiven Aufgaben zu widmen. Diese späteren, höheren, «abstrakteren» Schichten durften dabei die Funktionsfähigkeit der grundlegenderen nicht beeinträchtigen.

Richtig in Gang kam die Diskussion, als 1991 *The Embodied Mind* erschien, ein Buch, in dem Francisco Varela, Evan Thompson und Eleanor Rosch ausführten, der Körper und die Erfahrungen, die durch ihn möglich werden, seien die Basis seiner kognitiven Fähigkeiten. Edwin Hutchins und Kollegen legten wenig später nach und erklärten, Kognition sei nicht nur Sache des Individuums, man müsse zu ihrer Erklärung auch die Umwelt und andere Individuen einbeziehen. Sie nannten ihren Ansatz *distributed cognition*, verteilte Kognition. 1998 erschien *The Extended Mind* der Philosophen David Chalmers und Andy Clark, in dem sie behaupten, der Geist könne durchaus auch Stift und Papier, Laptop oder was einem sonst beim Denken hilft, umfassen.

Seither ist es unübersichtlich geworden um den Geist. Immer mehr Theorien postulieren immer neue Aspekte, die berücksichtigt werden müssten, um zu verstehen, wie der Mensch es fertigbringt, sich halbwegs intelligent durch die Welt zu bewegen. Die etwas kryptische Sammelbezeichnung «4E Cognition» ist ein Versuch, die Kognitionsforschung neu zu sortieren. Die vier E stehen für *embodied, embedded, extended* und *enactive*. Die nicht immer ganz trennscharfen Begriffe besagen im Wesentlichen, dass der Geist als verkörpert und in eine Umwelt eingebettet verstanden werden muss, in der sich auch andere intelligente Wesen befinden, von denen sie etwas lernen können. Andere «E-factors» wie *ecumenical, ecological* und *evolutionary* haben es noch nicht in die kanonische Zählung geschafft, *open* und *integrated* passen leider nicht ins Schema.

So heterogen diese Ansätze sind, sie zeigen, dass aus Einzelarbeiten inzwischen eine Strömung geworden ist, die alle Bereiche der Kognitionsforschung abzudecken versucht, von der Wahrnehmung über die Begriffsbildung bis zu sozialer Interaktion und Ästhetik. Und die auch immer mehr Anhänger in der KI-Forschung findet.

Vertreter*innen dieses Ansatzes sind sich einig, dass der Geist eben nicht das Programm des Gehirns ist, sondern eine überlebensdienliche Fähigkeit konkreter Organismen in einer konkreten Umwelt: Der Körper ermöglicht Empfindungen, Bedürfnisse und Emotionen, die Menschen ihre Erfahrungen bewerten lassen. Der Körper bestimmt die Art, wie wir wahrnehmen. Vieles brauchen wir uns nicht zu merken, weil die Umwelt uns daran erinnert. Der Mensch lernt nicht für sich allein, sondern von und mit anderen und mit seinen Hilfsmitteln. Es ist nicht so, dass wir Probleme im Kopf lösen und dann die Lösungen aufschreiben. Das mag zwar vorkommen, aber meist gehört es zur Entwicklung von Problemlösungen, dass Aufgaben notiert, Zwischenschritte skizziert oder mit anderen besprochen werden. Natürlich behauptet niemand, der Mensch könne ohne Gehirn denken. Doch mit einem Gehirn allein ist es auch schwierig. Die nächste Aufgabe für den Bau künstlicher Systeme, die eine menschenähnlichere Intelligenz zeigen sollen, könnte also gerade darin bestehen, diese Faktoren nachzubilden.

Dass der Körper für die Kognition eine zentrale Rolle spielt, ist inzwischen unbestritten. Uneins sind die Forscher*innen darüber, worin sie genau besteht. Doch das wäre wichtig zu wissen. Denn Forschung mit verkörperter künstlicher Intelligenz, also mit Robotern, ist eine Herausforderung. Mit Robotern zu arbeiten ist aufwändiger und erheblich teurer, als mit Programmen zu experimentieren. Sollen Roboter etwas lernen, dauert dies viel länger, als wenn ein Computerprogramm Testläufe durchrechnet. Zudem ist die wirkliche Welt so komplex und veränderlich, dass es schwierig ist, einen Testlauf exakt zu wiederholen.

Glücklicherweise kann man Roboter oder andere Körper im Computer nachbilden. Dazu muss man allerdings möglichst genau wissen, auf welche Faktoren es ankommt, was also simuliert werden muss, was man weglassen kann und wo es vielleicht doch nicht ohne einen echten Roboter geht.

Für die einen geht es bei der Rolle des Körpers eher um Details wie die Vorverarbeitung eingehender Reize, bevor sie das Gehirn erreichen, andere suchen einen neuen Blick auf das große Ganze: Ist es vielleicht nur eine Frage der Bequemlichkeit, überhaupt die Unterscheidung zwischen kognitiven Systemen und ihrer Umwelt aufrechtzuerhalten?

Morphological Computation heißt das Forschungsfeld, auf dem es darum geht, wie viel von dem, von dem man einmal dachte, das Gehirn müsse es berechnen und steuern, eigentlich schon in der Gestalt des Körpers angelegt ist. Berühmt ist etwa der Passive Läufer, ein Roboter, bestehend nur aus Füßen, Beinen und Hüfte, manchmal noch mit Armen, die helfen, das Gleichgewicht zu halten, der allein durch die Struktur seines Körpers eine Rampe hinuntergehen kann, ohne irgendeine zentrale Steuerung. Ein anderes Beispiel sind weiche Hände, die die Unebenheiten des-

sen, was sie ergreifen, leicht ausgleichen können: Bei Roboterhänden, die sich mit Luftdruck aufblasen, um einen Gegenstand
zu ergreifen, ist es fast egal, welche Form dieser hat. Sie können zugreifen, ohne die Form im Detail wahrnehmen zu müssen. Je genauer man hinsieht, umso mehr verschwimmt also die
Grenze zwischen Wahrnehmen und Handeln, Körper und Gehirn, Steuereinheit und Gesteuertem.

Vincent Müller von der Universität Erlangen-Nürnberg und
Matej Hoffmann von der Universität Prag warnen allerdings davor, den Begriff «Computation» hier zu weit auszudehnen. Der
Passive Läufer etwa ist ein rein mechanisches Gerät, in dem gar
keine Berechnungen stattfinden, betonen die Autoren, nicht in
den Beinen und auch nicht anderswo. Allerdings könnte dieser
Läufer mit einem relativ einfachen Update dazu gebracht werden, auch auf einer geraden Fläche zu laufen. Seine Architektur
macht es also möglich, dies mit relativ wenig Rechenkraft zu realisieren.[4] Ein Gecko hingegen, der an der Wand hochlaufen
kann, weil seine Füße über eine bestimmte feine Struktur verfügen, die die Adhäsionskräfte ausnutzt, könnte ohne diese Füße
schlicht nicht an der Wand hochlaufen, da könnte sein Gehirn so
viel berechnen, wie es will.

Ein wichtiger Aspekt zum Verständnis von Intelligenz ist also
die Architektur des Körpers, die Möglichkeiten und Grenzen für
seine kognitiven Fähigkeiten mit sich bringt. Gerade hier erweist
sich das physische Nachbauen oft als unverzichtbar: Welche Bedeutung die Morphologie eines Körpers hat, welche Bewegungen
zentral gesteuert werden müssen und welche sich aus der Dyna-
mik und Plastizität eines Körpers ergeben, lässt sich anders
kaum feststellen. So lernten Forscher etwa durch den Nachbau
der Stabheuschrecke (siehe Abbildung auf S. 15), dass die Beine
des akrobatischen Tieres sich zu einem großen Teil einfach mit-
bewegen, wenn ein Bein angesteuert wird.

Ganz ohne Roboter wird es also nicht gehen, dennoch funktionieren Simulationen, also Roboter, die nur als Programm, als Avatare in virtuellen Umgebungen existieren, immer besser. Simulationen sparen Zeit und man läuft nicht Gefahr, im Zuge des Trainings teure Roboter zu zerstören oder Menschen in seiner Umgebung zu gefährden.

Blumen gießen, Staub wischen, Post sortieren: der virtuelle Spielplatz

Allerdings reicht es nicht, einen Roboter zu simulieren, er braucht auch eine Umgebung. Lange waren die Möglichkeiten, künstliche, aber möglichst naturgetreue Welten zu simulieren, beschränkt. Immerhin müssen in diesen Welten die üblichen Naturgesetze gelten, und sie sollten reichhaltiger sein als der übliche leere Raum mit drei Säulen und vier Bauklötzen. Hinzu kommt das Problem des Reality Gap, der «Realitätslücke»: Wenn Controller, die in der Simulation entwickelt wurden, in einen echten Roboter eingesetzt werden, führen die Abweichungen, die trotz aller Bemühungen zwischen der echten und der simulierten Welt bestehen, dazu, dass dessen Leistungen erst einmal nicht besonders gut ausfallen.

Doch diese Lücke wird langsam kleiner, die virtuellen Welten werden immer detaillierter und realistischer. In ihnen können die simulierten Agenten aktiv unterwegs sein und handeln. Das ist das Gegenteil der Strategie, ein System passiv mit so vielen Daten wie möglich zu füttern. Dieses aktive Lernen soll dazu führen, dass die Systeme ein reicheres Verständnis ihrer Umwelt und ihrer Möglichkeiten entwickeln.

Inzwischen gibt es zahlreiche simulierte, teils mithilfe von professioneller Grafik aus dem Bereich der Computerspiele fotorealistisch gestaltete Alltagswelten. Neue Benchmarks definieren, was die simulierten Agenten in diesen Welten fertigbringen müssen. BEHAVIOR etwa ist ein an der Stanford University entwickelter Vergleichsmaßstab für hundert Haushaltsaktivitäten, die vom Zusammenstellen eines Geschenkkorbs über das Sortieren von Post und das Aufstellen einer Mausefalle bis zum Blumengießen reichen. Wie Menschen die Aufgabe angehen, haben die Forscher*innen zuvor in VR-Programmen gefilmt. Menschen bewegten sich also mithilfe einer Ausstattung für virtuelle Realität, einer VR-Brille und entsprechenden Sensoren, durch die Szenen, in denen sich auch die simulierten künstlichen Agenten bewähren müssen. Diese Aufzeichnungen dienen diesen zugleich als Maßstab und als Trainingsmaterial. Das Simulationsprogramm iGibson2 hat auch Aktivitäten wie Zwiebeln schneiden, Fleisch braten und Regalböden abwischen im Programm. Von der Vielfalt der wirklichen Welt ist das noch immer weit entfernt, aber die Entwickler*innen bemühen sich, die simulierten Welten so realistisch wie möglich zu gestalten.

Vor allem von der Kombination von Simulation und virtueller Realität versprechen Forscher*innen sich viel. Zum einen lassen sich auf diesem Weg Daten darüber sammeln, wie Menschen Aufgaben bewältigen, anhand derer Avatare dann lernen können. Zum anderen könnten sich via VR auch «echte» Menschen in den simulierten Umgebungen der künstlichen Agenten bewegen. Letztere könnten so lernen, mit Menschen zu interagieren – erst einmal rein virtuell, bevor man sich dann womöglich irgendwann später tatsächlich in der Küche gegenübersteht.

«Habitat» ist die virtuelle Forschungsplattform von Facebook. Auch dort gibt es verschiedene fotorealistische Wohnungen, von Biedermeier bis techno-nerdig. Darin üben die Agenten zum Beispiel, bestimmte Orte zu erreichen: «Geh ins Badezimmer!» oder auch: «Dreh dich um und gehe durch die braune Tür!» Oder sie sollen Fragen beantworten: «Welche Farbe hat das Regal unter dem Fernseher?» Auch für diese Umgebung gibt es einen Wettbewerb, die seit 2019 ausgetragene *Habitat Challenge*.

Hier muss ein Agent, der an einer beliebigen Stelle in einer simulierten Wohnung «erwacht», eine Aufgabe erfüllen, etwa: «Finde einen Stuhl!» Dabei hat der Agent nichts als seine Sensordaten, eine Kamera, GPS und einen Kompass, um sich zu orientieren, einen Stuhl zu finden und ihn dann auf einem möglichst effizienten Weg anzusteuern.

Eine andere simulierte Testumgebung ist iTHOR, die am Allen Institute for Artificial Intelligence entwickelt wurde.[5] Sie umfasst 120 verschiedene Räume mit über 200 Gegenständen, alles in 3-D. Darin sind simulierte Agenten unterwegs, in diesem Fall runde Köpfe mit Armen auf einer Art Säule, die mit den Gegenständen interagieren können. Sie können etwa durch die Küche gehen, einen Wasserkessel nehmen, ihn auf den Herd setzen und eine Kochplatte anstellen. Diese leuchtet dann orange unter den Rändern des Kessels hervor. Oder sie können eine Scheibe Toast in den Toaster stecken, diesen anschalten und später die geröstete Scheibe herausnehmen und auf einen Teller legen. Wenn sie Gegenstände nicht richtig ablegen, fallen sie herunter, ebenso, wenn sie am Tisch rütteln. Wenn die Agenten eine Schublade öffnen, wird sichtbar, was darin liegt. Würden sie in den Fernseher schlagen, würde die Mattscheibe splittern. Die Agenten können in dieser Umgebung üben, sich zu orientieren und umherzufahren, sie können lernen, dass Objekte teilweise oder ganz verdeckt sein können, ohne aufzuhören zu existieren; sie können trainieren, Anweisungen zu folgen oder Fragen zu beantworten, etwa zur Füllung des Kühlschranks.

Eine weitere Simulation dieses Instituts umfasst verschiedene eingerichtete Apartments. Das Besondere daran: 18 davon gibt es auch «in echt», nicht nur in der Simulation. Sie haben verstellbare Wände, die leicht zu neuen Szenerien umzubauen sind: eine Essecke, ein Schlafzimmer, eine Arbeitsecke mit einem Schreibtisch. Der Roboter, der darin herumfährt, kann von Forschenden weltweit mit ihren jeweiligen Programmen getestet werden.

Sollen Roboter mit Menschen erfolgreich zusammenarbeiten, müssen sie auch ein Verständnis für das mentale Leben der Menschen entwickeln, so die Idee der Forschenden vom MIT, dem MIT-IBM Watson AI Lab und der Harvard University. Mentales Leben bedeutet für die Forscher*innen erst einmal nicht mehr, als davon auszugehen, dass Menschen Absichten, Pläne, Wünsche und dergleichen haben und dass diese mitbestimmen, was Menschen tun und lassen werden.

Um solche alltagspsychologischen Leistungen virtueller Agenten messbar zu machen, gibt es etwa AGENT, einen Benchmark für «psychologisches Denken». Hier sind die Szenarien keine fotorealistischen simulierten Wohnungen. Stattdessen bewegt sich ein roter, blauer oder lilafarbener Ball mit großen Augen durch eine Klötzchenwelt: Er betrachtet mal die gelbe Pyramide rechts, mal den blauen Kubus links, springt auf dem Weg zu einem Ziel über einen Spalt oder fährt um eine Wand herum. Es geht darum, Agenten zu entwickeln, die sich verhalten, wie Menschen sich verhalten würden. Ist das Hindernis verschwunden, sollte der Agent verstehen, dass er nun weder springen noch einen Umweg fahren muss, sondern sein Ziel direkt ansteuern kann. Es ist ein Vergleichsmaßstab, ein Diagnoseinstrument, um zu sehen, wie gut Agenten abschneiden.

Erste Ergebnisse zeigen, dass die Leistungen von Systemen, die in solchen Umgebungen aktiv unterwegs sind, gegenüber den nur mit Bildern von Objekten trainierten Systemen in der Bilderkennung tatsächlich ein wenig besser, sparsamer und effizierter sind.[6]

Ein ungleicher Wettbewerb: die Tier-KI-Olympiade

Mit intelligenten Organismen halten die simulierten Agenten aber noch nicht recht mit. Das zeigte sich etwa bei der Tier-KI-

Olympiade. In diesem Wettbewerb sollten Tiere und künstliche Systeme in ähnlichen Aufgaben gegeneinander antreten. Dazu versuchten Forscherinnen und Forscher um Matthew Crosby vom Leverhulme Center for the Future of Intelligence der Universität Cambridge Testverfahren, die entwickelt wurden, um die Intelligenz von Tieren zu messen, so anzupassen, dass sie auch für Algorithmen verwendet werden können.[7] Sie hofften, auf diese Weise Kognitionsforschung und KI näher zusammenzubringen und es der KI-Forschung zu erleichtern, sich Leistungen bei Tieren abzuschauen.

Typischerweise werden Tiere in solchen Tests mit einer Aufgabe konfrontiert, die sie lösen müssen, und bekommen dafür meist Futter. Sie üben, bis sie sich an eine Situation gewöhnt haben und eine Aufgabe bewältigen können, dann wird die Aufgabe um eine neue Dimension erweitert, um zu sehen, ob das Tier das Gelernte auf die neue Aufgabe übertragen kann oder ob es nur eine Folge von Aktivitäten auswendig gelernt hat. Die Aufgaben sind so konzipiert, dass sich daraus, dass ein Tier sie lösen kann, auf eine bestimmte Fähigkeit schließen lässt, etwa im Bereich Gedächtnis, Planung, Beherrschung, soziale Kognition oder Werkzeuggebrauch. Sollte, was bei Hunden, Ziegen, Delfinen, ja selbst Spinnen funktioniert, nicht auch auf künstliche Systeme anzuwenden sein?

Die Tier-KI-Olympiade fand bislang einmal, 2019, statt. Anders als bei Wettbewerben in Schach, Go oder Jeopardy, bei denen bereits künstliche Systeme und Menschen gegeneinander antraten, ging es bei der Olympiade, wie bei ihrem «echten» Vorbild, nicht nur um eine Aufgabe. Stattdessen gab es hundert verschiedene Aufgaben in zehn Kategorien, die verschiedene Aspekte von Intelligenz erfordern. Sie waren auf einer Art virtuellem Sportplatz zu absolvieren: einer simulierten Umgebung für künstliche Agenten. In der simulierten Welt galten die üblichen physikalischen Gesetze und es gab verschiedene Dinge: Nahrung, Wände, Blöcke, gefährliche Zonen, für deren Betreten es Punktabzug gab, und anderes mehr.

Die zu bewältigenden Herausforderungen reichten vom Wiederfinden von Nahrung über das Ausweichen vor Hindernissen bis hin zu Aufgaben, bei denen es darauf ankam zu verstehen, dass Objekte auch bestehen bleiben, wenn man nicht hinschaut, und wie man sich der Objekte bedienen kann, um Aufgaben zu erledigen.

Insgesamt gab es bei dem Wettbewerb 10 000 Dollar zu gewinnen. Sechzig Teams aus aller Welt nahmen an der Olympiade teil. Der virtuelle Sportplatz mit all seiner Ausstattung wurde vorab veröffentlicht. Die Teams hatten dann vier Monate Zeit, um ihre virtuellen Agenten darin zu trainieren; die genauen Aufgaben des Tests waren ihnen dabei nicht vorher bekannt. Sie sollten nämlich keine Spezialisten trainieren, sondern Agenten einreichen, von denen sie annahmen, dass sie auf diesem Sportplatz unter wechselnden Bedingungen ihr «Futter» finden und andere Aufgaben erledigen könnten. Dazu konnten sie den Sportplatz nach Belieben konfigurieren, die Agenten bekamen jedoch keine anderen Rückmeldungen als den Score, den sie in ihren Probeläufen erreichten.

Nun ist es nicht einfach, KI-Systeme in eine unbekannte Umgebung zu setzen, wie man es mit Tieren machen kann. Ein System wie AlphaZero mag zwar im Schach und im Go besser spielen als der Mensch, aber es muss darauf trainiert sein. Ein System, das auf Schach trainiert ist, kann nicht einfach Go spielen. Und wenn es Go dann gelernt hat, hat es vergessen, wie man Schach spielt. Ein solches System ist völlig ungeeignet, eine neue Umgebung zu erkunden.

Anders sieht es etwa bei einem System aus, das Google DeepMind 2015 vorstellte: Es lernte allein aus den Input-Pixeln der sich verändernden Bilder auf dem Computerbildschirm, 49 Atari-Spiele zu spielen, manche davon so gut wie menschliche Spieler.[8] Dazu kombinierte das System Reinforcement Learning, bei dem es darum geht, diejenige Handlung mit der größten Belohnung, in diesem Fall dem höchsten Punktestand im Spiel, auszuwählen, mit Deep-Learning-Verfahren, mit denen es Muster in den Pixeln suchte. Im Prinzip, so die Autoren, zeigen solche Systeme, dass die Aufgabe zu lösen sein müsste. Sollte ein System in der Lage sein, alle Aufgaben zu bewältigen, wäre dies ein Nachweis kognitiver Fähigkeiten, wie sie bei Tieren gefunden werden.

Verschiedene Tiere (Hund, Mäuse, Raben) wurden in realen Umgebungen getestet. Selbst wenn die Tiere nicht immer alle Aufgaben schafften, schnitten die künstlichen Systeme doch deutlich schlechter ab – ganz ähnlich wie die Roboterarme im Vergleich zu den Kakadus. Befand sich etwa die Belohnung, die es zu finden galt, im oberen Teil des Gesichtsfelds statt auf dem Boden, fanden die Agenten sie nicht wieder. Der Umgang mit Objekten klappte gar nicht, und auch die Aufgabe, um Objekte herumzufahren statt auf sie zu, entpuppte sich als Herausforderung. Den ersten Preis gewann ein Team um den Machine-Learning-Experten Denys Makoviichuk mit dem System Trrr – mit für künstliche Systeme beeindruckenden Leistungen, die aber an diejenigen der Lebewesen nicht herankamen. Trrr war eine Art Generalist: Es siegte in keiner der einzelnen Disziplinen, kam aber in der Gesamtwertung auf die höchste Punktzahl.

Die Tier-KI-Olympiade wurde bislang nicht wiederholt. Die Idee, virtuelle Sportplätze oder andere Szenarien für Test und Training zu verwenden, hat sich in der KI-Forschung hingegen fest etabliert. Sie sind noch nicht die große weite Welt, aber immerhin eine Art Indoor-Spielplätze. Sie zeigen, welche Herausforderungen künstliche Agenten bewältigen müssen, um etwas zu leisten, was uns in der Regel kaum Probleme macht: herumgehen, sich umschauen, verstehen, wo man ist und was man dort tun könnte.

5

DIE WELT WAHRNEHMEN

Die großen Sprachmodelle sind körperlose Systeme. Die Kommunikation mit ihnen erfolgt in der Regel über eine Tastatur, manchmal über Mikrofon und Lautsprecher. Dazu reicht es, wenn sie die Tastatur- oder Spracheingaben analysieren können. Die Avatare des letzten Kapitels, die virtuelle Umgebungen durchstreifen, Roboter, die unterwegs sein sollen, autonome Fahrzeuge oder Pizza backende Küchenroboter müssen die Welt, in der sie sich bewegen, hingegen wahrnehmen können. Sie sollen meist sehen und tasten, manchmal aber auch riechen oder schmecken können.

Wie häufig in der Geschichte der KI mussten die Forscher*innen anfangs feststellen, dass sie sich diese Aufgabe zu einfach vorgestellt hatten. Und dass sich hinter den Problemen, die sich beim künstlichen Wahrnehmen stellen, einmal mehr grundlegende Unsicherheiten darüber zeigten, wie diese Fähigkeiten überhaupt zustande kommen.

Der Mensch ist ein stark visuell geprägtes Lebewesen. Wir öffnen die Augen und sehen eine stabile, wohlsortierte Welt. Da ist es vielleicht kein Wunder, dass unter den vielen Sinnen, die in der Natur vorkommen – darunter der Sinn für Gleichgewicht, die Schmerzempfindung, Sensoren für Erschütterungen und Vibrationen –, das Sehen auch in der KI-Forschung und der Robotik den prominentesten Platz einnimmt. Immer wieder muss das Sehen als Modell für die Wahrnehmung insgesamt herhalten.

Um Tasten, Riechen und Schmecken geht es in der Forschung eher selten. Würden Fische Roboter bauen, bekämen diese vielleicht zuerst einen elektrischen Sinn.

Es ist aber nicht ganz unproblematisch, das Sehen so stark in den Vordergrund zu stellen. Gerade weil es uns so leichtfällt, verführt es zu einem falschen Bild dessen, was Wahrnehmen eigentlich ausmacht; es verführt zu der Idee, da draußen gebe es eine Welt, die erst einmal zu erkennen und im Kopf abzubilden ist, damit man sie dann beim Denken nach Lösungen für verschiedene Probleme durchsuchen kann – etwa so, wie man sich in der Küche umschaut, wenn man das Nudelsieb sucht. Und es verführt zu der Idee, dass wir gar nicht viel dazu tun müssen. Gewiss, manchmal müssen wir ganz genau hinsehen, um eine kleine Schrift zu entziffern oder etwas zu erkennen, das weit entfernt oder verdeckt ist. Manchmal unterliegen wir auch optischen Täuschungen. Aber im Allgemeinen gilt: Wir schlagen die Augen auf und sehen Dinge, Tiere und Personen, wir sehen Bewegungen, Farben und Formen, einfach so. Versuche, künstliche sehende Systeme zu bauen, belehren uns eindrücklich eines Besseren.

Sehen: Kein Projekt für einen Sommer

Gerald Sussman ist heute Professor für Künstliche Intelligenz am Massachusetts Institute of Technology und arbeitet unter anderem über Privatheit und Sicherheit in Computersystemen. Im Jahr 1966 hatte er als Student einen Job, der ihn fast das Handtuch werfen ließ: Er war Koordinator des Summer Vision Project des MIT, geleitet von Marvin Minsky und Seymour Papert. Zehn studentische Mitarbeiter sollten den Sommer damit verbringen, «einen signifikanten Teil» eines künstlichen visuellen Systems zu bauen. Eine Kamera sollte an einen Computer angeschlossen und dieser dann dazu gebracht werden zu beschreiben, was er mit ihrer Hilfe sieht. Dazu sollte er befähigt werden, Objekte von Hintergründen zu unterscheiden und die erkannten Objekte mit Begriffen aus einer Datenbank zu bezeichnen. Im Juli sollte er erst einmal nur mit Gesichtern verzierte Bälle, Blöcke und Zylinder in verschiedenen Farben und mit unterschiedlichen Oberflächen erkennen lernen, im August dann komplexere Formen wie Zigarettenschachteln mit Schrift und Banderolen oder walzenförmige Batterien, darauf dann im nächsten Schritt Werkzeuge und Alltagsgegenstände wie etwa Tassen.[1] Es muss ein frustrierender Sommer gewesen sein. Ergebnisse des Projekts wurden nie veröffentlicht und Sussman wollte danach, wie kolportiert wird, nie wieder über *Computer Vision* arbeiten.

Erst 2012 sollte es dem an der Universität Toronto entwickelten Programm *AlexNet*, das als eines der ersten mit Künstlichen Neuronalen Netzen arbeitete, gelingen, bei einem Wettbewerb der Bilderkennungsprogramme ein respektables Ergebnis zu erzielen. Es drückte die Fehlerrate bei der Bilderkennung von den damals üblichen 26 Prozent auf 16 Prozent.

Damit erging es dem Forschungsfeld Computersehen wie der Künstlichen Intelligenz insgesamt: Zu Beginn hofften die Forscher, in ein paar Wochen oder Monaten nennenswerte Fortschritte bei einem anscheinend simplen Projekt zu machen: Sehen kann doch keine so große Sache sein! Nennenswerte Fortschritte stellten sich dann tatsächlich erst in den letzten Jahren ein, wirklich gelöst ist das Problem bis heute nicht.

«Die Naivität war damals groß», sagt Constantin Rothkopf, der an der Universität Darmstadt eine Forschungsgruppe für *Computer Vision* leitet. «Für Menschen ist es so selbstverständlich, die Augen zu öffnen und eine wohlgeordnete Welt vorzufinden, dass man erst einmal darauf kommen muss, dass es hier größere Probleme zu lösen gibt und ein Kamerabild mit Sehen noch nicht viel zu tun hat.»

In der Antike vertrat der Philosoph Demokrit die Vorstellung, von den Dingen lösten sich Eidola, eine Art Abziehbildchen, ab, die durchs Auge in die Seele gelangen und dort erkannt werden. Andere, darunter Platon, stellten sich das Auge aktiver vor: Es sende eine Art Sehstrahl aus, der die Umgebung abtastet. Immerhin ist das Auge ständig in Bewegung, anders als etwa das festsitzende Ohr. Aristoteles hatte bereits die Idee, Licht, das von den Gegenständen reflektiert wird, treffe das Auge. Der arabische Arzt Abu Hasan Ibn al-Haitan erkannte zu Beginn des 11. Jahrhunderts die Bedeutung der Linse für das Sehen.

Die ersten Hinweise, wie man maschinelles Sehen angehen könnte, fanden die Forscher*innen in den Neurowissenschaften. Die Neurophysiologen David Hubel und Torsten Wiesel beschrieben in einem 1959 erschienenen Aufsatz, wie die visuellen Erfahrungen, die Katzen in ihren ersten Lebenstagen machen, ihren visuellen Kortex prägen. Und sie beschrieben, dass die Wahrnehmung immer mit einfachen Strukturen beginnt, also etwa mit Rändern und Kanten von Objekten, und erst in späteren Verarbeitungsstufen komplexere Aspekte hinzukommen.[2] David Marr, der uns schon im Zusammenhang mit den drei Ebenen der Erklärung begegnet ist, stellte Anfang der 1980er Jahre die These auf, das Gehirn generiere dreidimensionale Modelle der Umwelt, was in der Bildverarbeitung nachgeahmt werden müsse. Seiner Ansicht nach baut das Gehirn auch diese Modelle hierarchisch auf, indem es bei Ecken, Kanten und Rändern beginnt und dann komplexere Aspekte wie Formen, Körper, Augen, Gesichter rekonstruiert. Später wurde klar, dass Bilderkennung auch ohne solche Modelle funktioniert.

Ein Bild muss für ein Bilderkennungssystem erst einmal in eine maschinenlesbare Form überführt werden, das heißt in Zahlenwerte. Digitale Fotoscanner machten das ab den 1960er Jahren möglich. Doch dies war nur ein erster Schritt auf dem Weg zur maschinellen Bilderkennung, die heute von KNN dominiert wird. Der engste Flaschenhals war meist die Menge der Bilder, die als Trainingsdaten fungierten. Diese müssen zahlreich, von guter Qualität und möglichst aktuell sein. Ein autonomes Fahrzeug soll sich schließlich in der Gegenwart zurechtfinden und kann dazu nicht mit veralteten Bildern trainiert werden. Bekommen KNN im Trainingsprozess zu wenige Daten, kommt es zu einem Phänomen namens «Overfitting», Überanpassung: Sie lernen unter Umständen einfach auswendig, was sie «gesehen» haben, statt die relevanten Strukturen zu extrahieren, und sind dann für andere, neue Bilder nicht zu gebrauchen. Zudem müssen die Bilder richtig annotiert sein und nicht irgendwie. So beklagten etwa Umweltschützer jüngst, zahlreiche Tiere seien auf Fotos in Trainingsdatensets falsch bezeichnet und die damit trainierten Bilderkennungssysteme daher für ein Umweltmonitoring nicht zu gebrauchen.

Heute zeigt sich im Bereich der Bildverarbeitung eine ganz ähnliche Situation wie im Bereich der großen Sprachmodelle: Auf der einen Seite erbringen Bilderkennungssysteme immer bessere Leistungen, machen rasante Fortschritte und sind in vielen Anwendungen längst im Alltag angekommen, vom Entsperren des Handys mithilfe der Gesichtserkennung bis zu Apps, die als Reiseführer Sehenswürdigkeiten identifizieren und Informationen dazu anzeigen, oder solchen, die bei der Bestimmung von Wiesenblumen helfen. Andere beschreiben Menschen mit Sehbehinderungen Aspekte der Welt oder durchsuchen Urlaubsfotos nach Bildern vom Meer oder vom Familienhund. Sie schlagen Kunden Produkte vor, die sie vielleicht auch interessieren könnten. In der Medizin machen Bilderkennungsprogramme von sich reden, die Röntgen-, CT- oder MRT-Bilder analysieren und auf Hinweise nach Tumoren absuchen. Pixel für Pixel können sie noch die geringsten Abweichungen in der Färbung vergleichen und haben keine Ermüdungs- oder Konzentrationsprobleme. Versicherungen verwenden automatische Bilderkennung, um Schadensfälle auszuwerten, Behörden, um Menschen auf den Bildern von Überwachungskameras zu identifizieren oder Autofahrer*innen zu erkennen, die beim Fahren mit dem Handy telefonieren. Supermärkte experimentieren damit, das Alter von Kund*innen vor den Regalen oder an der Kasse zu identifizieren, um ihnen passende Werbung anzuzeigen. Visuelle Systeme werden auch zentral dafür sein, wenn irgendwann einmal autonome Fahrzeuge ihre Umwelt sicher wahrnehmen können.

«Die Systeme, die wir jetzt sehen, von Google, Facebook, DeepMind etc., sind wirklich beeindruckend. Es ist verblüffend, wie viel Struktur diese Systeme allein aus den Daten ziehen. Noch vor zehn Jahren hat niemand geglaubt, dass man das erreichen kann», erklärt Constantin Rothkopf. Diese Erfolge haben dazu geführt, dass heute eine Fraktion behauptet, das Problem des Computersehens sei im Wesentlichen gelöst.

Andererseits fällt immer wieder auf, dass Algorithmen empfindlich reagieren, wenn der Input sich auch nur wenig verändert. So kann ein Algorithmus zur Bilderkennung, der in dem einen Krankenhaus gute Dienste beim Durchsehen von Röntgenbildern leistete, in einem anderen versagen, nur weil dort ein anderes Röntgengerät steht, das geringfügig andere Bilder macht.

Und dann sind da die Adversarial Attacs, die «feindlichen Angriffe» – eigentlich Tricks, mit denen man Bilderkennungsprogramme in die Irre führen kann. Ein Forschungsteam um Kevin Eykholt von der University of Michigan klebte zwei schwarze und zwei weiße Aufkleber auf ein Stoppschild. Sie waren nicht besonders groß – kein Mensch hätte ein Problem gehabt, das Schild trotzdem zu erkennen. Doch ein Bilderkennungssystem hielt das Stoppschild auf einmal für eine Geschwindigkeitsbegrenzung auf 45 Meilen pro Stunde. Ein autonomes Fahrzeug, mit diesem Programm ausgestattet, wäre wohl, ohne anzuhalten, über eine Kreuzung gerast. Andere Studien haben gezeigt, dass man dazu im Extrem nur wenige oder sogar nur einen einzigen

Pixel verändern muss und dass es manchmal reicht, ein für Menschen nicht sichtbares weißes Rauschen über ein Bild zu legen oder einen Aufkleber daneben zu platzieren, um Programme in die Irre zu führen.[3] Menschen hingegen sind sehr robust im Umgang mit solchen Veränderungen, die nichts zu bedeuten haben. Sie können meist sehr gut unterscheiden, worauf es ankommt und worauf nicht.

In anderen Studien stellte sich heraus, dass ein Modell, das scheinbar Pferde auf Fotos erkennen konnte, die Pferde gar nicht «ansah», sondern die Entscheidung auf den klein in die Ecke gedruckten Bildnachweis des Pferdefotoarchivs gründete. Auch in der Medizin haben Wissenschaftler*innen inzwischen Modelle ertappt, die, statt das Lungengewebe zu betrachten, sich auf den Namen des Krankenhauses fokussierten, der auf dem Bild verzeichnet war.

Immer wieder zeigt sich also bis heute: Diese Programme «sehen» ganz anders als wir. Und ein wenig wie ein*e Schüler*in, die nur lernt, was für den nächsten Test unbedingt nötig ist, neigen die lernenden Systeme dazu, es sich so leicht zu machen wie möglich, sie nehmen Abkürzungen, wo immer sie sich bieten. Warum mühsam lernen, Hunde von Wölfen zu unterscheiden, wenn man die Bilder doch auch danach unterscheiden kann, dass die Wölfe immer im Schnee sitzen, die Hunde aber nie?

Wegen solcher Probleme halten manche Forscher*innen den Optimismus gegenüber den Bilderkennungsverfahren für übertrieben. Die Bilderkennungssysteme seien ebenso stochastische Papageien wie die Programme zur Spracherkennung: Systeme, die nachplappern, was man ihnen anhand von sehr vielen Beispielen beigebracht hat, ohne das geringste Verständnis dafür, worum es eigentlich geht. Und wie bei den Sprachprogrammen sei das Problem nicht, *dass* sie Fehler machen, sondern dass man nicht weiß, wann und wo sie ihnen unterlaufen.

In anderen Bereichen fallen Menschen auf Täuschungen herein, für die Bilderkennungssysteme unempfindlich sind: So zeigten Forscher Menschen Bilder eines Badezimmers und baten sie, die herumliegenden Zahnbürsten zu zählen. Kaum jemand sah die Riesenzahnbürste, die quer auf der Ablage platziert war. Auch auf Phänomene wie die Müller-Lyer-Illusion, bei der entweder nach innen oder nach außen weisende Pfeile am Ende von gleich langen Linien den Eindruck erwecken, diese seien unterschiedlich lang, fallen Bilderkennungssysteme nicht herein.

«Auf der einen Seite ist das Sehen also halbwegs gelöst, aber auf der anderen gibt es ganz viele Probleme, die völlig ungelöst sind», sagt Rothkopf. Da sind zum Beispiel die Bongard-Probleme: eine Reihe von Bildrätseln, die der russische Informatiker Mikhail Bongard Mitte der 1960er Jahre erdacht hat. Dabei handelt es sich jeweils um zweimal sechs Bilder, die einander gegenübergestellt werden. Die eine Hälfte diese Bilder hat eine Eigenschaft, die der zweiten Hälfte fehlt. Das fängt ganz einfach an: links große, rechts kleine Symbole, links umrandete Symbole, rechts ausgefüllte Symbole, rechts runde Formen, links eckige Formen, links Formen mit gezacktem Rand, rechts mit glattem Rand. Dann wird es immer schwieriger. Längst sind andere Forscher*innen auf den Zug aufgesprungen und haben die ursprüngliche Sammlung von hundert Problemen um viele weitere ergänzt. «Offenbar gibt es hier Probleme, die Menschen durchaus lösen können, die aber in der KI völlig unerreicht sind, und andere, die die KI-Forschung noch nicht einmal angefasst hat», erklärt Rothkopf.

Der Kern des Problems: Menschen bilden beim Sehen die Welt nicht einfach ab wie eine Kamera, sie sehen, was für sie relevant ist. «Menschen können erkennen, dass dort ein Baum steht. Manchmal interessieren sie sich aber gar nicht für die Bäume, sondern sie sehen einen Wald oder Blätter oder Äste, die man für ein Lagerfeuer gebrauchen kann», konstatiert Rothkopf. «Und wann sieht ein Mensch zwei Socken und wann ein Paar

Socken? Beim maschinellen Lernen spielt es keine Rolle, dass Menschen eben nicht eine objektive Welt abbilden, sondern sehen, was für sie relevant ist.»

Die Sensoren der Roboter sind oft leistungsfähiger als die, über die ein Mensch verfügt, trotzdem können sie die Welt damit nicht besser wahrnehmen. «Wenn wir uns anschauen, was auf der Retina des Auges ankommt, das ist eine Katastrophe, kein Ingenieur würde eine Kamera benutzen wie das menschliche Auge, so schlecht ist die», erklärt Rothkopf. «In den letzten Jahren haben wir die großen Erfolge beim Schach und beim Go gesehen, wo es noch einmal viel mehr Möglichkeiten als im Schach gibt. Aber ein Mensch, der nach einer Kaffeetasse greift, das ist eine ganz andere Problemklasse. Der Unterschied ist, bei Spielen weiß man genau, wie der Zustand ist und was geschehen kann. Nach einer Tasse Kaffee zu greifen, dazu gehört eine Wahrnehmungsunsicherheit», sagt Rothkopf. «Wir wissen nicht genau, wie weit die Tasse weg ist, die wir greifen wollen, das kann das Gehirn aus dem, was das Auge liefert, gar nicht berechnen. Und dann haben wir Unsicherheiten in der Bewegung. Das alles gibt es etwa beim Schach gar nicht. Und das alles erfordert Lösungen.»

Und natürlich spielen auch bei der Wahrnehmung Hintergrundwissen und Common Sense eine Rolle: Menschen haben eine Idee davon, was sein kann und was nicht. «Glaubt man beim Fahren durch eine Ortschaft ein 100-km/h-Schild zu sehen, weiß man, dass das nicht sein kann, in Ortschaften stehen solche Schilder nicht. Man weiß, dass man sich getäuscht haben muss, und handelt entsprechend.» Wie man Wahrnehmung und Hintergrundwissen zusammenbekommen kann, ist eine der vielen offenen Fragen des Computersehens.

Man kann eine Kamera in dieser Hinsicht durchaus mit einem Auge vergleichen: Wie die Kamera sieht das Auge allein nichts. Es benötigt ein Gehirn. Aber das Gehirn betrachtet nicht das Bild, das das Auge liefert, wie der Mensch ein Foto betrachtet.

«Coffee cup with many holes» der Designerin Irina Blok, generiert von «Imagen»

Das Gehirn kann auch die Welt nicht mit dem Bild von ihr vergleichen. Immerhin liegt es wohlverpackt hinter dicken Schädelknochen und «kennt» nichts anderes, als die eigenen Aktivität. Wenn nun Reize, die beim Auge ankommen, ans Gehirn weitergeleitet werden, versuchen wir, uns mit seiner Hilfe einen Reim darauf zu machen, was in der Welt eigentlich vor sich geht. Dabei generiert das Gehirn die meiste Aktivität selbst, die eingehenden Sinneseindrücke machen nur einen Bruchteil davon aus. Wahrnehmen ist demnach kein passives Aufnehmen, sondern ein aktives Abfragen und Abtasten, ein Prozess, in dem von vornherein hervorgehoben wird, was wichtig sein könnte.

Wie wenig man die Welt tatsächlich nach Art einer Kamera abbildet, wie wenig von dem, was draußen vor sich geht, man tatsächlich im Kopf hat, kann man sich mit einfachen Experimenten klarmachen: Versuchen Sie einmal, aus dem Kopf einen 50-Euro-Schein zu zeichnen. Oder die Häuserfront, an der entlang Sie täglich zur Arbeit gehen. Oder ein Fahrrad. Sie werden ziemlich sicher wissen, worauf es bei einem Fahrrad ankommt: zwei Räder, Sattel, Lenker, Pedale, Rahmen, Kette. Die Position

der Kette und der Pedale und selbst die Form eines klassischen
Rahmens bekommen viele allerdings aus dem Kopf nicht richtig
gezeichnet.

Vermutlich werden Sie bei dem einen oder anderen solchen
Selbstversuch plötzlich das Gefühl haben, noch nie genau hingesehen zu haben. Was Sie dennoch nicht daran hindern dürfte zu
bemerken, wenn sich etwas verändert hat, ein Haus neu gestri-
chen wurde, ein Geldschein sich glatter oder leichter anfühlt als
gewöhnlich oder ein Fahrrad in einem ganz neuen Design da-
herkommt.

Künstliche Systeme sind da ganz anders: Sie generieren de-
tailreiche fotorealistische Bilder, bei denen aber manchmal ganz
grundlegend etwas schiefläuft: Da hat das Pferd keinen Kopf, es
hat fünf Beine oder ein Huf schwebt neben dem Bein unver-
bunden in der Luft. Sehr schön ist auch das von dem Programm
Imagen generierte Bild einer ganz und gar durchlöcherten, halb
gefüllten Kaffeetasse, aus der wundersamerweise kein Kaffee
herausfließt.[4]

Das heißt: Daraus, dass diese Systeme Bilder in hoher Qualität
generieren können, und daraus, dass sie zu Beschreibungen Bilder entwerfen können, kann man nicht schließen, dass sie die
Welt verstehen.[5] Noch deutlicher wurde dies, als Gary Marcus
und der Philosoph David Chalmers das Programm *Craiyon* darauf ansetzten, Leitern zu zeichnen und die Teile zu markieren,
auf denen man stehen kann. Oder bei Fahrrädern jene Teile zu
kennzeichnen, auf die man die Füße setzt, oder die, die beim
Fahren den Boden berühren. Das Programm versagte völlig.
Auch mit Negationen konnte es nicht umgehen. Auf den Befehl
«Zeichne ein Fahrrad ohne Räder» lieferte das Programm kein
einziges solches Fahrrad.

Menschen hingegen verstehen zumindest die alltägliche Welt
um sie herum ganz gut, aber sie haben gar kein auch nur halbwegs genaues Bild dieser Welt im Kopf (siehe das Experiment

mit der Fahrradzeichnung). Es kommt ihnen nur so vor, solange die Welt vorhanden ist. Ohne diese wären sie schnell völlig hilflos. Könnten Sie einen Handwagen konstruieren? Da war etwas mit Kugellagern, nicht wahr? Wie funktioniert eigentlich ein Dübel genau? Und ein Reißverschluss?

Nicht ohne Grund ist die Frage beliebt, was von all dem Wissen, das wir so mit uns herumzutragen scheinen, uns nützen würde, wären wir auf einer einsamen Insel gestrandet. Denn eine ungenaue Erinnerung etwa daran, wie ein Fahrrad aussieht, bedeutet meistens auch eine ungenaue Vorstellung davon, wie ein Fahrrad funktioniert. Es kommt uns vor, als hätten wir die Welt im Griff. Tatsächlich kommen wir nur zurecht, solange die Welt um uns herum sich nicht allzu stark verändert. Unser Denken und unser Wahrnehmen funktionieren, weil wir in der Welt verankert sind. Es ist nicht absehbar, ob sich das umgehen lässt, indem man Bilderkennungssysteme mit immer mehr Daten trainiert. Die Welt ist nach wie vor ihr eigenes bestes Modell – und das brauchen wir offenbar ganz dringend. Das ist der Grundgedanke der *Embeddedness*, jener Theorie der Kognition, die besonders betont, dass Kognition nur in konkreten Situationen und Konstellationen funktioniert. Der Geist kann demnach nicht ohne die Welt.

Eine noch größere Herausforderung als zu erkennen, was auf einem Bild zu sehen ist, besteht freilich darin, bewegte Bilder, Vorgänge, Ereignisse zu verstehen. Das ist etwa für das autonome Autofahren unmittelbar relevant: Welchen Weg wird das vor mir fahrende Auto nehmen? Wird der Ball auf meine Spur rollen? Wird das Kind ihm folgen? Das Forschungsgebiet *Computer Vision* beschränkt sich längst nicht auf die reine Bilderkennung. Weil die Kommunikation zwischen Menschen multimodal ist, sich also nicht auf das Austauschen von Sätzen beschränkt, müssen zudem Systeme, die mit Menschen interagieren sollen, auch die Mimik und Gestik, die gesamte Körpersprache des Gegenübers erfassen. Sie sollen Zeichensprache übersetzen, auf Kommandos in Form von Handbewegungen reagieren oder Menschen anhand ihres Gangs erkennen. Erst dann wäre eine einigermaßen natürliche Interaktion mit Robotern, aber auch mit digitalen Systemen, die sich unauffällig in eine Wohnung integrieren, möglich.

Schmecken, Tasten, Riechen

Manche künstlichen Systeme sollen nicht nur sehen, sie sollen auch tasten, schmecken und riechen. Der Tastsinn ist interessant, damit etwa eine robotische Hand Dinge, die sie ergreift, nicht zerstört oder fallen lässt, oder damit Menschen, die neben solchen Systemen arbeiten, nicht verletzt werden. Er ist nötig, weil es viel zu umständlich wäre, für alle Dinge, mit denen ein Sensor zu tun hat, im Vorfeld anzugeben, wo und wie fest sie ergriffen werden sollen. Dies wäre nicht nur umständlich, es wäre auch gar nicht genau genug möglich, so wie es nicht möglich ist, genau genug anzugeben, wo ein System genau zuzugreifen hat, es sei denn, man hat es mit ausgesprochen starren Maschinen und Werkstücken zu tun. Zudem ist ein Tastsinn interessant für Prothesen, die Menschen idealerweise auch ein Feedback darüber geben, wie stark sie etwa mit einer künstlichen Hand zugreifen.

Hier gibt es ganz unterschiedliche technische Lösungen: klassische Finger mit Drucksensoren, Greifer, die Elefantenrüsseln oder den Armen von Kraken nachempfunden sind und die mit Druckluft funktionieren und sich um Gegenstände von ganz unterschiedlicher Form schließen können. Es gibt künstliche Haut, die – wie die menschliche – Berührung, Beschleunigung, Annäherung und Temperatur messen kann. Damit nicht eine ständige Datenflut aus den nötigen Sensoren die Rechenkräfte eines Roboters überlastet, schauen sich auch hier die Forschenden das natürliche Vorbild an: Weitergeleitet werden dann etwa nur die Informationen, die Auskunft über eine Veränderung geben. So, wie der Mensch auch nicht ständig die Kleidung auf seiner Haut wahrnimmt.

Manchmal muss das Sehen auch für das Tasten herhalten: So haben Forscher*innen der Abteilung für haptische Intelligenz am Max-Planck-Institut für Intelligente Systeme in Stuttgart einen robotischen Daumen entwickelt, der in der äußeren Form einem menschlichen gleicht und wie sein Vorbild aus einem stabilen Innenskelett und einer flexiblen Hülle besteht. In seinem Inneren haben die Forscher*innen allerdings einen Trick angewandt, der beim Menschen nicht vorkommt: eine kleine Kamera, die Lichtmuster aufnimmt, die ein Ring aus LEDs im Innern des Daumens erzeugt, je nach dem Druck, dem er ausgesetzt ist.[6] Die KI ist, wie es McCarthy formulierte, nicht darauf beschränkt, sich an natürlichen Vorbildern zu orientieren.

Während uns das Sehen als etwas Passives erscheint, etwas, das sich uns aufdrängt, ist der Tastsinn ganz offensichtlich ein aktiver Sinn: Wir strecken im Dunkeln die Hände aus und ertasten die Umgebung. Schmecken und Riechen funktionieren noch einmal ganz anders, sie reagieren auf die Gegenwart von Substanzen. Doch mit einem Sensor für eine bestimmte Substanz ist es nicht getan: Im Riechen und Schmecken nehmen wir viel mehr Substanzen und Substanzkombinationen wahr, als wir Sensoren besitzen. Und es geht nicht nur darum, ob eine Substanz vorhanden ist, sondern etwa auch darum, ob sie im richtigen Maß vorhanden ist.

Wer je gekocht oder gebacken hat, weiß, dass man Rezepte nicht einfach abarbeiten kann. Mal sind die Eier etwas größer und der Teig wird deshalb klebriger, als er sollte, dann muss außerplanmäßig noch etwas Mehl dazu. Mal sind die nötigen drei Äpfel riesig, mal eher klein geblieben, mal sind die Birnen hart, mal supersaftig. Mal zerfallen die Kartoffeln, kaum dass das Wasser kocht, mal brauchen sie etwas länger, mal heizt die Herdplatte ungleichmäßig und man muss die Pfanne drehen. Ein Rezept gibt letztlich Hinweise, ohne Hintergrundwissen und Wahrnehmung kommt man damit nicht zurecht. Und wegen solcher kleinen Unregelmäßigkeiten (und individueller Vorlieben) bleibt am Schluss das Wichtigste: das Abschmecken.

Ein entsprechend ausgestatteter Backofen kann mithilfe von Bilderkennung ein Gericht erkennen und dann ein bestimmtes Programm aktivieren, etwa: Backe mediterranes Gemüse 20 Minuten bei 170 Grad. Er kann auch visuell prüfen, ob ein bestimmter Bräunungsgrad einer Frikadelle oder einer Pizza erreicht ist, aber er mag noch so viele Burger braten oder Pizzen backen, solange er nicht abschmecken und den Geschmack beurteilen kann, wird ihm etwas fehlen.

Nun können Chemiker*innen in ihren Labors Tausende chemischer Substanzen analysieren. Doch wenn verschiedene Stoffe gemischt sind, müssen diese erst einmal getrennt und einzeln analysiert werden. Und man muss im Vorfeld wissen, wonach man eigentlich sucht. Weil dies ausgesprochen aufwändig ist, sind künstliche Zungen noch nicht sehr weit gediehen.

Immerhin haben Forscher*innen von der Universität Cambridge einen Gastronomie-Roboter gebaut, der den Salzgehalt von Omelett mit Tomaten prüfen kann. Er bekam einen Sensor für Salz und versenkte diesen zuerst an verschiedenen Stellen in das fertige Gericht, dann wurde das Omelett im Mixer püriert, um das Kauen zu imitieren. Der Roboter testete es erneut. Aus beiden Werten konnte er recht genau feststellen, wie viel Salz und wie viele Tomaten in dem Gericht enthalten waren, und lernen, neun verschiedene Versionen des Gerichts zu unterscheiden.[7]

Natürlich ist das menschliche Schmecken viel komplexer als das Messen von Salzgehalt. Nicht nur, weil so viele unterschiedliche Substanzen in Kombination wahrgenommen werden können, auch weil die Enzyme des menschlichen Speichels den Geschmack beim Kauen verändern. Der Roboter aus Cambridge testet die Speise immerhin zweimal, um dem Kauprozess ein wenig näher zu kommen.

Anders als die Analyse im Labor ist das Schmecken allerdings weniger darauf aus, Substanzen zu identifizieren, als zu klären, ob etwas essbar und wohlschmeckend oder verdorben ist. Noch deutlicher wird dieser Aspekt beim Riechen.

Die Kognitionsforscherin und Philosophin Ann-Sophie Barwich hat sich das Riechen genauer angesehen.[8] Chemotaxis, die Fähigkeit, auf die Konzentration von Stoffen zu reagieren, war evolutionär gesehen viel eher da als das Sehen. «Warum sollte also das Sehen das beste Modell für die Wahrnehmung insgesamt sein, der Sinn, der die Prinzipien vorgibt, nach dem alle Sinne zu funktionieren haben?», fragt die Forscherin. Noch stärker als der Tastsinn stellt das Riechen das gängige Modell der Wahrnehmung infrage: Die individuelle Variation beim Riechen ist größer und verändert sich je nach Situation stärker. Die Idee, hier werde etwas objektiv und gleichbleibend abgebildet, ist also noch weniger plausibel. Die Welt des Geruchs, so Barwich, ist ständig im Fluss. Und viel weniger als gesehene Objekte können Gerüche mit Wörtern bezeichnet werden, die auch nur annähernd den feinen Unterschieden nahekommen, die selbst der Mensch mit seiner nicht allzu feinen Nase wahrnehmen kann. Die Probleme, etwa ein Parfum oder den Geruch eines Weins zu beschreiben, illustrieren diesen Befund.

Gerüche stehen auch nicht wie etwa Fotografien in einer festen Beziehung zu Objekten in der Welt. Es hat wenig Sinn, nach stabilen Beziehungen zwischen bestimmten Input-Molekülen und einem Geruchserlebnis zu suchen. Stattdessen sollte man fragen, was wir eigentlich tun, wenn wir riechen. Wir nehmen vor allem Veränderungen wahr, so die Autorin. Riechen hat viel mit Bewerten und wenig mit Abbilden zu tun, schließt Barwich.

Und weitet die Perspektive auf das Wahrnehmen insgesamt aus: Das Gehirn, so die Autorin, ist zum Messen da, zum Evaluieren, dazu, die kleinsten Unterschiede zu registrieren, die für Entscheidungen, die zu treffen sind, eine Rolle spielen.

Entsprechend konzentrieren sich Bemühungen, eine künstliche Nase zu bauen, auch nicht darauf, bestimmte Gerüche zu definieren und wiederzuerkennen. Stattdessen geht es um Veränderungen, die stattfinden, und um ihren Zusammenhang mit Ereignissen, etwa dem Auftauchen des nassen Hundes in der Wohnung. Es geht weniger darum, bestimmte Moleküle zu finden, als darum, festzustellen, wann sich die Zusammensetzung des molekularen Umfelds verändert. Es geht nicht um Repräsentation, es geht um Messung.

Hunde können darauf trainiert werden, alle möglichen (riechenden) Dinge zu erkennen, darunter Drogen, Sprengstoffe und verschiedene Krebserkrankungen. Bei Prostatakrebs sollen sie eine Trefferquote von 99 Prozent erreichen. Sie sind sogar in der Lage, verschiedene Arten von Krebs zu erkennen, obwohl es Forscher*innen nicht gelungen ist, mit ihren chemischen Analysemethoden Ähnlichkeiten in den Geruchsproben zu finden. Einen Hund auf einen Geruch zu trainieren, ist freilich langwierig, und nicht überall, wo man ihre Fähigkeiten gebrauchen könnte, kann man stets einen entsprechend trainierten Hund mit sich führen. Viel praktischer wäre es, ein künstlicher Sensor könnte, etwa in einem Handy, früh Hinweise auf die Entwicklung einer Erkrankung finden und vielleicht gleich auch noch als Rauchmelder dienen.

Allerdings mussten Forschende bislang feststellen, dass sie selbst mit Sensoren, die viel empfindlicher waren als eine Hundenase, die also Moleküle in viel geringeren Konzentrationen feststellen konnten als diese, keinen großen Erfolg hatten. Es kommt eben nicht nur auf die Gegenwart der Moleküle, sondern auf ihre Kombination an. Jüngst ist es Forschenden nun gelungen, einen Sensor zu entwickeln, der zu 70 Prozent an die Leistung von trainierten Hunden herankommt. Maschinelle Lernverfahren finden dabei heraus, auf welche Konstellationen es ankommt. Noch allerdings geht es weder schneller noch ist es billiger, ein solches System zu entwickeln, als einen Hund zu trainieren.

Wenn man auf das Riechen, das Schmecken oder das Tasten schaut, bekommt man ein anderes Bild der Wahrnehmung, als wenn man das Sehen in den Vordergrund stellt. Die Vorstellung, bei der Wahrnehmung gehe es darum, eine dort draußen vorhandene Welt im Kopf abzubilden, tritt zurück zugunsten der Annahme, dass Wahrnehmung eher dazu da ist, Veränderungen in der Welt zu registrieren.

Carl Schoonover und Kolleg*innen von der Columbia University ließen Mäuse über Wochen immer wieder dasselbe riechen und betrachteten dabei die Aktivität ihres Gehirns.[9] Zuerst ließ jeder Geruch eine bestimmte Gruppe von Neuronen feuern. Aber im Laufe der Zeit veränderte sich die Hirnaktivität, obwohl der Geruch gleichblieb. Die Neuronen, die zu Beginn des Versuchs bei einem Geruch aktiv wurden, waren ganz andere als die, die nach ein paar Wochen beim selben Geruch aktiv wurden. Wurden die Versuchstiere täglich mit demselben Geruch konfrontiert, verlangsamte sich das Phänomen, blieb der Geruch aus, beschleunigte die Veränderung wieder. Dieses Phänomen heißt *representational drift*, Verschiebung der Repräsentation. Die Wahrscheinlichkeit, dass ein Neuron nach einem Monat noch immer an der Wahrnehmung eines Geruchs beteiligt ist, war nur 1:15, so die Autor*innen.

Forscherinnen und Forscher können dieses Phänomen inzwischen für mehrere Hirnregionen, nicht nur für den Bereich, der mit der Verarbeitung von Gerüchen in Verbindung gebracht wird, bestätigen.[10] Demnach scheint es sich um ein Organisationsmerkmal des Gehirns zu handeln. Wie aber können wir ein stabiles Bild der Welt haben, wenn die Aktivität des Gehirns sich ständig so stark verändert? Nimmt das Gehirn eine Art interne Korrektur vor und rechnet diese Verschiebungen heraus? Oder gibt es Verknüpfungen höherer Ordnung, die sich nicht verändern? Die Forscher*innen vermuten, dass diese Fluktuation mit der Fähigkeit zu lernen zu tun hat. Vielleicht kann das Gehirn auf diese Weise leichter neue Informationen eingliedern, alte daraufhin überprüfen, ob sie noch gebraucht werden, und beides integrieren, oder Erinnerungen, die aus unterschiedlichen Zeiten stammen, auseinanderhalten. Stabile Repräsentationen scheint es auf neuronaler Ebene jedenfalls nicht zu geben. Tatsächlich, so die Kognitionsforscher David Poeppel und William Idsardi, ist es noch immer nicht klar, wie das Gehirn irgendetwas speichert, wir wissen weder, wie es Bilder, noch, wie es Wörter so «ablegt», dass wir sie wiederfinden können.[11]

Wahrnehmen ist Abfragen: Projekt Eisenbahn

Das Sehen wird also, wie das Riechen, Schmecken und Tasten, besser als ein aktiver Sinn, als ein Abfragen im Licht bestimmter Interessen beschrieben statt als ein mehr oder weniger objektives Abbilden der Welt im Kopf. Vielleicht haben die künstlichen Systeme gerade deshalb solche Probleme zu verstehen, womit sie es zu tun haben, weil sie einen ganz anderen, einen unbeteiligten Blick auf die Welt werfen.

Im Labor von Nicolas Roth am Berliner Cluster Science of Intelligence gibt es viele Vögel: Papageien, Adler, Flamingos, Eulen. Allerdings sind sie nur wenige Zentimeter groß und allesamt aus Plastik. Sie bevölkern in wechselnden Kombinationen eine ungewöhnliche Szenerie: eine Modelleisenbahn, aufgebaut in einem mit schwarzem Samt ausgekleideten Raum. Es gibt einen Bahnhof, ein Hotel, einen Laden, ein paar kleine Menschen – und die vergleichsweise großen Vögel. Auf diese Szene blickt nun entweder eine Roboterkamera oder ein Mensch. Die Roboterkamera von einem Stativ aus, der Mensch durch ein Gestell, auf das er das Kinn legt und die Stirn in eine Aussparung drückt, damit er beim Betrachten der Szenerie möglichst still hält, ähnlich wie bei der Augenärztin oder beim Augenarzt.

«Unser Aufbau hier ist ein Kompromiss mit den Psycholog*innen, mit denen wir an diesem Projekt zusammenarbeiten, die darauf spezialisiert sind, zu messen, worauf Menschen ihre Aufmerksamkeit richten. Die Bedingungen mögen zwar etwas unnatürlich scheinen, aber es erlaubt uns, genau zu kontrollieren, was unsere Versuchspersonen sehen, und mit hoher Genauigkeit zu messen, wo sie hinschauen», erklärt Roth. Er selbst ist Physiker und hat sich, bevor er zum Berliner Exzellenzcluster kam, mit Astrophysik, Bildverarbeitung für die Umweltphysik und theoretischer Neurowissenschaft befasst. Jetzt ist er in der Informatik angekommen und arbeitet an Computermodellen, die vorhersagen sollen, wo Menschen ihre Augen hinwenden, wenn sie etwas betrachten, etwa eine Modelleisenbahn-Szene. *Active Vision*, aktives Sehen, heißt sein Forschungsgebiet: «Sehen ist ein aktiver Prozess, bei dem laufend Entscheidungen getroffen werden müssen», erklärt der Forscher. «Es ist nicht so, dass wir wie eine Kamera einfach alles abbilden.»

Wie die anderen Forscher*innen im Exzellenzcluster folgt er der analytisch-synthetisch-Strategie: «Wir wollen verstehen, was die Prinzipien sind, die das Sehen beim Mensch bestimmen. Wenn ich glaube, dass ich etwas gefunden habe, setze ich das in ein Programm um, dann kann ich dem Programm eine Eingabe geben, etwa ein Video oder ein Bild, und das Modell sagt mir dann vorher, wie ein Mensch in dieser Situation seine Augen bewegen würde. Das vergleiche ich dann mit den echten Augenbewegungen, und wenn es nicht passt, geht es wieder zurück, dann müssen wir noch mal genauer hinschauen, dann haben wir den

Mechanismus wohl noch nicht verstanden.» Und wenn es passt? «Dann bringe ich das Modell zu den Robotikern und wir schauen, ob wir das für die Roboter nutzen können.» Damit die Roboter nicht einfach irgendwas wahrnehmen, sondern sich auf das Interessante konzentrieren.

«Das Modell orientiert sich gerade noch an Mustern, die wir bei den allermeisten Menschen beobachten», berichtet Roth. «Tatsächlich unterscheiden sich Menschen aber sehr stark in ihren Vorlieben dafür, sich Gesichter, Text, Essen oder sich bewegende Objekte anzuschauen. Daher unterscheiden sich verschiedene Menschen systematisch darin, wie sie ihre Augen bewegen, und damit auch, wie sie ihre Umgebung wahrnehmen. Das Modell kann solche Unterschiede momentan noch nicht abbilden.»

Was genau ein Roboter braucht, um gut zu sehen, ist eine offene Frage. Beim Menschen verhält es sich so: Auch wenn es uns vorkommt, als läge die Welt gleichmäßig scharf und ausgeleuchtet vor unseren Augen, sehen wir tatsächlich nur in einem Bereich von der Größe eines Daumennagels im Zentrum unseres visuellen Feldes scharf. Alles andere konstruiert das Gehirn drum herum. Da macht es schon einen Unterschied, wie wir die Augen bewegen. Sollte das bei einem Roboter auch so sein? Das kommt darauf an.

«Fluchttiere haben ein weites visuelles Feld, sie haben die Augen oft seitlich am Kopf. Damit sehen sie nicht besonders scharf, aber es reicht, um Bewegung wahrzunehmen und die Flucht zu ergreifen», erklärt Roth. «Raubtiere haben die Augen dagegen meist nach vorne gerichtet und sehen in kleineren Bereichen sehr scharf. Auch Tiere, die Werkzeuge benutzen, haben Bereiche, in denen sie sehr scharf sehen, damit sie sich fokussieren können.» Ein Roboter muss auch genau wahrnehmen, was er tut – aber hat er, im Unterschied zum Menschen, nicht ausreichend Rechenkapazität, um gleich das ganze Sichtfeld scharf wahrzunehmen? «Hier haben wir gesagt, das müssen wir nicht in Hardware nachbilden, wir nehmen eine gewöhnliche Kamera, da ist das Bild überall scharf, aber er konzentriert sich auf einen Bereich», erklärt Roth. Dennoch könnte ein «schlechteres» Sichtfeld in Kombination mit aktiver Exploration und Bewegung des Sensors, d. h. der Kamera oder des Auges, von Vorteil sein: «Vielleicht könnte sich der Roboter damit besser auf das konzentrieren, was in seinem Sichtfeld für das, was er tun soll, wichtig ist.»

Mit seinem Ansatz hat sich Roth, wie so viele Kognitionsforscher*innen, ein bisschen zwischen die Stühle gesetzt: Roboterforscher*innen arbeiten am liebsten mit möglichst realistischen Szenarien. Für Psycholog*innen ist das viel zu chaotisch, dabei geschehen zu viele unkontrollierbare Dinge und man kann nicht genau sagen, welcher Aspekt sich wie verändert und wie sich das auf das Verhalten des Systems auswirkt. Je komplexer das Umfeld, desto weniger versteht man, was eigentlich vor sich geht. «Wenn man etwa nur Schwarz-Weiß-Muster auf einem Bildschirm hat, kann man genauer messen, was sich verändert und wie ein Proband reagiert, als wenn in einem komplexen Setting alles irgendwie mitspielt», erklärt Roth. Er selbst versucht die Mitte zu halten und Überzeugungsarbeit in beide Richtungen zu leisten: «Am liebsten hätte ich einfach im Tiergarten gefilmt», berichtet der Berliner. Die Modelleisenbahn mit dem Bahnhof und den Vögeln in dem schwarzen Raum sei ein Kompromiss. «Man muss Brücken schlagen. Für analytische Disziplinen ist es nicht so einfach, in die Welt zu gehen. Man muss das vermitteln und den Sprung ein bisschen abfedern.»

Anderseits sind in stark reduzierten und kontrollierten Settings – wenn etwa nur schwarze und weiße Streifen zu sehen sind – Reaktionsweisen zwar leichter messbar, oft ist aber gar nicht klar, was das Gefundene mit der wirklichen Welt zu tun hat. «Wir wissen oft gar nicht, worauf es in der echten Welt überhaupt ankommt. Wenn die Psychologie nun grundlegende Mechanismen gefunden hat, nehmen wir sie und schauen, wie wichtig sie wirklich sind. Denn in unseren Systemen können wir ja auch einzelne Aspekte gezielt weglassen und schauen, was dann passiert.»

Nach und nach lernt ein System dann zu erkennen, was zu sehen ist: erst einmal Kanten, Ecken und Ränder, später Augen und Gesichter, Vögel. Doch damit ist es nicht getan: Denn ein Lebewesen schaut eben nicht objektiv und interesselos in die Welt. «Wenn man hungrig ist, schaut man die Welt anders an, als wenn man zum Beispiel eine Unterkunft sucht. Das wollen wir auch in unserem Modell nachbilden. Wenn ich etwas Rotes suche, soll die Bedeutung der Farbe bei der Wahrnehmung größer werden, wenn ich mich nach Menschen umschaue, die Bedeutung von Augen», erklärt Roth.

Ein anderer Aspekt: Menschen bewegen ihre Augen ständig. Dies wird meist damit erklärt, dass sie nur im Zentrum ihres Sehfeldes scharf sehen und es deshalb sinnvoll ist, den Fokus immer wieder wandern zu lassen. Kameras, die überall eine gleich gute Auflösung haben, benötigen dies zwar eigentlich nicht, ihre Rezeptoren sind, anders als die im menschlichen Auge, überall gleichmäßig verteilt. Aravind Battaje, auch er vom Exzellenzcluster *Science of Intelligence*, argumentiert nun, dass Roboter ihre Augen dennoch bewegen sollten wie wir: Augen führen nämlich zwei verschiedene Bewegungen aus: die schnellen Sprünge, mit denen wir die Umgebung scannen, und Bewegungen, mit denen wir Objekte fixieren, auch wenn der Köper sich bewegt und mit ihm der Kopf und die Augen ihre Position verändern. Indem wir Objekte auf diese Weise betrachten, können wir daraus, wie sie sich relativ zu uns in unserem Gesichtsfeld verschieben, ein dreidimensionales Bild gewinnen und zum Beispiel erkennen, was wie weit entfernt ist. Die Aktivität, die nötig ist, um den Kopf stillzuhalten, während man ein Objekt betrachtet, liefert zusätzliche Informationen dazu, wo genau ein Objekt sich befindet. Ein

Roboter braucht dann keinen schicken 3-D-Sensor, er kann die nötigen Informationen aus seinen eigenen Bewegungen beim Fixieren eines Objekts errechnen.[12]

Und selbst mit der Bewegung der Augen ist es nicht getan. «Der Mensch kann mit seinen Augen gut sehen, vorausgesetzt, er bewegt den Kopf», erklärt Giulio Sandini vom Italian Institute for Technology: «Das ist wichtig: Wenn man lediglich einen dem Auge nachempfundenen Sensor baut, versteht man nicht, warum das Auge sich so entwickelt hat. Das Bewegen gehört dazu, das menschliche Auge funktioniert nur im menschlichen Körper. Dann erweist sich die Retina mit ihrem nur im Zentrum scharfen Bild als Beispiel für die sparsame Datenverarbeitung, wie das Gehirn sie betreibt.»

Wo bin ich?

Hirnforscher*innen fanden auch, dass Orts- und Bewegungsinformationen miteinander verbunden sind. Es ist also nicht so, dass wir einen Raum neutral wahrnehmen und in diesem unsere Bewegungen planen. Wie wir den Raum wahrnehmen, hängt vielmehr davon ab, wie wir uns in ihm bewegen und was wir vorhaben. Mehrere verschiedene Arten von Zellen sind im Hippocampus für die Repräsentation des Raums und die Kontrolle und Auswahl des Verhaltens zuständig. Das führt dazu, dass man vor allem wahrnimmt, was man für die Erledigung einer Aufgabe benötigt. Diese Wahrnehmung ist manchmal erstaunlich selektiv. So bemerken Menschen manchmal große und auffällige Dinge, etwa einen Menschen im Gorillakostüm, der sich durch den Raum bewegt, nicht, wenn sie damit beschäftigt sind, auf etwas anderes zu achten. Aber es ist auch eine effiziente Art, das allgegenwärtige Zuviel an Information auf das zu reduzieren, was man wirklich braucht.

Statt einer reinen Raumrepräsentation entsteht so eine senso-motorische Repräsentation, die nicht dazu da ist, den Raum an-zuschauen und sich Einzelheiten zu merken, sondern dazu, pas-sende Verhaltensweisen zu wählen. Gehirne bilden die Umwelt also nicht einfach ab, sondern merken sich, wie der Körper mit der Umwelt interagiert.

Dabei haben Menschen durchaus eine Art Bild der Welt im Kopf. Wir können ja durchaus in Gedanken durch die Wohnung gehen und zum Beispiel die Fenster zählen. Wir wissen, wo die Kaffeemaschine steht, und können uns den Schuhschrank vor-stellen. Wir können auch anhand der meist sehr fragmentari-schen Hinweise anderer Menschen einen Weg finden oder ver-stehen, wovon sie sprechen, wenn sie etwas sagen wie: «Das war in diesem kleinen Park hinter dem Hochhaus mit der verspiegel-ten Fensterfront.»

Doch dieses Bild ist kein Foto, das man auf Details absuchen könnte. Wir haben nicht ein Weltbild im Kopf, das wir immer weiter ausdehnen, je mehr wir herumkommen, sondern viele Bilder, die danach organisiert sind, wie wir Gegenden oder Räume kennengelernt haben. Zudem legen Menschen (und Tiere) einen Wissensbestand darüber an, wie Räume typischerweise aussehen. Auch in einer fremden Wohnung werden wir also nicht zuerst im Bad nach der Kaffeemaschine suchen, sind aber durchaus in der Lage, sie auch dort zu erkennen, wenn sie, aus welchen Gründen auch immer, im Bad zu finden ist.

In der KI-Forschung und vor allem in der Robotik spielt die Orientierung im Raum eine zentrale Rolle. Ein Roboter, der nicht ferngesteuert wird, muss wissen, wo er sich befindet und wie er sich bewegen muss, um ein Ziel zu erreichen. Auch hier gibt es ältere Ansätze, die darauf abzielen, einen Raum abstrakt abzubilden, also nicht aus der Perspektive eines handelnden Agenten, sondern aus einer quasi allwissenden Beobachterper-spektive. Und neuere Ansätze, die davon ausgehen, dass ein

Raum aus der Perspektive des Roboters wahrgenommen und repräsentiert werden muss.

Für die Robotik sind diese Ansätze aus demselben Grund interessant wie für biologische Wesen: Sie sind sparsam und robust. Und sie taugen nicht nur dazu, sich im Raum zu orientieren, sondern ebenso, das eigene Verhalten zu planen. Zudem zeigen sie, dass uns unsere Sprache vermutlich wieder einmal aufs Glatteis führt. Wir haben zwar unterschiedliche Wörter für Planen und Sehen, für Denken und Wahrnehmen. Aber das heißt nicht, dass es sich dabei tatsächlich um voneinander unabhängige Fähigkeiten handeln würde, die allein für sich bestehen könnten.

Sehen, was man braucht

Der Psychologe Wolfgang Köhler dokumentierte in den Jahren 1914 bis 1917 in der Forschungsstation der Preußischen Akademie der Wissenschaften auf Teneriffa, wie Schimpansen mithilfe von Werkzeugen Probleme lösen, will sagen, sich Bananen beschaffen. Seine Filmaufnahmen über «Intelligenzprüfungen an Menschenaffen» sind zu Klassikern geworden.

So legte er etwa Bambusstöcke in den Käfig der Schimpansen und eine Banane so weit vor den Käfig, dass sie diese nicht mit der Hand erreichen konnten. Er filmte, wie ein Tier zunächst versuchte, die Gitterstäbe auseinanderzubiegen und sich hindurchzuzwängen. Als ihm dies nicht gelang, zog es sich in eine Ecke seines Käfigs zurück und beobachtete die Szene. Dabei fiel sein Blick auch auf den Stock, es sprang auf, packte diesen und angelte sich damit die Banane.

In einem anderen Experiment platzierte Köhler die Banane so weit entfernt, dass sie mit einem einzigen Stock nicht erreichbar war. Der Schimpanse nutzte nun zwei Stöcke, einen dünneren und einen dickeren, die er ineinandersteckte. Mit dieser Kombination und einigem Herumprobieren zog er die Banane zu sich heran.

Auf ähnliche Weise erkannten Köhlers Schimpansen, dass sie Kisten nur aufeinanderzutürmen brauchten, um an Bananen heranzukommen, die sonst in unerreichbarer Höhe über ihnen im Käfig hingen. Sie arbeiteten ein wenig hektisch herum und probierten viele Möglichkeiten, die Kisten aufeinanderzustapeln, aus, die nicht wirklich halfen: Platziert man eine große Kiste auf einer kleineren, ist es ziemlich wahrscheinlich, dass man herunterfällt, wenn man auf die oberste Kiste steigt und diese nicht ganz in der Mitte steht. Das sieht weniger nach Einsicht aus als nach Herumprobieren, und es sind vor allem die Geschicklichkeit und Beweglichkeit des Affen, die das Projekt dennoch gelingen lassen. Ein Mensch hätte sich alle Knochen gebrochen. Doch manchmal hielt der Turm gerade lange genug, um an die Banane zu kommen und mit ihr herunterzufallen.

«Wenn Roboter dies könnten, wäre schon viel gewonnen», konstatiert Marc Toussaint, der an der Technischen Universität Berlin das Labor für Lernen und intelligente Systeme leitet. Sein Ziel ist ein Roboter, der, ähnlich wie ein Handwerker, eine Situation betrachtet, dann die zur Verfügung stehenden Werkzeuge besieht und schließlich entscheidet, was zu tun ist.

«In der KI gibt es eine Lücke», konstatiert er. «Es gibt symbolisches Reasoning, logische und probabilistische Modelle. Diese können Schlüsse aus gegebenen Informationen ziehen, aber mit Geometrie, Raum, Interaktion, Physik nicht gut umgehen. Auf der anderen Seite gibt es die Lernverfahren, mit denen man schon physikalische Manipulation erreichen kann, die aber nicht, wie der Mensch beim Denken, Generalisierung und die Lösung von physikalischen Rätseln finden können.»

Wie diese Lücke zu schließen sein könnte, ist noch nicht klar. Toussaint ist sich sicher: «Schon, wie man eine Szene repräsentiert, was man extrahiert, wenn man in eine Szene schaut, ist unklar. Technisch ist das schwierig, denn auch die besten Algorithmen können eine Szene nicht perfekt segmentieren, also in einzelne Gegenstände zerlegen und repräsentieren. Es bleiben immer Fragen. Wie viele Objekte sind es denn jetzt? Repräsentiert man die Reiskörner einzeln oder einen Haufen Reiskörner?»

Für Toussaint müsste ein intelligentes System ganz anders vorgehen. Es müsste sich, geleitet von den eigenen Interessen und Plänen, umschauen und sich ausmalen, was möglich ist. «Wahrnehmen und Nachdenken dürfen nicht getrennt betrachtet werden», ist sich der Forscher sicher. Die Prozesse, die in einem Organismus ablaufen, sind andere, je nachdem, ob man in der Welt herumschaut und etwas zum Schreiben sucht oder etwas, womit man ein Loch bohren kann, selbst wenn man in beiden Fällen nach dem frisch angespitzten Bleistift greift: «Erst Objekte zu segmentieren und dann das Nachdenken anzufangen, das führt zu vielen Problemen.»

Stattdessen sollte ein System, ein Tier oder ein Roboter in der Lage sein, sich eine Zukunft vorzustellen. «Ich denke mir das so, dass man sich das Ziel vorstellt: zum Beispiel ein Eis in der Hand. Und dann versucht man, die Lücken auf dem Weg dorthin zu füllen. Was man wahrnimmt, wird durch die Zukunft gesteuert, die man sich ausgemalt hat. So wie vielleicht die Affen in den Studien Köhlers: Was auch immer sie sich genau ausmalen, sie sehen die Bananen an der Decke hängen und wollen heran. Und haben verstanden, dass die Kisten ihnen dabei helfen könnten, wenn sie sich nur aufstapeln ließen.»

Ein System erst einmal Kisten und Stöcke erkennen zu lassen und es dann mit einer Aufgabe zu konfrontieren, ist demnach eine Sackgasse. «Es geht nicht so, dass ein System erst einmal alle Objekte klassifiziert, auf die man steigen kann, und dann diese Taxonomie durchsucht. Es muss nach etwas suchen, was die passenden Eigenschaften für die Lösung eines Problems hat, nicht nach etwas, was es vorher klassifiziert hat.» Der Algorithmus müsste also «verstehen» können: Wenn es eine Kiste gäbe, dann könnte das mit dem Raufsteigen klappen. Dann müsste das System die Umgebung absuchen, ob es eine solche Kiste oder ein paar davon gibt. «Es gibt Optimierungsalgorithmen, mit denen man das machen kann», berichtet Toussaint. «Diese konstruieren Lösungen beispielsweise rückwärts, das heißt in diesem Fall: Der Affe hängt zunächst in der Luft an der Banane. Dann muss der Algorithmus sich ein Zwischenziel suchen, bei dem man nicht in der Luft hängt. Also etwa die Kisten hinstellen.»

Lebewesen betrachten die Welt nicht mit interesselosem Wohlgefallen, sie scannen sie daraufhin, was sie mit ihr anfangen können. Die Sinnesorgane sind auch nicht einfach Tore zur Welt. Vielmehr werden die aufgenommenen Reize von Schicht zu Schicht weitergereicht und dabei verarbeitet und vorsortiert. Erinnerungen, Erwartungen, Motivationen: All das beeinflusst die Wahrnehmung. Und zwar nicht erst in den letzten höchsten Verarbeitungsstufen im Gehirn, sondern während des gesamten Wahrnehmungsprozesses. Sie modifizieren, wie aufmerksam oder aufnahmefähig ein Organismus gegenüber bestimmten Reizen ist. Von den ersten Stufen der Verarbeitung an ist Wahrnehmen also ein wechselseitiger oder zyklischer Prozess, bei dem Top-down- und Bottom-up-Prozesse einander ergänzen: Signale laufen von höheren Verarbeitungsstufen in Richtung der Sinnesorgane und umgekehrt.

Das Sehen macht es uns also zu einfach: Es täuscht uns darüber hinweg, dass Wahrnehmen kein passives Unterfangen ist, dass wir dabei nicht nur aktiv, sondern auch wählerisch sind. Natürliches Sehen ist nicht nur eine Frage guter Augen und Computersehen nicht nur eine Frage möglichst guter Kameraauflösung. Im Gegenteil, das Sehen funktioniert besser, wenn die Kamera gerade nicht so gut ist. Was wir wahrnehmen, bestimmen nicht nur die Sinnesorgane, die manche Wahrnehmungen ermöglichen und andere Dinge gar nicht erst zu uns durchdringen lassen. Was wir wahrnehmen, hängt auch davon ab, was wir planen, was wir möchten, was wir brauchen und was wir fürchten. Wahrnehmen bedeutet nicht, eine Menge Dinge im Kopf abzubilden, sondern Veränderungen in der Umwelt zu messen und Handlungsmöglichkeiten zu erkennen, damit wir sie bewerten und die passenden auswählen können.

Künstliche Systeme leiden also nicht daran, dass sie zu wenig wahrnehmen würden. Das Problem ist nicht die Leistungsfähigkeit der Kameras oder anderer Sensoren, nicht die Rechenkapazität der Computer. Das Problem ist, dass sie bei all dem, was sie wahrnehmen, nicht entscheiden können, was wichtig ist. In manchen Bereichen kann man das vorgeben: Achte immer auf die Augen! In anderen Bereichen können lernende Systeme dies aufgrund von Rückmeldungen, die sie erhalten, bis zu einem gewissen Grad selbst herausfinden. Lebewesen haben ihnen allerdings eines voraus: ihren Körper, der mit allen seinen Erfahrungen und seinen Sinnesorganen wie ein Filter fungiert, der es möglich macht, gezielt wahrzunehmen, was wichtig ist. Bei der Wahrnehmung gilt: Weniger ist manchmal mehr. Der Körper hilft, so wie die vielen Biases, die Komplexität der Welt zu reduzieren und sie handhabbar zu machen.

Um die letzte Tür im «Museum für die ganze weite Welt» zu öffnen und sich in die Welt hinauszuwagen, fehlt auch einem so ausgestatteten Agenten allerdings noch etwas ganz Grundlegendes: die Neugier auf die Welt, Interesse, die Fähigkeit zu entscheiden, was man sehen und wohin man gehen möchte, die Fähigkeit, die eine Sache interessanter zu finden als eine andere.

6

DER MENSCH ALS VORBILD

Künstliche Intelligenz ist nicht auf Verfahren festgelegt, für die es natürliche Vorbilder gibt. Im Gegenteil: Die Erfolge von Systemen, die ganz anders funktionieren als wir, zeigen, dass zumindest einige Intelligenzleistungen auch realisiert werden können, ohne das menschliche Vorbild zu imitieren. Probleme, die die Entwicklung solcher Systeme begleiten, lassen Forschende aber immer wieder auf den Menschen und seine Leistungen schauen – bis in die Details. Wie ähnlich müssen uns also die künstlichen Systeme werden, wenn sie ähnlich intelligent sein und ähnliche Dinge tun sollen? Welche Eigenschaften von Menschen oder Tieren sollten sie haben? Welche Aspekte lohnt es sich zu übernehmen bzw. für die künstlichen System anzupassen?

Ausgeschlafene Algorithmen lernen besser

KI-Forscherinnen und -Forscher testen immer neue Eigenschaften, die sie bei biologischen Wesen abschauen. Manche davon machen die künstlichen Systeme tatsächlich besser und stabiler. Ein Beispiel: Maschinen brauchen eigentlich keinen Schlaf. Das ist eine der zentralen Eigenschaften, die sie von biologischen Systemen unterscheiden und die einen großen Teil ihres Nutzens ausmachen: Sie müssen eben keine Pause machen und können ununterbrochen arbeiten.

Doch das ist vielleicht noch nicht das letzte Wort. Immerhin spielt der Schlaf für Menschen eine große Rolle. Nicht nur, damit sich der Körper erholen und Energie für zelluläre Reparaturprozesse aufwenden kann. Auch für das Gehirn ist Schlaf von zentraler Bedeutung, selbst wenn bislang nicht völlig verstanden ist, welche Prozesse im Gehirn im Schlaf ablaufen und warum.

Vermutlich wird Erlebtes im Schlaf sortiert, abstrahiert, bewertet und eingeordnet. Nicht umsonst hilft es oft, «eine Nacht darüber zu schlafen», wenn man nicht recht weiterweiß. Könnte es sein, dass eine Art künstlicher Schlaf auch künstliche neuronale Netze robuster machen würde?

Forscher*innen um Garrett T. Kenyon vom Los Alamos National Laboratory arbeiten an einem System, das unüberwacht lernt.[1] Es soll Wörter klassifizieren, ohne dass man ihm Kategorien vorgegeben hätte, in die die Wörter einzusortieren wären. Man muss sich das vorstellen, als gäbe man einem Kind Bilder exotischer Tiere zum Sortieren, so die Forscher*innen. Auch ein Kind, das noch nie eine Antilope gesehen hat und sie nicht mit dem richtigen Namen benennen kann, würde ihr Bild vermutlich auf einen anderen Stapel legen als das Bild eines Pinguins. Auch ohne Vorgaben sollte ein System zweibeinige von vierbeinigen Tieren unterscheiden können, kleine Tiere von großen oder Tieren mit Schuppen von solchen mit Federn oder nackter Haut.

Sie benutzen dazu eine besondere Art von KNN, gepulste neuronale Netze. Mit diesen versucht man, die Aktivität natürlicher Neuronen genauer nachzubilden, indem man eine Art künstlicher Aktionspotentiale einführt, die mit der Zeit schwächer werden. Das Experiment gelang zunächst nach Wunsch; im Laufe der Lernphase wurde das System allerdings unsicher in seiner Klassifikation. Es entwickelte eine Art von Halluzinationen. Um es zu stabilisieren, ließen die Forscher es «schlafen». Dazu versahen sie es mit verrauschtem Input, ähnlich dem Rauschen, das man hört, wenn man beim Radio zwischen die Frequenzen

zweier Sendestationen gerät. Dieses Rauschen sollte die Hirnaktivität im Schlaf simulieren – und es funktionierte. Nach dem
«Nickerchen» lernte das System wieder stabil. (Mit der «Schlaf-
taste» zum Energiesparen, über die manche Computer verfügen,
hat das nichts zu tun, erklärt Kenyon. Diese unterbindet einfach
jegliche Aktivität und verursacht eher eine Art Hirntod. Den han-
delsüblichen Laptop «schlafen» zu schicken, wird also kein tech-
nisches Problem beheben.[2])

Forscher*innen um Timothy Tadros von der University of Ca-
lifornia in San Diego konzentrierten sich auf einen anderen
Aspekt des Schlafens: den Wechsel zwischen Phasen hoher und
geringer Aktivität. Die Phasen mit hoher Aktivität werden dabei
mit einer Art Wiederholung der Wahrnehmungen während des
Wachzustands gleichgesetzt, die Phasen niedriger Aktivität mit
Generalisierung und dem Ausbilden von Kategorien.

Dies simulierten sie in einem KNN: Sie ließen es nach dem
Training zwischen Phasen hoher Aktivität und Phasen niedriger
Aktivität wechseln und versuchten auch, die Rolle der Neuromo-
dulatoren, die im Schlaf im Gehirn produziert werden, zu imitieren. Deren Funktion scheint darin zu bestehen, im Schlaf die Bildung neuer Synapsen eher auszubremsen, die wichtigen, stark
verknüpften neuronalen «Hauptstraßen» im Gehirn dagegen zu
erhalten oder noch zu stärken. Die Forscher wählten einen Algorithmus, der die zur Erkennung eines Bildes weniger wichtigen
Bereiche des KNN in ihrer Aktivität «im Schlaf» reduzierte, die
wichtigeren dagegen verstärkte. Sie vermuten, dass die stabilere
Generalisierung, die sie bei ihrem Netzwerk feststellen konnten,
darauf beruht, dass sie damit unnötiges Rauschen im Netzwerk
reduzierten.

Der imitierte Schlaf scheint die Leistungsfähigkeit der Systeme in der Tat zu verbessern: Bei Testläufen mit drei verschiedenen Datensätzen erwies sich das «ausgeschlafene» Modell
jedenfalls als robuster gegenüber uneindeutigen Bildern.

In einer anderen Studie zeigten die Forscher*innen, dass der künstliche Schlaf auch gegen das sogenannte katastrophale Vergessen helfen kann – die ärgerliche Eigenschaft von KNN, bereits erlernte Fähigkeiten zu vergessen, wenn sie neue lernen.[3] Dieser Effekt geht darauf zurück, dass sich beim Training mit neuen Daten jeweils das gesamte Netzwerk verändert.

Sie programmierten einen «Schlafalgorithmus», der bewirkte, dass ältere gelernte Inhalte weder überschrieben noch gespeichert, sondern «erinnert», also im «Schlaf» immer wieder aktiviert werden. So stärkten sie die schon bestehenden Verbindungen und verhinderten, dass sie beim Lernen einer neuen Aufgabe komplett überschrieben werden. Dieser Prozess veränderte die Gewichtungen des Netzwerks so, dass die Repräsentationen klarer unterscheidbar wurden, das Überlappen mit neuen Erinnerungsmustern wurde reduziert, das System arbeitete stabiler.

Das katastrophale Vergessen steht der Fähigkeit im Wege, kontinuierlich zu lernen. Der Mensch kann bis ins höchste Alter Neues lernen und das neu erworbene Wissen mit dem bestehenden in Verbindung bringen. Wenn ein künstliches System mit etwas Neuem konfrontiert wird, ein autonomes Fahrzeug etwa mit einer Pferdekutsche, ist das hingegen oft ein Problem. Entweder muss es neu bzw. nachtrainiert werden oder verschiedene, auf unterschiedliche Aufgaben trainierte Netzwerke werden nebeneinandergestellt – wobei dann jeweils entschieden werden muss, wann welches zum Einsatz kommt. Das Gehirn schafft dagegen beides: Erinnerungen (wenn auch nicht perfekt) zu bewahren und Neues dazuzulernen, sich Episoden zu merken und zu generalisieren, also aus den Einzelfällen für andere Vorkommnisse zu lernen. Schlafzustände, wiederkehrende «Träume», komplexere künstliche Neuronen und auch eine Art künstlicher Neurogenese, also die Neubildung von Neuronen in einem KNN, gehören zu den bei der Natur abgeschauten Strategien, KNN dazu zu bringen, «lebenslang» zu lernen.[4]

Neugier für Roboter

Der Rodin'sche Denker sitzt einsam und grübelt. Das ist für Menschen die Ausnahme, nicht die Regel. In der Regel haben wir etwas zu tun. Vermutlich übertreiben wir es damit, vielleicht wäre die Welt eine bessere, würden wir es ab und zu ein bisschen ruhiger angehen lassen und ein bisschen mehr nachdenken. Sicher ist, dass Lebewesen, damit sie überhaupt loslegen, damit sie sich überhaupt in die Welt aufmachen und sie erkunden, einen Antrieb benötigen. Hunger etwa, das Bedürfnis nach einer Unterkunft oder einfach Neugier.

Neugier macht den Unterschied zwischen passivem und aktivem Lernen aus. Der Grundgedanke dabei ist, dass das Lernen umso besser gelingt und Gelerntes umso besser im Gedächtnis bleibt, je mehr der oder die Lernende aktiv am Lernprozess beteiligt ist und ihn gestalten kann. Dies geschieht etwa, indem er auswählt, was er in welcher Reihenfolge mit welchen Methoden lernen möchte. Vor allem Säuglinge und kleine Kinder lernen nicht, weil man ihnen etwa beibringen möchte, sondern weil sie die Welt um sich herum erforschen wollen, weil sie neugierig sind.

Im Labor von Verena Hafer an der Humboldt-Universität zu Berlin steht ein Pepper-Roboter und dreht den Kopf von rechts nach links und von links nach rechts. Das sieht nicht spektakulär aus, ist aber Teil eines ungewöhnlichen Versuchs.

Wenn Sie schon einmal in einem Museum, einem Einkaufszentrum, einem Flughafen oder bei einem Tag der offenen Tür einem humanoiden Roboter begegnet sind, stehen die Chancen gut, dass es sich um einen Nao oder einen Pepper handelte. Der 1,20 Meter große Pepper hat zwei Arme, ein Tablet auf der Brust und rollt auf einer säulenförmigen Basis umher. Der nur halb so große Nao hingegen läuft wie ein Mensch auf zwei Beinen. Beide stammen vom französischen Roboterhersteller Aldebaran, und beide sind sogenannte Plattformen. Man kauft sie nicht einfach fertig, sondern mit einer Grundausstattung, die man dann mit einer speziellen Software auf die eigenen Belange programmieren kann. Während Unternehmen dies meist spezialisierten Anbietern überlassen, schätzen Forscherinnen und Forscher die Möglichkeiten, sie für ihre Studien einzurichten.

Wenn so ein Roboter nun die Augen aufschlägt und sich in der Welt orientieren soll, womit soll er anfangen? Wikipedia scannen? UNO-Sitzungsprotokolle? Verena Hafner und ihr Team setzen ganz anders an: Sie lassen ihn selbst wählen. «Intelligenz ist etwas so Komplexes, das kann man nicht einfach programmieren», erklärt sie. «Es muss sich entwickeln durch die Interaktion mit der Umwelt. Deshalb soll unser Roboter nicht einfach irgendetwas lernen, sondern etwas Interessantes.» Und was interessiert einen Roboter? «Interessant ist für ihn, das ist so programmiert, was seine Lernkurve ansteigen lässt. Auszusuchen, was das ist, ist ihm erst einmal selbst überlassen», so die Forscherin. Eine Lernkurve beschreibt den Lernfortschritt. Sie steigt zunächst rasch an. Wenn der Lernende dann alles oder das meiste gelernt hat, was in einer Situation zu lernen ist, bildet die Lernkurve ein Plateau, steigt also nicht mehr oder kaum weiter an.

Der Roboter kann seine Aufgaben also frei wählen. Wobei Freiheit in diesem Fall bedeutet, dass er sich erst einmal zufällig bewegt und herumprobiert, wo sich etwas ergibt, das die Lernkurve ansteigen lässt. Der Roboter fängt sozusagen an zu strampeln, wie Babys es tun. *Motorbabbling*, etwa «plappern mit Händen und Füßen», lautet das Fachwort dafür. Der Roboter gibt zufällig Kraft auf seine Motoren und erhält dann Feedback darüber, was geschieht: sensomotorisches Feedback, wenn er mit der Hand gegen etwas stößt, auditorisches Feedback, wenn es dabei «Klock» macht, visuelles Feedback, wenn die Hand, die er bewegt, in seinem Gesichtskreis auftaucht. Durch solche Erfahrungen soll er auch lernen, die Folgen von Aktionen vorherzusagen. Damit könnte er dann Bewegungen planen und korrigieren, etwa wenn ein Gegenstand, den er aufheben will, schwerer ist als erwartet.

Damit seine Lernkurve ansteigt, muss der Roboter also immer wieder neue Aufgaben finden, die ihn vor neue Herausforderungen stellen. *Curiosity drive*, etwa: treibende Neugier, nennen die Forscher*innen das. Damit versuchen sie dem Roboter mitzugeben, was den meisten Maschinen fehlt: ein Äquivalent zu Motivation, Antrieb, Interesse für die Umwelt.

Mit diesem Drive ausgestattet, wandte sich der Roboter zuerst sehr einfachen Dingen zu, bewegte etwa den Kopf nach links und lernte dabei, dass sich dadurch das Blickfeld nach rechts bewegt. «Zu Beginn hat er sich also nur umgesehen, bis er das gelernt hatte», berichtet Hafner. «Dabei stieg seine Lernkurve erst stark an, dann blieb sie auf einem Plateau stabil, Pepper hatte also alles gelernt, was es bei dieser Bewegung für ihn zu lernen gab. Als der Fortschritt null war, hat er sich eine andere Aufgabe gesucht, die einen höheren Lernfortschritt erzeugte.» Dabei bekommt der Roboter keine Rückmeldung über die Qualität seiner Aktionen, wie beim überwachten Lernen, und kein Belohnungssignal, wie beim Reinforcement Learning, mit dem Algorithmen sich durch Computerspiele arbeiten. Er bekommt nur die Vorgabe, die Lernkurve immer weiter ansteigen zu lassen.

Manchmal übernahm er sich dabei und versuchte sich an für ihn unlösbaren Aufgaben, etwa daran, das nächste Bild auf einem Fernsehbildschirm vorherzusagen. «Er wusste ja nicht, dass das nicht geht, aber der Lernfortschritt war null, dann hat er das gelassen», so Hafner. «Das passt gut zur Forschung über intrinsische Motivation bei Menschen: Den besten Lernfortschritt erzielt man, wenn man eine passende Aufgabe findet, die nicht zu leicht und nicht zu schwer ist.» Denn auch für den neugierigen Menschen ist nicht einfach alles spannend, was neu ist. Menschen betrachten vor allem überraschende Dinge und konzentrieren sich auf Phänomene mittlerer Komplexität. Zu viel Neues weckt eher Angst und blockiert das Lernen. Forscher*innen führen dieses wechselnde Interesse auch darauf zurück, wie gut etwas verstanden ist. Sind Kinder sich nicht sicher, bleiben sie bei einem schon bekannten Stimulus. Haben sie ein ausreichend stabiles Verständnis entwickelt, wissen sie also, was kommt, suchen sie sich etwas Interessanteres.

Wozu das Ganze? Um zum Beispiel mit der Hand einen Gegenstand fassen zu können (oder einen Riegel zu öffnen wie bei der Lockbox), muss ein Roboter berechnen, wie er seine Motoren zu steuern hat. Besitzt er eine weiche Hand, ist das schwer in präzise Werte zu fassen. Aber auch die Naos und Peppers mit ihren festen Händen aus Plastik und Metall bewegen sich so ungenau, dass man die Bewegungen schlecht vorprogrammieren kann. «Das müssen sie lernen», sagt Hafner. Und dieses Lernen sollte der Roboter am besten mit sich selbst ausmachen, also ohne dass jemand vorgibt, wie viele Zentimeter sich ein Arm in welche Richtung bewegen muss.

Wie eine solche intrinsische Motivation mit den vielfältigen Reaktionen kombiniert werden kann, die ein Kind aus seiner Umgebung erfährt, in der andere Menschen mit ihm sprechen, es herumtragen, ihm Dinge geben und sie benennen: Das alles ist in der Robotik Zukunftsmusik. «Von den Fähigkeiten von Kindern sind wir noch weit entfernt», gesteht Hafner zu: «Wie Kinder Dinge von allen Seiten betrachten, sie in die Hand nehmen, drücken und in den Mund stecken, herumwerfen oder stapeln, das ist so viel differenzierter als das, was unsere Roboter bislang können.»

Wenn es um selbständiges Lernen geht, klingeln bei manchen freilich gleich die Alarmglocken: Wenn diese Roboter nun immer weiter daran arbeiten, ihre Lernkurve ansteigen zu lassen, sich immer, wenn sie etwas gelernt haben, eine neue Aufgabe suchen, wo soll das hinführen? Ob sie keine Angst habe, den Roboter, der die ganze Nacht hindurch lernt und lernt, am Morgen in der Cafeteria anzutreffen, weil es ihm im Labor inzwischen zu langweilig geworden ist, frage ich Verena Hafner. «Wir versuchen hier erst einmal die Grundlagen zu verstehen, von den menschlichen Fähigkeiten sind wir noch ganz weit weg», antwortet sie. «Außerdem gibt es auch noch die ganz praktischen Begrenzungen, die Laufzeit der Batterie, die motorischen Fähigkeiten. Dass der Roboter ausbrechen könnte, ist wirklich nicht unsere Sorge.»

Stattdessen finden die Forscher*innen manchmal einen viel bescheideneren, aber praktischen Nutzen der erlernten Fähigkeiten. So lernt der Roboter, indem er sich einfach ein bisschen bewegt, die Geräusche, die er dabei selbst macht, vorherzusagen. Na und? «Roboter müssen oft stehen bleiben, wenn sie mit jemandem sprechen sollen, einfach weil sie in Bewegung so laut sind, dass sie dann nicht gut genug hören, was zu ihnen gesagt wird», erklärt Hafner. «Wenn die Roboter nun lernen, ihre eigenen Geräusche vorherzusagen, können sie diese aus dem, was sie hören, herausrechnen und so besser verstehen, was gesprochen wird.»

Eric Schulz vom Max-Planck-Institut für Biologische Kybernetik ist ebenfalls der Neugier auf der Spur und kann die Einsicht von Hafner nur bestätigen. Mit seinen Kolleg*innen hat er Kindern Bauklötze gegeben und sie dann dabei beobachtet, was sie damit anstellten. «Sie haben angefangen, Türme in die Höhe zu bauen, das können sie schnell sehr gut und machen das gerne», berichtet Schulz. Aber Kinder sind damit nicht lange zufrieden. «Die Kinder langweilten sich schnell und setzten sich ständig andere Ziele. Wenn der Turm zusammenfällt, und der Haufen aus Bauklötzen sieht ein bisschen aus wie eine Brücke, dann bauen sie eine Brücke. Oder sie bauten statt eines hohen Turms einen möglichst stabilen, oder sie fingen an, die Klötze

auf ihren Kopf zu stapeln, das war alles nicht sehr systematisch»,
konstatiert der Forscher. «Das zu quantifizieren, damit man es
programmieren kann, ist superschwierig, ich weiß gar nicht, wie
das gehen soll.»

Man kann Roboter darauf trainieren, aus Klötzen Türme zu
bauen. «Aber wenn man dann sagt: ‹Jetzt bau eine Brücke›, das
geht nicht, das ist für den Roboter etwas ganz anderes», so Schulz.
Die Forscher filmten daraufhin Menschen dabei, Türme aus
Bauklötzen zu bauen. Anhand der so gewonnenen visuellen Daten versuchen die Forscher*innen nun, ein KNN zu trainieren,
welches die Türme so ähnlich baut wie die Kinder.

Überfordert die Roboter nicht!

Könnte es also sein, dass Roboter, die menschenähnliche Intelligenz entwickeln sollen, lernen müssen wie Menschenkinder?
Eine Antwort auf die Einsicht, dass man Robotern, die flexibel
unterwegs sein sollen, nicht alles einprogrammieren kann, ist
in der Tat ein Forschungsfeld namens *Cognitive Developmental
Robotics*, kognitive Entwicklungsrobotik, der Entwicklungspsychologie nachempfunden. In der Entwicklungspsychologie versuchen Forscher*innen zu verstehen, wie Menschen ihre kognitiven Fähigkeiten entwickeln, wie sie lernen, sich zu bewegen,
ihre Umgebung wahrzunehmen und mit ihr zu interagieren,
wie sie ihr Wissen und ihre Fähigkeiten ausbauen und verändern – in der Kindheit, aber auch über das ganze Leben hinweg.
Die Entwicklungsrobotik ist ein junges experimentelles Feld, auf
dem verschiedene Ansätze und Theorien diskutiert und ausprobiert werden. Sie ist ein interdisziplinäres Unternehmen mit flie-
ßenden Grenzen zur Neurorobotik, die sich an der Funktion des
Gehirns orientiert, um Algorithmen zur Robotersteuerung zu
finden, und der Kognitiven Robotik, die versucht, Roboter mit

einer datensparsamen Architektur auszustatten, die sie in die Lage versetzt, die Welt zu «verstehen». Auch die *Computational Neuroscience*, die versucht, dem Gehirn mithilfe mathematischer Modelle, Computersimulationen und Abstraktionen biologisch plausible Prinzipien zu entlocken, die die Entwicklung von Intelligenz ermöglichen, ist beteiligt.

Die Grundidee der Entwicklungsrobotik ist nun genau das: Maschinen, die Intelligenz entwickeln sollen, müssen einen Entwicklungsprozess durchlaufen, einen ähnlichen Prozess wie Menschen in ihrer Kindheit, einen Prozess, in dem sie in der Interaktion mit der sozialen und der physischen Umwelt, mit anderen Menschen, Tieren und Dingen ihre Fähigkeiten ausbilden. Ganz so, wie es Alan Turing schon 1950 hellsichtig vorgeschlagen hatte: Statt mit den abstrakten Fähigkeiten wie dem Schachspielen solle man einen Roboter mit Sinnesorganen ausstatten, den besten, die für Geld zu haben sind, und diesen dann wie ein Kind unterrichten und erziehen.[5]

Die menschliche Entwicklung ist in der Entwicklungspsychologie detailliert beschrieben worden. An diese Differenziertheit reichen die Systeme der Entwicklungsrobotik nicht heran, hier geht es erst einmal darum, einfache Schritte zu identifizieren und nachzuvollziehen. Schon damit ist die Entwicklungsrobotik ein ambitioniertes Unterfangen, vielleicht das ambitionierteste im Bereich von Robotik und KI. Denn es dürfte kaum eine Herausforderung geben, mit der Forscherinnen und Forscher nicht früher oder später zu tun bekommen: Wie kann Lernen als offener Prozess gestaltet werden, als ein Prozess, bei dem man zwar nicht «alles» lernen kann, aber doch immer mehr und immer wieder Neues? Wie bringt man die verschiedenen Modalitäten zusammen, aus denen Menschenkinder lernen: Bewegung, Wahrnehmung mit Augen, Nase, Ohren, Tastsinn? Welche Rolle spielen explizites Lehren und selbstmotiviertes Lernen? Wie entstehen Begriffe für die Dinge in der Welt, wie werden sie verknüpft, wie entstehen abstrakte Weltbilder und Geschichten? Und wie hängt der sich entwickelnde intelligente Organismus von dem ab, was die Evolution ihm mitgegeben hat? Welche Rolle spielen die Erfahrungen, die ein Organismus machen kann, und was fehlt ihm, wenn er sie nicht machen kann? Welche von den genetischen Vorgaben werden relativ starr beibehalten, welche von Lebenserfahrungen in welcher Weise modifiziert?

Es gibt bislang nur einzelne Versuche, solche Studien tatsächlich mit Robotern durchzuführen. Der bekannteste ist vielleicht iCub, ein Roboter von der Gestalt und Größe eines Dreijährigen mit großen Augen und Stupsnase sowie feingliedrigen Händen; Mund und Augenbrauen leuchten hellrot durch das weiße Kunststoffgesicht. Es gibt nicht nur einen, sondern etwa 40 dieser Kinderroboter, vor allem, aber nicht nur, in europäischen Labors. Die verschiedenen Forschungsgruppen bringen dem Kerlchen unterschiedliche Fähigkeiten bei, zum Beispiel auf einem Bein zu balancieren oder sich bei anderen abzuschauen, wie man mit bestimmten Gegenständen umgeht, wie man erst krabbelt und dann läuft, wie man Dinge ergreift, wie die Dinge, die man ergreift, heißen, wie sie klingen, wenn man sie fallen lässt. Das ist langwierig und aufwändig, und physisch wachsen kann der Roboter auch nicht.

Giulio Sandini, Professor für Bioengineering an der Universität Genua und Gründungsdirektor des Italian Institute of Technology, hat iCub entwickelt und ist mit ihm heute so halb zufrieden: «Aus der Perspektive der Ingenieurswissenschaft ist das ein sehr gutes System und eine sehr gute Basis, um kognitives Verhalten nachzubauen. Aber all die Lösungen, die entstanden sind, sind Einzelfälle, individuelles Verhalten. Wir können einen Algorithmus von einem iCub auf einen anderen übertragen, aber wir können die verschiedenen Algorithmen nicht zusammenbringen. Dazu fehlt uns eine ‹kognitive Architektur›.» Diese müsste den Zusammenhang liefern, müsste es möglich machen, die

Forschungsergebnisse zu Wahrnehmen, Handeln, Lernen, Gedächtnis, Anpassung, Motivation, Aufmerksamkeit und Erwartungen an die Zukunft in einem Roboter zu integrieren. «Wir bräuchten eine Art Gehirn, an dem man gemeinsam arbeiten kann», so Sandini. iCog heißt das Open-Source-Projekt, in dem eine solche Austauschplattform entwickelt werden soll.

Wegen solcher Herausforderungen befassen sich die meisten Studien auch hier mit im Computer generierten Avataren statt mit Robotern. Forscher*innen um Lorijn Zaadnoordijk vom Trinity College in Dublin zeigen, wie detailliert die Anleihen aus der Entwicklungspsychologie inzwischen sind.[6] Sie haben sich das erste Lebensjahr von Kindern angesehen, diejenige Phase, die dem unüberwachten Lernen am nächsten kommt. Werden die Kinder älter, spielen Erklärungen anderer Menschen eine immer größere Rolle beim Lernen, so die Autor*innen. Wie die künstlichen Systeme stehen die Kinder zu Beginn ihres Lebens erst einmal vor der Aufgabe, aus nichtannotierten Daten etwas über die Welt zu lernen. Drei Punkte haben die Forscher*innen herausgegriffen.

Erstens: Obwohl sich das Gehirn kleiner Kinder sehr stark verändert, ist es in seinen groben Strukturen bereits angelegt. Diese Kombination aus Plastizität und vorgegebener Struktur ist eine Voraussetzung dafür, dass Kinder mit wenig Hilfe von außen effizient lernen können. Das Gehirn kleiner Kinder ist kein unbeschriebenes weißes Blatt, auf dem erst die Umwelt ihre Zeichen hinterlässt, und auch die KNN können kein solches leeres Blatt sein. Auch bei diesen Systemen entscheidet die Art, wie sie angelegt werden, mit darüber, ob sie überhaupt zu lernen beginnen und ob sie effizient lernen können. Nur ein geschickt vorstrukturiertes und vortrainiertes KNN wird robust und flexibel lernen. Dabei geht es weniger um angeborenes Wissen als um Voreinstellungen, die das Lernen erleichtern. So zeigen Säuglinge etwa ein besonderes Interesse an biologischer Bewegung und an Gesichtern. Alle Menschen haben eine Vorliebe für das Erkennen durchgehender Linien und zusammenhängender Flächen. Schon solche Strukturen zu imitieren, kann die Bilderkennung von KNN stabiler machen.

Der zweite Aspekt: Ähnlich wie KNN können Kinder Regelmäßigkeiten in ihrer Umgebung erfassen, anders als KNN tun sie dies aber über verschiedene Modalitäten hinweg: Sie hören nicht nur Wörter oder sehen nur Bilder, sondern hören Wörter zu Bildern und können die Dinge auch betasten oder in den Mund nehmen. Wenn künstliche Systeme lernen, dann sollten sie gleich multimodal lernen, denn dann werden sie auch stabilere Repräsentationen entwickeln, so die Autor*innen. Unnötigerweise habe das unüberwachte Lernen Einschränkungen aus dem Bereich des überwachten Lernens geerbt, nämlich allein aus Daten einer Modalität zu lernen. Ohne eine reichere Datengrundlage werde ein künstliches System keine ausreichend stabile Repräsentation erwerben. Zwar gibt es inzwischen Strategien, zumindest Wörter und Bilder zusammenzubringen, aber die anderen Sinne harren noch der Integration.

Schließlich drittens: Der Input, den Kinder bekommen und aus dem sie lernen, hängt davon ab, was sie zu einem bestimmten Zeitpunkt ihrer Entwicklung tun können. Vor der Geburt sehen sie nicht viel, doch die Augen beginnen bereits mit spontan generierter Aktivität zu üben. Töne, die Ungeborene hören, sind gedämpft, reichen aber aus, damit sie bei der Geburt bereits eine Idee vom Klang ihrer Muttersprache haben.

Ein Neugeborenes sieht erst einmal vor allem die Gesichter seiner Bezugspersonen und das, was diese ihm zeigen. Ein Kind, das krabbelt, sieht die Welt von unten, ein sitzendes Kind schaut nicht so weit in die Ferne wie ein stehendes. Und ein Kind, das auf eigenen Füßen die Welt zu erkunden beginnt, hat noch einmal ganz andere visuelle Eindrücke und macht ganz neue Erfahrungen. Mit der Veränderung der motorischen Möglichkeiten verändert sich also auch der visuelle Input, aus dem ein Kind lernen kann.

Daraus ergibt sich eine Art natürlicher Lehrplan für kleine Kinder, der von ihren physischen und kognitiven Möglichkeiten, ihrer Umgebung und dem Einsatz der Menschen, die sich um sie kümmern, bestimmt wird. Mit leichten, am Kopf getragenen Kameras, die filmen, was ein Kind sieht, versuchten Forscher*innen diesem Lehrplan auf die Spur zu kommen. Dabei fanden sie unter anderem, dass in der ersten Zeit vor allem Gesichter im visuellen Feld von Säuglingen zu sehen sind, später dann die eigenen Hände und ihre Möglichkeiten «auf dem Lehrplan stehen». Dieser «Lehrplan» sorgt zugleich dafür, dass die Kinder von der Welt nicht überfordert werden.

So dürfte die sich verändernde «Architektur» des Kindes, sein sich entwickelnder Körper samt den sich entwickelnden Sinnesorganen, die Ausbildung der kognitiven Fähigkeiten erst ermöglichen und befördern. In KNN könnten solche Entwicklungsschritte als Phasen mit höherer Lernrate nachgebildet werden. Manche Teile eines lernenden Systems lassen sich nach den Trainingsphasen «einfrieren», damit sie sich nicht weiter verändern.

Die Forscher*innen versuchen, auch KNN mit den Daten aus den Kamerabildern zu trainieren, die zeigen, was Kinder betrachten. Sogar mit dem noch verschwommenen Sehen der ersten Lebenstage statt der gängigen hochaufgelösten Bilder haben sie experimentiert. Und auch Details der Hirnphysiologie finden Beachtung: Die Imitation der kindlichen Entwicklung geht so weit, dass auch neuronale Strukturen nachgebildet werden, die nur in bestimmten Entwicklungsphasen vorhanden sind, die Ausbildung anderer Strukturen ermöglichen und dann selbst wieder verschwinden.

Manchmal treten bei solchen Studien auch Parallelen zur menschlichen Entwicklung zutage, die nicht explizit geplant wa-

ren, etwa wenn sich auch bei KNN kritische Lernphasen einstellen. Wenn Menschen und Tiere in bestimmten Entwicklungsphasen nicht die passenden Sinneserfahrungen machen, können
sie dies bekanntermaßen später nicht mehr oder nur mit viel
Übung aufholen. Das zeigt sich etwa, wenn Menschen, die taub
geboren wurden, später ein Gehörimplantat erhalten. Oder wenn
in Tierversuchen dafür gesorgt wird, dass junge Katzen in ihren
ersten Lebenswochen nur eine wenig strukturierte Welt zu sehen
bekommen. Einen ähnlichen Effekt zeigen offenbar auch KNN:
Werden ihnen zu Beginn der Trainingsphase zu wenige Daten zu-
geführt, kann dies zu Leistungseinbußen führen, die später auch
mit noch so viel neuen Daten nicht mehr auszugleichen sind.

Ideal wäre also, ein KNN könnte sich seine Trainingsdaten
selbst auswählen, abhängig davon, was es schon gelernt hat und
was ihm weiterhelfen würde. Diese Idee ist weit entfernt von der
Annahme, die Daten würden es schon richten – je mehr davon,
umso besser.

Die Tür ins nächste Level

Der Saal ist groß und kahl, die Wände bestehen aus groben Qua-
dersteinen, Säulen tragen die Decke, kunstvoll vergitterte Fenster lassen ein wenig Licht herein – vielleicht eine mittelalterliche
Burganlage. In diesem Gebäude saust ein Menschlein in langer
ärmelloser Weste herum, ein lilafarbenes Band um den Kopf. Im
Laufschritt durchmisst es die Räume, hält kurz vor Türen, die
sich mal öffnen und mal nicht. Mal rennt es mit Schwung gegen
eine Wand, dreht um und läuft weiter.

Das alles geschieht zum Glück nur in der Simulation, das
Menschlein ist ein Avatar in einer computergenerierten Welt.
«Im Prinzip geht das auch mit einem echten Roboter, aber das
ist viel schwieriger, wir fangen ja mit zufälligem Verhalten an,

und wenn der Roboter dann seine Gliedmaßen herumschwingt oder gegen die Wände läuft, dann würde er schnell kaputtgehen, da müsste man sehr viel einprogrammieren, damit das nicht passiert», erklärt Viviane Clay, Kognitionsforscherin an der Universität Osnabrück. Außerdem dauerte mit echten Robotern alles viel länger, denn in Simulationen können Prozesse viel schneller ablaufen als in der realen Welt.

Viviane Clay möchte herausfinden, wie künstliche Systeme bedeutungsvolle Repräsentationen lernen können. Wie sie also aus der Vielfalt all der Daten, die in der Welt auf sie einstürzen, die für sie wichtigen herausdestillieren können. In einem ersten Versuch bekam der Avatar eine konkrete Aufgabe vorgegeben: Er sollte möglichst viele Etagen in seiner künstlichen Welt durchlaufen. Wie in einem Computerspiel gibt es in dem Gebäude verschiedene Arten von Türen, die ins nächste Level führen: Die roten muss man mit einem Schlüssel aufschließen, grüne Türen gehen in einen neuen Raum, lilafarbene Türen öffnen sich erst, wenn man ein Rätsel gelöst hat.

In einem zweiten Schritt ersetzte die Forscherin den Auftrag, möglichst viele Level zu schaffen, durch künstliche Neugier. Der Agent sollte sich auf den Weg machen und seine Umgebung selbst erforschen. «Die Art, wie KI heute lernt, ist weit davon entfernt, wie Menschen lernen», erklärt Clay. «Menschen lernen durch Interaktion mit der Welt und mit anderen Menschen, sie experimentieren mit allen Sinnen. Sie erwerben immer neues Wissen, das auf älterem aufbaut. KNN sind dagegen auf eine Aufgabe optimiert und lernen diese mit speziellen Beispielen.» Das rächt sich, wenn die Welt sich verändert und die Systeme nicht flexibel darauf reagieren können. «Natürlich brauchen Menschen zum Lernen auch Daten, aber sehr viel weniger als unsere Lernsysteme. Menschen lernen deutlich effizienter und schneller, es muss also einen besseren Weg geben als den, den die meisten KI-Systeme gehen.»

Diesen Weg sucht der kleine Avatar in seiner Burg. Seine Zielfunktion ist einfach: so viel Neues lernen wie möglich. Dazu übt er vorherzusagen, was als Nächstes geschehen wird. Damit sind keine großen Abenteuer gemeint, sondern, ähnlich wie bei den Studien von Verena Hafner, Dinge wie: Wenn ich mich nach links wende, was werde ich als Nächstes sehen? Solange der Agent bewegungslos auf eine Wand starrt, werden seine Vorhersagen perfekt sein, es ändert sich nichts. Er soll aber, und das ist der Trick, sich so verhalten, dass seine Vorhersagen falsch sind. Der Gedanke dabei: Je besser er einen Raum kennt, desto bessere Vorhersagen kann er machen. Um zu falschen Vorhersagen zu kommen, muss er sich aus der Komfortzone wegbewegen und neue Bereiche aufsuchen. Er geht also in einen anderen Raum und tut sich dort um, so lange, bis seine Vorhersagen wieder richtig sind, dann zieht er weiter. Zwei Netzwerke realisieren dabei eine technische Version von Neugier und steuern das Verhalten: Das eine macht Voraussagen und das andere wählt die Aktionen aus.

«Erst einmal wollte ich sehen, ob das geht, so ein komplett offenes Lernen», erklärt Clay. Sie stellte fest: Es geht, auch wenn es manchmal lange dauert, bis der Agent vorankommt. Der Vorteil dieses Verfahrens: Man braucht kein Datenset, das von Menschen annotiert werden muss, der Avatar generiert sich die Daten selbst, indem er herumläuft und sich umschaut.

Vor allem aber interessiert sich Clay für die Repräsentationen, die der Avatar entwickelt. Denn auch solche elementaren Dinge wie etwa, dass man nicht durch Wände laufen kann, muss der Agent erst lernen. Indem er also gegen die Wände, Säulen und Türen läuft, lernt er grundlegende Dinge über die Welt. Und wenn er diese verstanden hat, kann er speziellere Aufgaben angehen, ohne das Lernen mit neuen Daten wieder ganz von vorn zu beginnen.

«Wenn der Agent durch das Herumlaufen erst Repräsentationen von Dingen gelernt hat, kann man die nehmen und ihm die dazugehörigen Namen beibringen. Man zeigt ihm zum Beispiel fünf Türen und er erkennt dann in Zukunft andere Türen. Er lernt also extrem schnell und mit extrem wenigen per Hand annotierten Daten, weil er zuerst einmal eine Basis gelernt hat: Was sind Objekte, was für Objekte gibt es in der Welt? Wir vergleichen das mit dem schnellen Lernen bei Kindern: Man zeigt ihnen ein Objekt und sie lernen mit einem oder wenigen Beispielen, worum es sich handelt. Das geht hier auch, weil der Agent eine gute Basisrepräsentation durch die Interaktion gelernt hat», erklärt Clay.

Freilich gelingt das Lernen nicht immer. Es kann vorkommen, dass der Agent nicht den richtigen Weg findet. Manchmal sammelt er nur schlechte Daten, aus denen er nicht viel lernen kann. Denn er startet nun einmal nicht mit Weltwissen, sondern mit einem zufällig konfigurierten KNN. Manchmal muss der Avatar lange herumlaufen, bis er überhaupt beginnt, etwas zu lernen, manchmal ist er ganz umsonst unterwegs und macht keine Fortschritte.

So reich wie die Begriffe, die Menschenkinder bilden, ist das, was der Avatar lernen kann, nicht, aber es geht in die richtige Richtung: «Er repräsentiert zum Beispiel eine Tür, die rechts in seinem Blickfeld ist, anders als eine Tür, die links im Bild ist, aber eine Tür in einem gelblichen Licht genauso wie eine in einem mehr gräulichen Licht. Das macht Sinn: Denn die Beleuchtung ist egal, wenn es darum geht, durch eine Tür zu gehen, aber wo die Tür ist, relativ zum Körper, das ist nicht egal», erklärt Clay. Auf diesem Weg könnte der Avatar also Repräsentationen lernen, die wirklich sinnvoll sind, um mit der Welt zu interagieren, und nicht einfach solche, in denen so viele Informationen wie möglich über Dinge stecken, die eigentlich irrelevant sind. «Denn wenn ich zu lange über Unwichtiges nachdenke, komme ich zu keinem Ergebnis und kann nicht handeln», so Clay. «Idealerweise sollte ein solches System auch nicht mehr so komische Fehler machen wie die aktuellen Systeme, sondern eher solche, die wir nachvollziehen können.»

Allein spielen ist langweilig

Der Agent von Viviane Clay ist allein unterwegs. Pierre-Yves Oudeyer und seine Forschungsgruppe von der Universität Bordeaux schickten IMAGINE, ihren künstlichen Agenten, nicht nur zum Lernen auf einen (simulierten) Spielplatz. Er bekam auch einen Gefährten, genannt SP für *social partner*. Bei diesem Versuch ging es darum, wie Sprache auch für künstliche Agenten zum Werkzeug werden kann, um neue Ziele zu formulieren und die Umgebung zu erkunden. Denn die Kompositionalität von Sprache, also die Möglichkeit, Wörter immer wieder neu zusammenzusetzen, sollte es Agenten ebenso wie Kindern möglich machen, ganz neue Ziele zu finden, indem sie alte neu kombinieren.[7]

Der Spielplatz ist erst einmal eine öde graue Fläche mit verschiedenen simulierten Objekten. Der Agent hat die Form einer Hand. Er schwebt herum und probiert aus, was er tun kann. Er bekommt sprachliches Feedback, ganz wie ein kleines Kind, dem ein Erwachsener Rückmeldungen gibt: Das ist ein roter Bauklotz, den du da aufgehoben hast. Der Agent nimmt den Hinweis als mögliches Ziel und versucht erneut, einen roten Bauklotz aufzuheben. Da er noch nicht richtig verstanden hat, was es mit einem roten Bauklotz auf sich hat, greift er dieses Mal nach einer gelben Kugel. Das Feedback kommt sofort: Jetzt hast du eine gelbe Kugel genommen! Auf diese Weise soll der Agent nicht einfach Wort-Bild-Paare lernen, sondern erfassen, wie die Dinge sich anfühlen, wie sie aussehen und wie man zugreifen kann und muss.

Ebenso soll er lernen zu generalisieren; Fehler sind erlaubt und können korrigiert werden. Hat der Agent etwa gelernt, den Tieren beim «Füttern» Futter und Wasser zu bringen, und wird dann aufgefordert, die Pflanzen zu «füttern», wird er ihnen ebenfalls Wasser und Futter bringen. Er lernt dann durch Feedback, dass Pflanzen schon wachsen, wenn man ihnen Wasser bringt, Heu und Hafer dazu nicht erforderlich sind.

Das größere Ziel, so die Forscher*innen, besteht in Systemen, die ein reiches, auch sprachliches Innenleben haben. Wie Menschen sollten autonome künstliche Agenten in der Lage sein zu beschreiben, was vor sich geht, für andere explizit und für sich selbst in einer Art inneren Rede. Sie sollten in der Lage sein, neue Sätze zu bilden, neue Ideen zu entwickeln und diese dann in der Welt umzusetzen. Dies soll es ihnen auch erleichtern, mit Menschen zu kommunizieren, sich von ihnen belehren, anleiten und korrigieren zu lassen und sich zu erklären. Dazu muss die Sprache freilich rückgebunden sein an die Welt, will sagen an die Erfahrungen, die Agenten mit der Welt machen.[8]

Objektiv geht gar nichts

Hier kommen nun die Biases, die Verzerrungen, wieder ins Spiel, denen wir schon bei der Beschreibung des menschlichen Denkens begegnet sind, und zwar in Form eines Phänomens, das Fachleute *Inductive Bias*, induktive Verzerrung, nennen. Es gibt eine Vorannahme, die Menschen sich fast nie bewusst machen, auf die die künstlichen Lernverfahren sie aber stoßen. Sie besteht darin anzunehmen, aus Daten allein könne man etwas lernen. Dies gilt aber nur, wenn wir zusätzliche Annahmen machen, etwa die, dass eine Entwicklung sich so fortsetzen wird, wie sie begonnen hat. Wir gehen selbstverständlich davon aus, dass die nächste Zahl in der Reihe 3, 6, 9, 12 eine 15 sein wird.

Sollte sie es nicht sein, erwarten wir eine Erklärung. Doch im Prinzip kann jede Reihe von Zahlen oder Ereignissen sich auf beliebige Weise fortsetzen, solange es keine weiteren Annahmen, Einschränkungen oder gute Gründe gibt, die für eine und gegen die anderen Möglichkeiten sprechen. Wer sagt, dass wir es nicht mit einer Reihe zu tun haben, deren Logik immer nach vier Zahlen wechselt? Oder in der es gar keine Ordnung gibt und nur diese ersten Zahlen zufällig in einer scheinbaren Ordnung stehen?

Gerade weil so viele Verzerrungen unseren Blick auf die Welt prägen, zählt das Bemühen um Objektivität zu unseren Tugenden. Völlige Objektivität können wir ohnehin nicht erreichen, deshalb darf man uns ruhig ermahnen, Schritte in diese Richtung zu unternehmen. Aber ein künstliches System, das ohne Verzerrungen in die eine oder andere Richtung startet, wird schlicht nichts lernen. Denn wenn alles gleich wichtig ist, ist nichts wichtig.

Ein künstliches lernendes System lernt anhand der Trainingsbeispiele die Beziehungen zwischen Input und Output, also zwischen dem, was es als Daten bekommt, und dem, was als Ergebnis seiner Datenverarbeitung akzeptiert wird. Das ist die Induktion: Von Beispielen wird auf einen allgemeineren Zusammenhang geschlossen. Diese Beziehung soll das lernende System generalisieren, sodass es auch für Daten, die es im Training nicht gesehen hat, richtige Antworten geben kann. Es lernt aus den Beispielen ein sogenanntes Modell, eine abstrakte Repräsentation. Generell gilt: Je weniger Vorgaben man dem System macht, desto freier kann es lernen, desto mehr Daten benötigt es aber auch dazu. Je mehr man dem System hingegen vorgibt, desto stabiler lernt es das, was es soll, und desto weniger Daten benötigt es. Es ist dann aber durch diese Voreinstellungen gebunden.

Man mag die Verzerrungen beklagen, mit denen wir auf die Welt blicken, aber immerhin lassen sie uns die Welt um uns herum in angemessener Zeit sinnvoll ordnen und verstehen. Künstliche Systeme müssen ebenfalls mit Verzerrungen oder, positiver: Voreinstellungen ausgestattet werden, damit sie etwas lernen können. Dabei kann es sich etwa um Regeln handeln wie das nach dem spätmittelalterlichen Philosophen Wilhelm von Ockham benannte «Rasiermesser»: Wenn es mehrere Möglichkeiten gibt, ist die einfachere die bessere. Oder: Suche die breitestmögliche Grenze zwischen zwei Klassen von Daten. Oder: Benachbarte Datenpunkte gehören in dieselbe Klasse. Letztlich ist jede Designentscheidung beim Aufbau eines künstlichen lernenden Systems ein solcher Bias, etwas, das dem System mitgegeben wird und das es ihm ermöglicht, Ergebnisse zu generieren.

Im Vergleich zu dem ausgefuchsten Wahrnehmungs- und Bewertungssystem, mit dem die Evolution biologische Organismen ausgestattet hat, sind solche Vorgaben relativ begrenzt. «KNN haben nur kleine induktive Biases. Das hat den Vorteil, dass sie im Grunde alles lernen können, aber es dauert eben. Wir wissen, dass wir in einer dreidimensionalen Welt leben, und unser Gehirn ist darauf optimiert, dreidimensionale Objekte zu erkennen und mit einer dreidimensionalen Welt zu interagieren. Die biologischen Systeme sind von Anfang an auf die Struktur der Welt optimiert, auch unser Gehirn», erklärt Clay. «Die KNN starten dagegen fast bei null. Das kann man nicht wirklich vergleichen.»

Auch hier hilft wieder der Körper mit seiner Architektur, das Lernen erst möglich zu machen. «Mit diesen Vorgaben verliert man ein bisschen Flexibilität, aber das brauchen die Systeme, um so effizient zu lernen wie der Mensch», sagt Clay. Die Vielfalt der natürlichen Wesen bietet hier eine reiche Inspirationsquelle. «Natürlich geht es nicht darum, die Biologie einfach zu imitieren. Aber viele Prinzipien, die wir uns in der Biologie abschauen können, können helfen. Und wenn es in der Biologie funktioniert, in der Maschine aber nicht, dann ist es doch wohl sinnvoll, noch mal in die Biologie zu schauen.»

Der Mensch hat mit seinem Körper, seinen Emotionen und Bedürfnissen die Biases, die es erst ermöglichen, zu denken, zu lernen, in der Welt zurechtzukommen – und Abstraktionen zu bilden und eine geistige Welt zu erschaffen, in der es dann aussehen mag, als sei eine unverzerrte Wahrnehmung ein erstrebenswertes Ideal.

Clay jedenfalls ist durch ihre Forschung auch auf das Moravec-Paradox gestoßen: «Ich bin nicht mit einer expliziten Definition von Intelligenz gestartet, aber jetzt ist mir klar: Intelligenz bedeutet nicht nur, so gut wie möglich Schach zu spielen, das ist fast das Einfachste. Aber das, was wir für simpel halten, den Körper zu koordinieren, Objekte zu erkennen, das ist superwichtig. Was wir für einfach halten, ist für die Maschinen schwierig, und es braucht aber auch bei Menschen sehr viel Hirnleistung.»

Eine Startsoftware für Mensch und Maschine

Nicht größtmögliche Objektivität und Weite bilden demnach die Grundlage von Intelligenz, sondern die richtigen Beschränkungen, Einseitigkeiten und Verzerrungen. Eine künstliche Intelligenz zu bauen, bedeutet daher auch, die richtigen Voreinstellungen zu finden – die, mit denen Lebewesen, darunter der Mensch, in der Welt unterwegs sind und die eventuell auch diejenigen sind, die die künstlichen Systeme benötigen. Netzwerkarchitekturen sind im Prinzip genau das: angeborene Vorgaben und damit Einschränkungen der möglichen Weisen, wie ein System lernen kann, um sie effizienter zu machen und das Lernen erst zu ermöglichen.

Mit der Einsicht in die Bedeutung solcher Biases hat eine alte Kontroverse aus Philosophie und Psychologie ihren Weg in die Kognitions- und KI-Forschung gefunden: die Kontroverse um angeborene und erlernte Fähigkeiten. Was Lebewesen angeboren ist, so die Überlegung, müsste künstlichen Systeme fest einprogrammiert werden. Was Lebewesen lernen, sollten vielleicht auch die künstlichen Systeme lernen, statt es vorgegeben zu bekommen. Was fest vorgegeben ist, ist sicher und von Beginn an vorhanden. Es könnte sinnvoll sein, die wichtigsten Verhaltensweisen und Fähigkeiten in den Programmen zu verankern, statt sich darauf zu verlassen, dass ein Lernprozess gelingt. Ist die «Überlebensfähigkeit» erst gesichert, macht es ein System flexibler, wenn es die weiteren Fähigkeiten in einer konkreten Umgebung erlernen kann. Sie passen dann besser zu der Welt, in der das System zurechtkommen muss.

Aber was soll gelernt werden, was ist angeboren? Sind intuitive Physik und Psychologie angeboren? Ist Symbolmanipulation etwas Besonderes und muss programmiert werden, oder ist es eine Fähigkeit unter anderen und kann erlernt werden?

Gary Marcus etwa geht davon aus, dass die Fähigkeit zum Denken mit Begriffen und Regeln entweder angeboren ist oder etwas anderes, noch nicht Entdecktes, indirekt dazu führt, dass wir diese Fähigkeit auch tatsächlich ausbilden. «Alle unsere Bemühungen sollten darauf gerichtet sein, diese indirekte Basis zu finden», so Marcus.[9]

In der Biologie ist allerdings bis heute strittig, was genau als eine angeborene Fähigkeit gelten soll. So kritisieren Forschende, oft würden einfach diejenigen Fähigkeiten, über die Lebewesen bei der Geburt verfügen, als angeboren betrachtet, selbst wenn sie diese womöglich im Zuge ihrer vorgeburtlichen Entwicklung in Interaktion mit der dann bereits vorhandenen Umwelt ausgebildet haben.

Bislang setzen Forschende häufig darauf, einem System wichtige Dinge vorzugeben, um die Leistung zu verbessern und den Lernprozess abzukürzen. Dann bekommt der Roboterarm einen QR-Code, um die Hebel für die Lockbox zu finden, oder der

Avatar die Vorgabe, dass die Lernkurve immer ansteigen muss. Vielleicht geht es aber auch anders.

Der Psychologe und Kognitionsforscher Joshua Tenenbaum vom Massachusetts Institute of Technology forscht dazu, wie man künstliche Systeme dazu bringen kann, so zu lernen und zu denken wie Menschen. Entscheidend ist für Tenenbaum eine Art Startsoftware. Diese müsste diejenigen Fähigkeiten umfassen, die für die frühkindliche kognitive Entwicklung nötig sind. Dazu gehört eine intuitive Physik, also ein Verständnis dafür, wie Dinge sich gewöhnlich verhalten – dass sie bestehen bleiben, auch wenn sie kurz verdeckt sind, dass sie dort bleiben, wo sie sind, wenn sie nicht bewegt werden, dass sie in der Regel nach unten fallen, dass dort, wo ein Gegenstand sich befindet, nicht zugleich ein anderer sein kann, etc. Es geht um die ganz grundlegenden Annahmen, auf die man sich in der Regel verlassen kann, auch wenn man in neue Situationen gerät.[10]

Neben der intuitiven Physik ist nach Tenenbaum eine intuitive Psychologie nötig: die Einsicht oder Annahme, dass Menschen Überzeugungen, Wünsche und Ziele haben, die erklären, warum jemand etwas tut und welche Bedeutung Gegenstände in seiner oder ihrer Umgebung haben. Diese Einsicht müssen Menschen nicht formulieren können. Forscher vom Max-Planck-Institut für evolutionäre Anthropologie in Leipzig führten vor einigen Jahren Studien durch, um altruistisches Verhalten bei Menschenkindern und Schimpansen zu vergleichen. Die von ihnen aufgezeichneten Videos zeigen nicht nur, dass Kinder und (halbwilde) Schimpansen anderen aus eigenem Antrieb helfen, sie zeigen auch, was diesen Einsatz erst möglich macht: dass nämlich Kinder wie Schimpansen in der Lage sind zu verstehen, was jemand zu tun beabsichtigt. So ließen Forscher um Michael Tomasello ein 18 Monate altes Kleinkind dabei zusehen, wie ein Mensch mit einem Stapel Bücher in den Händen auf einen Schrank zugeht und mit den Büchern an die geschlossenen Schranktüren stößt. Das Kind ging daraufhin zum Schrank, öffnete die Türen und sah den Menschen erwartungsvoll an. Offenbar hatte es verstanden, was der Mensch vorhatte und was ihn an der Ausführung hinderte.[11]

Für Tenenbaum sind diese Fähigkeiten die Basis aller anderen Ausprägungen und Leistungen von Intelligenz, also sollten auch künstliche Systeme über sie verfügen. Aber woher können sie die intuitive Physik und die intuitive Psychologie bekommen? Tenenbaum und seine Gruppe experimentieren mit einem Simulationsprogramm, wie es auch beim Training künstlicher Agenten zum Einsatz kommt. Allerdings trainiert sein System nicht, wie das von Viviane Clay, in einer virtuellen Umgebung, sondern es hat diese «im Kopf», um mit ihrer Hilfe über die Welt nachzudenken. So soll es erst einmal «offline» testen, was in der Welt geschehen wird, wenn es eine bestimmte Handlung ausführt oder diese Handlung bei anderen beobachtet. Damit soll es die Fähigkeit erlangen, wie der Mensch zu «sehen», was passieren wird: Wir schauen auf einen hohen Turm aus Bauklötzen, der bedenklich wackelt, und «wissen», ob er halten wird oder nicht, wenn man noch einen Klotz aufsetzt. Wir «sehen», was geschehen wird, wenn man an den Tisch stößt, auf dem der Bauklotzturm steht, wir «sehen» sogar, was geschehen wird, wenn man leichter oder stärker dagegen stößt: Der hohe Turm wird umfallen, die Klötze auf dem Boden landen, andere Klötze werden ein bisschen verrutschen, aber auf dem Tisch liegen bleiben. Wir wissen es natürlich nicht genau, haben aber eine ganz gute Idee davon. Selbst diese Unsicherheit bildet das Programm nach, denn kein Roboter wird eine so perfekte Wahrnehmung seiner Umgebung leisten können, dass er ohne ein gewisses Rauschen, eine gewisse Unsicherheit zurechtkommt.

Wenn wir es mit Menschen statt mit Bauklötzen zu tun haben, haben wir ganz ähnliche Fähigkeiten: Wie wissen wir, welchen von verschiedenen Gegenständen, die auf einem Tisch liegen, ein

Mensch ergreifen wird? Man beobachtet seine Bewegungen und irgendwann ist man sicher: Es kann nur das Glas dort hinten sein.

Kann ein System erst abschätzen, was in der Welt geschehen wird, sollte es leichter in der Lage sein, Problemlösungen zu finden. Wie aber machen Menschen das? Stellen Sie sich vor, Sie wollen ein Zelt aufstellen und bemerken, dass der Boden ganz schön hart ist. Den Hammer für die Heringe haben Sie leider vergessen. Vermutlich schauen Sie sich um: Hat vielleicht jemand anderes einen Hammer? Gibt es einen großen Stein, mit dem man hämmern könnte? Um zu beobachten, wie Menschen in solchen Situationen vorgehen, legten die Forscher*innen sich allerdings nicht auf Zeltplätzen auf die Lauer, sie entwickelten einen Simulator, das *Virtual Tools Game*.[12] In diesem mussten Probanden zunächst die immer wieder variierte Aufgabe lösen, einen roten Ball in einen grünen Korb zu befördern. Dazu wurden ihnen am Rand des Bildschirms verschiedene geometrische Körper angezeigt, die sie zur Hilfe nehmen konnten: zum Beispiel ein Dreieck, das man von oben auf den Ball fallen lassen kann, um ihn in den Korb zu schießen, oder ein Quadrat, das man auf eine Wippe schiebt, damit diese sich in die richtige Richtung neigt. Die Versuchspersonen probierten ganz unterschiedliche Strategien aus, waren aber (zumindest bei den einfacheren Aufgaben) meist schnell erfolgreich. Dies erklären die Forscher*innen mit dem umfassenden Vorwissen der Probanden über die Welt, welches es ihnen ermöglicht, erfolgversprechende Aktionen auszuwählen und vor ihrer Ausführung im Kopf durchzuspielen. Und mit der Fähigkeit, aus beidem, den Simulationen im Kopf und den ausgeführten Handlungen, etwas für die nächste Aufgabe zu lernen.

Diese Beobachtungen fassten sie dann in einem Modell namens «Sample, Simulate, Update» (SSU) zusammen. Die Sample-Komponente ist dazu da, ein Werkzeug auszuwählen, eine

«Intuitive Physics Engine» simuliert die Effekte einer Handlung und das Update-Modul integriert die Erfahrungen mit geglückten und gescheiterten Aktionen. Der Begriff «Engine» oder «Game Engine» kommt aus dem Bereich der Computerspiele und bezeichnet eine Art Rahmenprogramm, das selbständig, ohne Steuerung durch den Nutzer, im Hintergrund läuft und den Spielverlauf organisiert. Es steuert also etwa die Grafik und sorgt dafür, dass der Sound eingebunden wird. Es bewirkt, dass ein*e Spieleentwickler*in nicht immer von vorn beginnen muss, sondern voraussetzen kann, dass die Welt im Hintergrund der Handlung funktioniert. Solche *Engines* umfassen viele Tricks und Abkürzungen, mit deren Hilfe sie eine möglichst realistische Welt mit möglichst wenig Rechenaufwand darstellen können. Vielleicht, so die Idee, läuft im Hintergrund des kindlichen Geistes ja eine ebensolche Engine, deren Tricks es herauszufinden gilt. Vielleicht kann man die Tricks der Computer-Engines auch gleich als Hypothesen über das Funktionieren des kindlichen Geistes betrachten, so die Forscher*innen.[13]

Das SSU-Modell kam auf verschiedenen Schwierigkeitsniveaus zu denselben Ergebnissen wie die menschlichen Probanden. Für die Forscher*innen ist es ein Modell, das zum einen erklärt, wie Menschen flexibel und effizient Problemlösungen finden: mit Wissen über physikalische Zusammenhänge, Vorstellungsvermögen und der Fähigkeit, aus Erfahrung zu lernen. Vor allem zeigt diese Studie, wie wichtig es ist, ein Modell der Welt im Kopf zu haben, wenn man solche Probleme lösen will.

Wie oben beschrieben, werden bei künstlichen Agenten modellfreie und modellbasierte Lernverfahren verwendet. Mit modellfreien Verfahren lernen Agenten unmittelbar aus Belohnungen und Strafen, ohne dabei ein Modell von der Welt zu entwickeln, anhand dessen sie die Auswirkungen zukünftiger Handlungen abschätzen könnten. Der Agent handelt erst einmal zufällig, schaut, was passiert, und wird anhand der Rückmeldungen besser.

Computerspiele lassen sich auf diese Weise recht gut lösen, aber diese Verfahren sind empfindlich, wenn die Situation sich verändert. Ein System, das ein Spiel für gewöhnlich schnell bewältigt, ist dann hilflos, wenn sich etwa die Hintergrundfarbe ändert. Ein menschlicher Spieler hätte schnell verstanden, dass diese am Spiel selbst nichts ändert. Und in komplexen Situationen, in denen es viele Handlungsmöglichkeiten mit unterschiedlichen Ergebnissen gibt, ist es sehr aufwändig, diese durch Versuch und Irrtum zu erforschen. In vielen Situation sollte zudem am besten gleich der erste Versuch sitzen, vielleicht gibt es keinen zweiten, ziemlich sicher jedenfalls keine ganz große Anzahl weiterer Versuche.

Modellbasierte Verfahren hingegen generieren und verwenden ein Modell der Welt, um mögliche Ergebnisse prüfen zu können, bevor eine Handlung beginnt. Vorausgesetzt, das Modell ist detailliert genug und das System verfügt über die nötige Zeit, den nötigen Speicher und die nötige Rechenkraft, lassen diese Verfahren immer noch flexibles Reagieren zu, wenn sich eine Situation verändert.

Um die Frage zu beantworten, welche Klötzchen von einem wackelnden Tisch fallen werden, funktionierte letztlich beides: das modellbasierte Verfahren mit der *Intuitive Physics Engine* und das modellfreie Lernen aus großen Datenmengen. Allerdings benötigte das System zum modellfreien Lernen nicht nur unrealistisch viele Daten fallender Klötze, es generalisierte auch schlecht, hatte also Probleme, von einem Turm aus vier Klötzen, der umfällt, wenn man an den Tisch stößt, darauf zu schließen, was geschehen könnte, wenn der Turm zehn Klötze hoch ist. Menschen haben da offenbar eine andere Strategie entwickelt: Sie haben die grundlegenden Zusammenhänge im Kopf. Wie fällt ein Dreieck, was kann man auf einen Quader stapeln, was richtet eine Kugel an, die man gegen eine Säule rollen lässt? Aus diesen Bestandteilen können sie komplexere Szenen zusammensetzen und diese im Kopf durchgehen.

Letztlich kostet beides Zeit: planen und gründlich nachdenken ebenso, wie alle Möglichkeiten durchzuprobieren. Am besten könnte es also wieder einmal sein, auf Vielfalt zu setzen und beide Verfahren zu kombinieren. Zur Intelligenz gehört dann freilich auch, zu entscheiden, wann man welches Verfahren verwendet und wie man beide kombiniert. Ein Mensch wird nicht planlos in einem Labyrinth herumlaufen und, wie ein Schleimpilz, erst einmal alle Wege nehmen, sondern, so gut es geht, ein Modell seiner Umgebung entwickeln, sich an Wegmarken und Entfernungen erinnern. Wer ein Modell der Welt hat, kann Informationen über Veränderungen einbeziehen. Wer erfährt, dass die Autobahnbrücke gesperrt ist, kann im Vorfeld darüber nachdenken, wie er verhindern kann, in den Stau zu fahren, der sich auf den Umleitungsstrecken gebildet hat. Wer kein Modell der Welt hat, kann nur hinfahren und vor Ort sehen, wie man am besten reagieren kann.

Ausgehend von einer solchen Grundlage könnten Systeme ihre Modelle dann anhand ihrer Erfahrungen erweitern und immer größere Teile der Welt, der Vorgänge darin und der Konstellationen der Menschen untereinander in dieses Modell integrieren. In der Tat zeigen erste Studien, dass solche kombinierten Verfahren zu den besten Ergebnissen führen: Agenten können die Vorteile beider Verfahren nutzen, um ein genaues Modell der Umgebung und eine langfristige Strategie zu entwickeln.[14]

Vielleicht, so Yann LeCun, besteht der Common Sense, der gesunde Menschenverstand, ja aus einer Sammlung von Modellen, die uns sagen, wie die Welt funktioniert, oder sogar nur aus einem einzigen Weltmodell. Es würde in den ersten Lebenswochen und Monaten erlernt und bildete dann die Grundlage dafür, dass wir trotz unvollständiger Wahrnehmungen und unvollständigen Wissens in der Regel zurechtkommen, dass wir uns ausmalen können, wie eine Handlung oder ein Ereignis sich weiterentwickeln werden. Vielleicht ist solches Planen durch

Simulation mithilfe eines Weltmodells die gängigste Form natürlicher Intelligenz.[15]

Dem stehen allerdings die Beobachtungen entgegen, dass das Modell der Welt, das Menschen im Kopf haben, gerade nicht detailliert und vollständig, sondern allenfalls rudimentär ist und darauf angewiesen, dass die Welt vorhanden ist und das Modell einbettet und ergänzt. Dieses Modell der Welt kann demnach kein Abbild sein, sondern dürfte eher aus einer Sammlung grundlegender Einsichten bestehen: Dinge bewegen sich nicht von selbst; wenn sie sich von selbst bewegen, haben sie einen Motor oder es sind Lebewesen; wo ein fester Körper ist, kann nicht zugleich ein anderer sein, Menschen tun, was sie für richtig halten, etc. Dass ein solches Weltmodell für einen künstlichen Agenten die Welt komplett ersetzen könnte, ist nicht abzusehen.

Zu den wichtigsten Bestandteilen von Intelligenz gehört demnach eine «Startsoftware», die grundlegende Konzepte wie Zahlen, Alltagsphysik und Alltagspsychologie umfasst: Alltagsphysik für das Verhalten von Dingen, Alltagspsychologie für das Verhalten von Menschen und Menschengruppen. Schon im Alter von zwei Monaten erwarten Kinder, dass unbelebte Objekte sich nicht plötzlich in Luft auflösen, dass sie undurchdringlich sind, dass sie sich auf geradem Weg bewegen, wenn es keine Gründe für Abweichungen gibt, und dass sie nicht berührungslos aufeinander einwirken können. Mit sechs Monaten wissen sie dann bereits über den Unterschied zwischen harten und weichen Dingen und Flüssigkeiten Bescheid. Forscher*innen finden das heraus, indem sie messen, wie lange Kinder entsprechende Szenen betrachten. Die Idee dabei: Was selbstverständlich ist, bekommt nicht so viel Aufmerksamkeit wie ungewöhnliche Vorgänge.

Eine solche Startsoftware hilft Kindern dabei, die Welt, wie Forscher*innen sagen, zu segmentieren, also den kontinuierlichen Strom an visuellem Input in verschiedene Dinge einzuteilen. Sie könnte der Grund dafür sein, dass Kinder zwar deutlich

weniger «Eingabedaten» bekommen als etwa die großen Sprachmodelle und doch immer wieder mit interessanteren und über-
raschenderen Antworten aufwarten als diese.

In künstlichen Systemen könnte dies mit einer «Intuitive Physics Engine» gelöst werden, die hypothetische Annahmen durchgeht: Wie würden sich die Klötze verhalten, wenn die roten schwerer wären als die gelben, wenn manche aus Styropor wären oder
zusammengeklebt? Diese «Engine» bekäme ihren Input etwa
durch Sprache, Wahrnehmung und Erinnerung, konstruierte
sich dann ein Modell und experimentierte mit diesem Modell herum. Intuitive Physik und Deep Learning auf großen Datenmengen zusammenzubringen, könnte ein Schritt hin zu menschen-
ähnlicheren Lernalgorithmen sein, so die Forscher*innen.[16]

Ähnlich verhält es sich mit der intuitiven Psychologie. Kinder
sind sehr früh in der Lage, Augen zu entdecken, biologische Bewegung von mechanischer zu unterscheiden und aufzumerken,
wenn sich etwas von selbst bewegt. Sie verstehen, dass Menschen Absichten haben, und können mit drei Monaten Personen,
die andere bei ihren Vorhaben behindern, von solchen unterscheiden, die sich neutral verhalten. Wie dies in künstlichen Systemen realisiert werden könnte, ist offen, vielleicht, so die Autoren der Studie, reichen schon kleine Tricks, etwa eine eingebaute
Neigung, sich auf Dinge zu konzentrieren, die andere Dinge
bewegen, zusammen mit einem einfachen Nutzenkalkül. Denn
auch wenn Menschen nicht immer perfekt rationales Verhalten
zeigen, neigen sie doch meistens erst einmal dazu, das zu tun,
was sie ihren Zielen am besten näher bringt. Vielleicht ist das
Entwickeln von Modellen eine bessere Beschreibung für das,
was hier geschieht, als die Mustererkennung, so die Autoren.

Die Startsoftware benötigt noch andere Bestandteile: Sie umfasst etwa ein Verständnis von Kausalität. Kausalität zeigt, wie
Dinge zusammenhängen. Erst wenn man verstanden hat, warum
etwas geschieht, kann man sich neue ähnliche Zusammenhänge

ausdenken. Erst das Verständnis für Ursache und Wirkung, so ein Beispiel von Tenenbaum und seiner Gruppe, lässt verstehen, warum ein Begriff wie «brennbar» in einem semantischen Netzwerk eher zu Holz gehört als zu Geld, obwohl auch Geld brennbar ist. Kausalität, so die Autoren, «klebt» manche Dinge zusammen, indem es sie auf einen Kausalzusammenhang zurückführt.

Zur Startsoftware gehört ebenfalls, was Fachleute Kompositionalität nennen: die Einsicht, dass bekannte Elemente zu neuen kombiniert werden können. So, wie man aus einer endlichen Anzahl von Wörtern eine riesige Menge an Sätzen bauen kann. Oder wie man sich ein Auto mit drei Rädern denken kann, einen Segway oder ein Einrad.

Ebenfalls Teil der Startsoftware ist ein Lernverhalten, das grob dem wissenschaftlichen Vorgehen entspricht, bei dem also Hypothesen aufgestellt und getestet werden. Ein Lernverhalten, wie es Psycholog*innen um Alison Gopnik und Andrew Meltzoff für Kinder beschrieben haben: Auch wenn es manchmal aussieht, als würden Kinder einfach herumwuseln und sich mal für dieses und mal für jenes interessieren, folgen sie doch einer gewissen Systematik, die die Forscher*innen an wissenschaftliche Studien erinnert.[17] Und das *learning to learn* darf nicht fehlen, die Fähigkeit, Dinge, die man zuvor gelernt hat, auf neue Konstellationen zu übertragen, Analogien zu bilden und Ähnlichkeiten zu finden. Und schließlich kommt es, wie schon gesehen, auch auf die innere Motivation an.

In den meisten KI-Systemen haben die meisten dieser Elemente keine Entsprechungen, so Tenenbaum, und schon gar nicht alle zusammen. Sie zu integrieren könnte aber dazu führen, dass künstliche Systeme menschenähnlicher lernen. Dabei legen sich die Autoren nicht darauf fest, ob diese Bestandteile bei Menschen genetisch verankert sind und in Algorithmen fest vorgegeben werden müssen oder ob sie sich in der frühen Kindheit erst entwickeln.

Derzeit arbeiten die Forscher*innen mit einer weiteren Metapher für das kindliche Lernen, die wiederum näher an der Welt der Computer ist: An die Stelle vom Kind als Wissenschaftler tritt die Idee vom Kind als Hacker: Hacker nicht verstanden als ein mehr oder weniger krimineller Eindringling, der in fremden Computern Passwörter und Kontodaten stiehlt, sondern als jemand, der eine besonders kreative und motivierte Form des Programmierens ausübt. Dabei werden Programme auf neue Aufgaben zugeschnitten, angepasst, Fehler gesucht, geputzt, es wird Code von anderen Programmen übernommen und integriert, aber auch neuer Code, vielleicht ganz neue Programmiersprachen werden entwickelt. Der Code wird ständig verbessert und sicherer gemacht. Alle diese Schritte haben Entsprechungen im menschlichen Lernen, so Tenenbaum.[18] Beim Programmieren wird demnach lediglich Wissen von Dingen und Abläufen festgehalten, beim Hacken versucht man hingegen, von allen möglichen Richtungen und mit allen möglichen Ansätzen den Code zu «knacken», also Fehler zu finden und ihn besser zu machen, ein bisschen wie beim Spielen. Das Kind als Hacker ist eine Metapher, die, wie die vom Kind als Wissenschaftler, eine Quelle konkreter überprüfbarer Annahmen sein soll.

Für einen Geist benötigt man demnach vor allem einen (echten oder simulierten) Körper, eine gute Startsoftware, einschließlich einer *Game Engine*, dazu Motivation, Neugier und passende Lernverfahren.[19] Dies alles ist Grundlagenforschung. Doch es zeigt eindrücklich, wie stark sich die Ideen und Konzepte aus beiden Bereichen, der Psychologie und der KI-Forschung, überlagern. Und es illustriert die Grundidee der Kognitionsforschung: Vielleicht lässt sich ja doch die eine Theorie der Intelligenzentwicklung finden, die für Menschen und Maschinen gleichermaßen gilt.

Der Körper als Filter, die Kindheit als Programm

Die platonische Intuition, der Körper schränke das Denken irgendwie ein und fessele den Geist, ist, wie wir gesehen haben, gar nicht so falsch. In der Tat, so scheint es, macht der Körper genau das: Er filtert und schränkt ein, was wir wahrnehmen und verarbeiten können, und er gibt immer wieder vor, wofür wir uns ganz dringend interessieren sollten, wenn es uns nämlich zu warm oder zu kalt wird oder wir Hunger bekommen. Allerdings handelt es sich bei diesen Einschränkungen eher um einen Gewinn als um einen Verlust. Denn alles wahrzunehmen und nichts zu bewerten, würde vermutlich bedeuten, nichts wahrzunehmen und zu keiner Handlung fähig zu sein.

Ein neugeborenes Baby kann noch nicht viel. Seine Muskeln müssen erst stark genug werden, um den Kopf zu tragen, es muss erst lernen, seine Arme und Beine zu koordinieren, es sieht erst einmal nur einen kleinen Teil der Welt. Damit ist aber auch klar, wo es zu lernen beginnen muss und in welcher Reihenfolge die Lernschritte ablaufen müssen. Seine körperlichen Fähigkeiten portionieren sozusagen alles, was es auf der Welt zu lernen gibt, in verträgliche kleine Häppchen, eines nach dem anderen.

Forscher*innen um Patricia Shaw von der Aberystwyth University im britischen Wales fanden, dass Roboter nicht nur schneller lernen, sondern auch genauer, wenn sie dies nachbildeten.[20] Sie sperrten zuerst einige Gelenke eines iCub-Roboters, um die beschränkte Kontrolle über den Körper zu simulieren, die für Neugeborene typisch ist. Zudem sorgten sie dafür, dass seine Kameras nur ein verschwommenes Bild der Welt zeichneten. Der Roboter musste dann selbst herausfinden, wie er seine Gliedmaßen bewegen konnte. Zudem ließen sie ihn selbst kontrollieren, wann die Beschränkungen nach und nach wegfallen sollten. So konnte der Roboter seinen eigenen Lernfortschritt steuern. Erst wenn er mit einer Einstellung genug gelernt hatte, seinen Körper also gut genug im Griff hatte, begann er mit der nächsten Stufe. Die Forscher*innen simulierten auf diese Weise die Entwicklung von Kindern in den ersten zehn Lebensmonaten. Auch diese strampeln nicht einfach irgendwie herum, sondern folgen, wie Forscher*innen um Hoshinori Kanazawa von der Universität Tokio zeigen konnten, Mustern, die sich mit dem Alter der Säuglinge verändern und bestimmte Abläufe immer wieder durchspielen.[21] Ähnlich sollte auch der Roboter die Zusammenhänge zwischen Bewegungen und den Sinneswahrnehmungen, die diese Bewegungen mit sich bringen, erlernen. Er zeigte dabei auch Verhaltensweisen, die man bei Säuglingen beobachtet, dass sie etwa lange einfach nur ihre Hände ansehen, während sie sie bewegen.[22]

Auf diese erste Stufe folgt dann das Kennenlernen der Umgebung durch das, was die Erwachsenen «spielen» nennen. Es beginnt damit, Dinge in den Mund zu stecken, mit ihnen auf den Boden zu klopfen oder sie herumzuwerfen, und geht weiter mit dem Bauen von Türmen aus Bauklötzen und all den anderen Aktivitäten der Kindheit. Bei diesen Spielen werden nicht nur neue Lösungen ausprobiert, sondern, wie Junyi Chu und Laura E. Schulz betonen, auch neue Ziele.[23] Gerade das freie Entwerfen beliebiger Aufgaben, Lösungen und Belohnungen mache es möglich, neue Ziele zu verfolgen, Unerwartetes zu entdecken und neue Problemstellungen zu ersinnen. Ein solches Entwicklungsprogramm könnte dazu beitragen, das Rätsel zu lösen, wie man in dem im Prinzip unendlich großen Suchraum für neue Gedanken überhaupt etwas Brauchbares findet, ohne sich völlig zu verlieren.

Ein Beispiel: Wir verfügen über die Fähigkeit, Menschen, die am Straßenrand stehen, anzusehen, ob sie gleich auf die Straße treten werden. Beim Autofahren und generell bei der Teilnahme am Straßenverkehr ist dies nicht unwichtig. Bilderkennungssystemen dies beizubringen, erweist sich jedoch als Herausforderung. Dennoch ist diese menschliche Fähigkeit natürlich keine Hexerei. Vermutlich hat sie damit zu tun, dass wir Bewegungen, die wir wahrnehmen, in den motorischen Bereichen des Gehirns, die für unsere eigenen Bewegungen zuständig sind, spiegeln. Wir spüren sozusagen im eigenen Körper die kleinen Bewegungen nach, die andere machen, wenn sie am Straßenrand stehen und noch zögern, ob sie vor dem Auto über die Straße gehen sollen oder es besser erst vorbeilassen. Auch hier ist es also eine Wahrnehmungsfähigkeit, die wir unserem Körper verdanken und bei der nicht abzusehen ist, ob sie sich durch ein Lernen aus großen Datenmengen ersetzen lassen wird.

Wir können nur die Dinge wahrnehmen, für die wir Sinnesorgane haben (und diejenigen, die uns technische Geräte wahrzunehmen erlauben, das Echolot etwa). Der Körper sorgt dafür, dass Organismen nur einen Teil dessen wahrnehmen, was es in der Welt gibt, und seine Bedürfnisse bestimmen mit, welche dieser möglichen Wahrnehmungen ausgewählt und mit welcher Dringlichkeit sie beachtet werden. Wir verfügen über ausgefuchste Aufmerksamkeitsmechanismen, die in der Regel sicherstellen, dass wir das Nötige wahrnehmen und den Rest ignorieren, dass wir den Fokus schnell verändern können, wenn die Situation dies erfordert. Diese Mechanismen verhindern, dass wir in ein Chaos von Wahrnehmungen stürzen.

Zudem werden Wahrnehmungen keineswegs ungefiltert von den Sinnesorganen ins Gehirn geliefert, um dann dort verarbeitet zu werden. Vielmehr ist das, was im Gehirn ankommt, bereits hochgradig verarbeitet. Der Körper ist mit all seinen Fähigkeiten und Beschränkungen ein Filter, der dafür Sorge trägt, dass im Gehirn nur ankommt, womit das Gehirn auch etwas anfangen kann.

Das gilt auch für die kindliche Entwicklung. Kinder durchlaufen ihre Entwicklungsschritte in einer bestimmten Reihenfolge;

es hat keinen Zweck, Zweijährigen beibringen zu wollen, E-Mails zu beantworten. Diese Entwicklungsprogramme sind ebenso wie die Sinnesorgane und die Verarbeitungsfähigkeit des Körpers Filter, die helfen, das Durcheinander der Welt zu sortieren. Die Idee der Entwicklungsrobotik ist, dies auch in Maschinen nachzubilden. Entweder in der Hardware, also im Körper und in den Sinnesorganen der Roboter, oder in ihren Programmen.

Auch künstliche Systeme sollten demnach nicht einfach irgendwie lernen, sondern benötigen einen Lehrplan. Und zwar umso dringender, als sie eben nicht über einen Körper verfügen, der vorfiltert, wann sie mit welchen Lernmöglichkeiten konfrontiert werden. *Curriculum Learning*, lernen nach Lehrplan, heißt das in der KI-Forschung. Wie ein idealer Lehrplan für künstliche Intelligenzen aussehen sollte, ist freilich bislang offen. Plausibel scheint, dass auch künstliche System besser, schneller und stabiler lernen, wenn man sie mit einfacheren Aufgaben beginnen lässt und das bei diesen Aufgaben erworbene Wissen dann auf schwierigere Aufgaben überträgt.[24]

7

SPRACHE UND DAS
«ABSTRAKTE DENKEN»

Abstraktes Denken, gefasst in Sprache oder Formeln, stand am Beginn der KI-Forschung. Es spielte die Hauptrolle, als man noch dachte, man könne ein künstliches intelligentes System bauen, indem man gleich bei den höchsten Formen der Kognition beginnt. Je mehr die Rolle von Körper und Umwelt für die Kognition betont wurde, desto mehr traten diese Fähigkeiten in den Hintergrund. Für den Menschen spielen sie dennoch eine zentrale Rolle.

Mehr als «Schaum auf der Oberfläche des Denkens»

Der Philosoph Jerry Fodor reaktivierte Mitte der 1970er Jahre eine alte Idee: Er postulierte die Existenz einer eigenen Sprache des Geistes, einer *language of thought*, auch Mentalese genannt. Augustinus, Boethius, Thomas von Aquin und William von Ockham hatten vor ihm ähnliche Gedanken formuliert. Diese Sprache ähnelt nach Fodor der gesprochenen Sprache: Statt aus Wörtern besteht sie aus Repräsentationen, verstanden als Einheiten, die Bedeutung tragen. Diese können, wie Wörter, nach Regeln kombiniert werden. Mentalese wird nicht gesprochen, sondern steht für die Realisierung dieser Prozesse im Gehirn oder in künstlichen Systemen, also etwa für Schaltkreise oder neuronale

Aktivierungsmuster. Nach Fodor handelt es sich dabei um spezifische Areale im Gehirn, die nur für symbolische Repräsentationen zuständig sind. Sie haben einen eigenen Verarbeitungsmodus und der ist völlig entkoppelt von allem, was mit Wahrnehmen und Motorik zu tun hat. Diese Prozesse werden aktiviert, wenn wir so etwas denken oder sagen wie: «Diese Kuchenform ist aus Glas. Diese Flasche ist aus Glas. Glas ist zerbrechlich. Also sind Flasche und Kuchenform zerbrechlich.» Diese Sprache des Geistes ist demnach die Basis der gesprochenen Sprache, die Art, wie sie sich im Gehirn manifestiert.

Diese Idee passte bestens zu der Idee vom Geist als einer Art Computerprogramm: Wörter, die für Dinge in der Welt stehen, werden nach logischen Regeln verarbeitet. Und diese Idee passt auch zu unserer Erfahrung, im Denken mit Wörtern spielen und sie nach den Regeln von Logik und Grammatik neu kombinieren zu können.

Im Computer bekamen die Symbole, die für die Dinge in der Welt stehen sollten, allerdings keinen rechten Bezug zur Welt und blieben eingekesselt in ihren eigenen Zusammenhang von logischen Verweisen und Ableitungen. Menschen hingegen verankern ihre Begriffe in der Welt, die sie erleben und in der sie agieren. So stellt sich in Bezug auf Computerprogramme die Frage, wie sie es lernen könnten, die Bedeutung von Symbolen zu verstehen, in Bezug auf Menschen hingegen die Frage, wie sie zu ihren abstrakten Begriffen kommen.

Die Erfolge der datenbasierten Lernverfahren der KI zeigen heute, dass es möglich ist zu lernen, grammatisch richtige Sätze zu bilden, ohne grammatische Strukturen zu studieren. Auch wenn sie inhaltlich immer wieder Unsinn generieren, sind die Sätze der großen Sprachmodelle meist grammatikalisch korrekt.

In der Kognitionsforschung geben Theorien der verkörperten Kognition eine Antwort auf die Frage, wie solche Systeme außer korrekten Strukturen auch lernen könnten zu verstehen, was sie da von sich geben. Nur wer mit der Welt interagiert, wer Erfahrungen macht und seinen Körper fühlt, kann demnach lernen, was Begriffe bedeuten, kann sie in der Welt verankern. Es ist heute unstrittig, dass Theorien der verkörperten Kognition zumindest auch richtig sind; dass sie einen Aspekt in der Entwicklung der Intelligenz sowohl im Zuge der Evolution als auch in der Entwicklung des Individuums beschreiben, ohne den Menschen nicht lernen, zu sprechen und zu denken, und ohne den Wörter keine Bedeutung bekommen können. Ohne die Interaktion mit der Welt und mit anderen intelligenten Wesen erlangen Menschen keine Intelligenz.

Aber als Erklärungen unserer intellektuellen Fähigkeiten greifen diese Konzepte vermutlich zu kurz. Es könnte sein, dass mit der Begeisterung für Theorien des *Embodiment* das Pendel zu weit ausschwingt und der Nutzen abstrakter Begriffe für die Intelligenz dabei aus dem Blick gerät.

Es fehlt also noch der Schritt von all den Bereichen, in denen die Kognitionsforschung mit ihrer Betonung des Körpers, der Umwelt und der sozialen Interkation erfolgreich war, zum gesamten Rest, der für die menschliche Intelligenz nun einmal nicht ganz unbedeutend ist: abstraktes Denken, komplexe Entscheidungen, der Umgang mit Metaphern und Analogien.

Für diesen Fähigkeiten braucht es die Sprache. Welche Rolle Sprache genau für die Intelligenz spielt, ist in der Forschung noch immer nicht recht klar und die Diskussion um diese Frage füllt Regalmeter. Während etwa der Linguist Noam Chomsky betonte, ohne Sprache gebe es kein Denken, warnte der Kognitionsforscher Ray Jackendoff davor, daraus, dass wir klüger sind als die Tiere und, anders als die Tiere, über eine komplexe Sprache verfügen, zu schließen, das eine müsse mit dem anderen zusammenhängen.[1] Forscher*innen wie Rosemary Varley und Elizabeth M. Brannon konnten zeigen, dass nicht alle abstrakten kognitiven Leistungen mit der Aktivierung von Sprachzentren zu tun haben und dass etwa Menschen mit Aphasie, die die Fähigkeit verloren haben, Sätze zu formulieren, dennoch in der Lage sind, zu rechnen und logische Rätsel zu lösen.[2]

KI-Altmeister John McCarthy wird der Satz zugeschrieben, die Sprache sei lediglich der Schaum auf der Oberfläche des Denkens, *froth on the surface of thought*. Demnach gibt es komplexe kognitive Prozesse, die zum größten Teil unbewusst ablaufen, und ein klein wenig, das wir in Sätze fassen können. Wenn man alles, was Tiere können und Kinder, bevor sie sprechen lernen, nicht aus dem Bereich der Intelligenz ausschließen will, muss man zugestehen, dass sehr vieles ohne Sprache möglich ist. Dennoch spricht auch einiges dafür, dass Sprache nicht nur Schaum ist, verstanden als ein paar Luftblasen, die auf den Wellen schaukeln und ohne Effekt zerplatzen. Es spricht einiges dafür, dass Sprache das Denken flexibler macht und der Intelligenz neue Möglichkeiten eröffnet.

«Abstrakte Begriffe sind ein zentrales Instrument des Denkens und ohne sie sind unsere Denkmöglichkeiten gar nicht zu erfassen oder zu rekonstruieren», erklärt Albert Newen, Professor für Philosophie an der Ruhr-Universität Bochum. «Die Frage ist, wie kann man verstehen, wie abstrakte Begriffe ihre Bedeutung bekommen?» Da gibt es zum einen die Theorie der Sprache des Geistes. Die andere Antwort lautet: Auch abstrakte Begriffe sind in einem spezifischen Sinn verkörpert, werden also durch sensomotorische und perzeptuelle Aktivierungen im Gehirn gebildet und verarbeitet. «Das ist eine offene Debatte», sagt Newen. «Niemand leugnet, dass abstrakte Begriffe letztlich auch in Erfahrungen verankert sind. Aber meine Position ist, dass abstrakte Begriffe über solche erfahrungsbasierten Begriffe hinausgehen, dass sie nicht rein symbolisch sind, aber von der sensomotorischen Ebene teilweise entkoppelt.»

Grundlegend für diese Antwort ist eine Beobachtung, die auf die 1980er Jahre zurückgeht, die der sensomotorischen Kopplung. Im Gehirn eines Menschen, der ein Wort für eine konkrete Tätigkeit, etwa «laufen», hört und versteht, sind demnach dieselben oder zumindest ähnliche Hirnareale aktiv, wie wenn der Mensch diese Tätigkeit selbst ausführt. Dies, so die Idee, könnte der Weg sein, wie diese Begriffe im Gehirn verankert sind. Die Aktivierung, die für eine Tätigkeit nötig ist, kann «offline» genommen, also von der Ausführung getrennt werden: Man muss ja nicht loslaufen, um das Wort «laufen» zu verstehen. Dennoch liegt der Tätigkeit wie auch dem Verstehen des Wortes eine sehr ähnliche Aktivierung im Gehirn zugrunde.

In der Theorie der verkörperten Kognition wird diese Idee ausgebaut: Eine innere Simulation von Zusammenhängen und möglichen Handlungsfolgen tritt an die Stelle abstrakter Begriffe. Wer etwa das Wort «Hund» hört und versteht, aktiviert damit gleich eine ganze Menge an Erfahrungen, Erwartungen, Wissen, Erinnerungen, getönt von den zugehörigen Emotionen. «Hund» steht dann nicht nur für ein vierbeiniges Haustier, als das es etwa in einer Datenbank verzeichnet sein könnte. Vielmehr schwingt mehr oder weniger deutlich alles mit, was ein Mensch mit einem Hund in Verbindung bringt: das flauschige Fell, die schlabbernde Zunge, das Bellen, die Angst vor dem Nachbarshund, die man als Kind hatte, der Geruch nach nassem Hund in der Wohnung von Freunden, der Beinahesturz, als man kürzlich mit dem Rad in eine über den Weg gespannte Hundeleine gefahren ist, und der Ekel vor den im Park abgelegten Tüten mit Hundekot. Dies alles sind konkrete Erfahrungen, die wir sammeln, nach Wichtigkeit abspeichern und bei einer erneuten Begegnung mit Hunden oder dem Wort «Hund» aktivieren.

Doch das ist nur ein Teil der Antwort. Bei Tätigkeitsverben etwa ist der Befund deutlich: Wenn Menschen das Wort «laufen» hören und verstehen, zeigt sich in ihrem Gehirn eine Aktivierung in einem ganz ähnlichen Bereich, der auch aktiv ist, wenn sie tatsächlich laufen. Bei «greifen» gilt das ebenso, bei «begrei-

fen» sieht es hingegen anders aus: Hört ein Mensch das Wort
«greifen», werden im Gehirn Areale aktiv, die mit der Steuerung
der Hand zu tun haben. «Bei ‹begreifen› fällt diese spezifisch sensomotorische Repräsentation weg», erklärt Albert Newen. «Im
Deutschen hat ‹begreifen› keine spezifische sensomotorische
Aktivierung mehr, weil es abstrakt aufgefasst wird für ‹denken›
oder ‹verstehen›. Es gibt eine englische Studie, die besagt, dass
man bei der Verarbeitung von ‹to kick› (treten) eine Aktivierung
im Fußareal sehen kann. Dann gibt es die Redewendung ‹to kick
the bucket›, was so viel heißt wie ‹den Löffel abgeben›, also ster-
ben. Die hat aber keine spezifische sensomotorische Aktivierung
von Fußarealen mehr.» Auf der Basis solcher Ergebnisse kann
man argumentieren, dass abstrakte Begriffe auf konkreten ba-
sieren – «to kick the bucket» versteht man nur, wenn man auch
«to kick» versteht – dass sich dann aber bei abstrakten und metaphorischen Verwendungen diese Verankerung löst. Die Begriffe
werden unabhängig von Wahrnehmung und motorischer Steuerung. «Das macht vielleicht unser so flexibles Denken mit abstrakten Begriffen erst möglich», vermutet Newen.

Wir starten in der frühkindlichen Entwicklung demnach mit
wahrnehmungsbasierten Begriffen. Darauf aufbauend lernen
wir, Wörter zu verwenden, auch wenn wir die Dinge, die sie bezeichnen, gerade nicht sehen oder nie gesehen haben. Und wir
lernen, dass wir sie kombinieren können. Man lernt die Wörter
«Puppe» und «rot» und «grün» durch Anschauung und kann
später auch «Puppe» mit «grün» kombinieren, wenn man nie
eine grüne Puppe gesehen hat. «Das ist eine erste Abstraktions-
leistung», sagt Newen. «Sie führt heraus aus dem Bereich, den
man erfahren hat, und dann kann man über satzbasierte Informationen hinaus zu theoriebasierten gelangen, wo man Begriffe
wie etwa ‹Atom› oder ‹Gen› definiert. Diese kann ich erst entwickeln, wenn ich mich von sensomotorischen Verankerungen
der Begriffe löse. Ich kann definieren, was ein Gen und was ein

Atom ist, ohne dass ich davon irgendwelche direkte Anschauung habe, das sind dann theoriebasierte Begriffe.» Aber dennoch handelt es sich um Begriffe, die nicht allein für sich stehen, sondern in bestimmten Zusammenhängen definiert sind und nur in diesen Sinn ergeben.

Denkwerkzeuge statt Repräsentationen

Für einfachere Begriffe wie «laufen», «greifen» oder «treten» lässt sich also nachweisen, dass ähnliche motorische Bereiche im Gehirn aktiviert werden, wenn wir diese Begriffe hören und verstehen. Bei abstrakteren Begriffen und auch bei metaphorischen Verwendungen löst sich diese Verbindung, das wird umso deutlicher, je abstrakter die Begriffe sind. «Worin soll denn etwa das motorische Programm für ‹Gerechtigkeit› bestehen?», fragt Nikola Kompa, Philosophin und Kognitionsforscherin an der Universität Osnabrück. Sie hat sich die Belege, die für die These angeführt werden, die Bedeutung auch solcher Begriffe manifestiere sich in einer inneren Simulation von körperlichen Aktivitäten, genauer angesehen und ist zu dem Ergebnis gekommen, dass sie noch recht uneinheitlich sind und keine abschließende Bewertung zulassen.

Es ist paradox: Auf der einen Seite haben sich die Begriffe, die Menschen beim Denken helfen, als modal erwiesen. Will sagen, sie schweben nicht in einem abstrakten Raum, sondern sind davon geprägt, woher sie kommen: aus der Bewegung, der Wahrnehmung, den Situationen, in denen sie gelernt wurden oder gewöhnlich vorkommen. Dennoch ermöglicht es die Sprache dem Menschen, sich ein Stück weit aus dieser unmittelbaren Bindung an die Welt zu befreien. Sie erlaubt, eine geistige Welt zu generieren, in der gewisse Regeln gelten – was unlogisch ist, ist unlogisch –, und ist doch nicht unabhängig von dem Hintergrund sinnvoll, den Menschen mit ihren – körperbasierten – Erfahrungen beisteuern.

Unklar ist vor allem, wie diese abstrakteren Begriffe dann im Gehirn realisiert sind. Kognitionsforscher*innen sprechen hier mit Bauchgrimmen von Repräsentationen. Bauchgrimmen, weil Repräsentationen in den letzten Jahren von einer Selbstverständlichkeit zu einem heiklen Forschungsgegenstand geworden sind. «Die Kolleginnen und Kollegen haben eine Umfrage gemacht, welcher Begriff in der Forschung der am wenigsten präzise ist, und ‹Repräsentation› hat gewonnen», berichtet Constantin Rothkopf.

Eine Sprache des Geistes braucht Repräsentationen, Symbole, die im Gehirn für Dinge in der Welt stehen wie die Platzhalter in logischen Gleichungen. Nur war und ist es notorisch schwierig, Repräsentationen, geschweige denn eine ganze Sprache des Geistes im Gehirn festzumachen.

Mit der Forschung zu neuronalen Netzen und dem Konnektionismus der 1980er Jahre kam die Idee der subsymbolischen Repräsentationen auf. Der zentrale Gedanke lautete hier: Was auch immer im Gehirn für etwas in der Welt steht, es hat wenig mit den Wörtern zu tun, die Menschen verwenden, sondern spielt sich auf einer Ebene darunter ab, in Mustern neuronaler Aktivierung. Jedes Muster, das irgendwie von etwas da draußen handelt, kann demnach eine Repräsentation sein.

Auch die sogenannten *Affordances* (etwa: Angebote) sollten an die Stelle von Repräsentationen treten. Demnach wird ein Stuhl nicht einfach durch ein Bild oder ein Wort repräsentiert. Wir (und die Tiere) nehmen überhaupt nicht einfach Dinge und ihre Eigenschaften wahr. Vielmehr nehmen wir wahr, was wir tun könnten, Handlungsmöglichkeiten oder -angebote, denen wir nachgeben oder auch nicht.[3] Eine ebene Fläche bietet die Möglichkeit, darauf zu stehen, eine Höhle bietet die Möglichkeit, die Nacht trocken und sicher zu verbringen, eine verdorbene Mahlzeit bietet die «Chance», sich den Magen zu verderben, ein Stuhl ist die Möglichkeit, sich zu setzen, vielleicht begleitet von einer Einschätzung, wie bequem das Möbelstück sein mag. Der Stuhl bietet auch die Möglichkeit, ihn auf den Tisch zu stellen, ihn herumzuwerfen, ihn zu zerlegen und sich dabei an Splittern zu verletzen, ihn zu verfeuern und vieles mehr. *Affordances* stehen für die Welt, wie sie in Bezug auf ein Lebewesen erscheint. Das ist eine radikal andere Perspektive, als sie ein bilderkennendes System haben kann, das zwar immer mehr Fotos von Stühlen betrachtet, aber keine Ahnung hat, was es bedeuten könnte, sich zu setzen.

Manche Forscher*innen betrachten *Affordances* als eine Alternative zu Repräsentationen, andere sehen in ihnen lediglich eine besondere Form derselben. Manche Forscher*innen stehen heute auf dem Standpunkt, eine Kognitionstheorie müsse auf die Idee von Repräsentationen ganz verzichten, schon weil man sich mit ihnen das Problem einhandelt, für wen denn die Repräsentationen eigentlich Repräsentationen sind. Wer schaut sie sich an? Lugt da nicht der berüchtigte Homunkulus um die Ecke, das Männchen, das im Kopf sitzt und die Repräsentationen wie auf einer Leinwand im Kino anschaut – und in dessen Kopf dann wiederum ein solches Männchen sitzt und so weiter *ad infinitum*?

Repräsentationen sind erst einmal auf der Modellebene angesiedelt, sie definieren sich über ihre Funktion. Und doch sollten sie ein plausibles Gegenstück in der Aktivität des Gehirns haben, um nicht bloß hilfreiche Annahmen zu bleiben. Die Idee der neuronalen Repräsentation beruhe auf der falschen Annahme, dass Eigenschaften von Modellen, die man in der kognitiven Neurowissenschaft verwendet, zugleich Eigenschaften der Dinge sind, die man mit ihrer Hilfe modellieren möchte, so die Philosophin Inês Hipólito von der Berlin School of Mind and Brain.[4] Der Nutzen dieser Modelle sei unbestritten. Und doch sei der Schluss, dass es im Gehirn deshalb so etwas wie Informationen oder Repräsentationen gebe, voreilig.

«Der Begriff der Repräsentation ist schwierig, die Idee, dass es da im Gehirn etwas gibt, das Bedeutung trägt und auch noch kausal wirksam ist, scheint schwer zu fassen. Aber wir kommen um diesen Begriff wohl nicht herum, einfach, um eine ‹Offline›-Kognition erklären zu können: wie wir Information verarbeiten und über Dinge nachdenken können, auch wenn sie uns nicht mehr direkt gegeben sind, wir sie nicht mehr direkt vor Augen haben. Wir brauchen also eine Art Speichermedium, in dem wir Inhalte speichern und später darauf zurückgreifen können. Wie soll das ohne Repräsentationen gehen?», fragt Kompa. Damit möchte sie nun aber nicht die alte Idee einer Sprache des Geistes wiederbeleben. Schon weil diese Theorie nichts dazu zu sagen hat, wie unsere Begriffe denn nun Bedeutung bekommen.

Kompa plädiert deshalb dafür, die Perspektive zu wechseln und statt über die Natur der Repräsentationen zu grübeln, die Sprache als Werkzeug zu betrachten und erst einmal zu fragen, welchen kognitiven Nutzen sie haben mag.

Vielleicht, so Kompa, stellt man dabei fest, dass es sich genau andersherum verhält, als die Embodiment-Theorien behaupten: «Zu den kognitiven Vorteilen der Sprache gehört gerade, dass sie es uns ermöglicht, uns von der unmittelbaren Gegenwart zu distanzieren, von dem, was um uns herum und mit uns passiert. Und dies geschieht vermutlich nicht, indem die Sprache uns in Simulationen verstrickt, sondern indem sie dies gerade nicht tut, indem sie uns das alles erspart und es viel einfacher macht.»

Der Nutzen der Sprache für das Denken ist vielfach belegt: Wörter für Dinge zu haben, hilft beim Lernen, es hilft, die Welt einzuteilen, Abstraktionen zu bilden, es hilft dem Gedächtnis, es spielt eine Rolle bei der Kontrolle über die eigenen Handlungen. Begriffe machen das, was man das geistige Leben nennt, erst möglich.

Kleine Kinder lernen mit Wörtern nicht nur Namen für Dinge, sie lernen, wie die Welt sortiert ist, oder vielmehr: wie sie die Welt sortieren können, sodass sie in ihr handeln und letztlich überleben können. Die Welt da draußen ist nicht von Natur aus in Müslischalen, Zahnbürsten, Butterbrote, Katzen, Schulferien und Mitmenschen eingeteilt. Die Struktur, die wir in der Welt sehen, müssen wir erst einmal herstellen – selbst wenn uns das meistens so mühelos gelingt, dass wir selten darauf aufmerksam werden.

Wenn man Kindern Wörter nennt, begreifen sie, dass nicht jeder einzelne Gegenstand einen eigenen Namen hat, sondern dass man die Dinge zusammenfassen kann, dass es verschiedene Katzen gibt und Bauklötze und gelbe Dinge und runde Dinge und schwere Dinge. Die Wörter helfen ihnen, Ordnung in die Welt zu bringen: Sie laden dazu ein, wie es die Kognitionsforscher Marco Mirolli und Domenico Parisi formulieren, Kategorien zu bilden, indem sie die Aufmerksamkeit auf die wichtigen Aspekte lenken.[5] «Wir sehen Ähnlichkeiten, wenn wir Dinge gleich benennen», erklärt Kompa. «Und wenn Kinder nicht gleich an der Oberfläche sehen, warum verschiedene Dinge gleich benannt werden, suchen sie nach den tieferliegenden, strukturellen oder relationalen Eigenschaften, die die Dinge gemeinsam haben. Das beeinflusst die Wahrnehmung und macht es leichter, Ordnung in die Welt zu bringen.» Hört man das Wort «rot» in Zusammenhang mit roten Autos, roten Äpfeln und roten Blumen, macht es dies leichter zu erfassen, dass diese etwas gemeinsam haben: die Farbe Rot. Vielleicht, so Marco Mirolli und Domenico Parisi, löst die Benennung diese Klassifikation auch erst aus und macht sie möglich. Wie das im kindlichen Gehirn genau funktioniert, ist noch nicht verstanden. Der sprachliche Input liefert in jedem Fall einen zusätzlichen Stimulus, der die Aufmerksamkeit des Kindes auf einen bestimmten Aspekt der Wahrnehmung lenkt, der für die Kategorisierung wichtig ist, meinen die Forscher. Zugleich entwickele die Sprache eine Art Eigendynamik und lasse Menschen immer mehr Kategorien und Begriffe bilden.

Um die Rolle der Sprache zu testen, haben die Autoren zwei KNN aufgesetzt und kombiniert, eines für die sensomotorische Steuerung und eines für die Sprachgenerierung. Das erste wurde darauf trainiert, auf Objekte mit passenden Bewegungen zu reagieren, das andere darauf, Geräusche (Wörter) zu imitieren. Dann wurden beide zusammengebracht und so trainiert, dass das Gesamtnetz Objekte richtig bezeichnen und Wörter zur Bezeichnung der Gegenstände «verstehen» konnte (was sich darin zeigte, dass es passende Handlungen auszuwählen vermochte). Was die Forscher vor allem interessierte, war der Effekt, der das Lernen von Begriffen und Handlungen auf die Repräsentationen hatte.

Die Kategorien, die solche künstlichen neuronalen Modelle bilden, kann man sich als Punktwolken in Koordinatensystemen vorstellen (in einem abstrakten vieldimensionalen Hyperraum, den man sich dann wieder nicht mehr vorstellen kann). Die Punkte stehen für die einzelnen Dinge, die in eine Kategorie fallen, die vielen Dimensionen für die vielen Eigenschaften der Dinge. Gut abgegrenzte Kategorien haben kleine Wolken, das heißt, die Punkte liegen alle dicht beisammen und haben einen deutlichen Abstand von anderen Wolken: Alles, was zur Kategorie «Katze» gehört, liegt nah beieinander, alles, was zur Kategorie «Hund» gehört ebenso, und zwar ein Stückchen entfernt. In der Tat fanden Mirolli und Parisi, dass die Wolken im motorischen Netzwerk kleiner und klarer abgegrenzt waren, nachdem man dieses mit dem für die Sprache zuständigen Netzwerk zusammengebracht hatte. Sie werten dies als Hinweis, dass die Sprache dazu beiträgt, die Welt klarer zu sehen.

Forscher der New York University konnten zeigen: Wenn Kinder Wörter lernen, entwickeln sie einen Form-Bias: Sie gehen davon aus, dass Dinge, die denselben Namen tragen, dieselbe Form haben. Wenn sie dann ein neues Wort gelernt haben und probieren, wie man es verwenden kann, achten sie mehr auf die Form als etwa auf die Farbe oder das Material der Gegenstände, die für die neue Bezeichnung infrage kommen. Sie gehen auch davon aus, dass ein neuer Name zu einem neuen Objekt gehört und nicht etwa ein schon bekanntes Objekt mit mehreren Namen benannt wird. Für die Entstehung dieser «Voreinstellung» spielen offenbar alle Sinne eine Rolle: Sie entwickelte sich nur, wenn die Kinder die Gegenstände anfassen und mit ihnen spielen durften. Eine Kontrollgruppe, die die Dinge nur betrachten durfte, entwickelte diesen Bias nicht. Wenn Kinder diesen Bias entwickeln, machen sie Fortschritte im Lernen neuer Wörter. Vielleicht, so die Idee, gilt dasselbe ja auch für KNN: Würde ihnen erst ein solcher Bias antrainiert, könnten sie später umso schneller lernen.

iCub etwa, der kleine Humanoide von der Gestalt und Größe eines dreijährigen Kindes, sollte lernen, mit den Fingern zu zählen, einmal als Roboter und einmal in der Simulation.[6] Dazu trainierten die Forscher gleich drei KNN: eines für die Steuerung der Motorik, also die Bewegung des Abzählens an den Fingern, eines für das visuelle Erkennen von geschriebenen Ziffern und eines für das akustische Verstehen von Zahlwörtern. Die Forscher*innen fanden, dass sie zusammen zu stabileren Repräsentationen der Zahlen führten, also dazu, dass das System Zahlen, die ihm präsentiert wurden, mit größerer Wahrscheinlichkeit richtig klassifizierte. Allerdings schnitt der simulierte Avatar besser ab als der echte Roboter. Die Forscher*innen arbeiten vor allem noch daran zu verbessern, wie der Roboter erkennt, wie viele Finger die Hand zeigt.[7]

Und auch für die Abstraktion, das Absehen vom gerade Gegebenen, ist Sprache wichtig: Um auf dieselbe Weise auf unterschiedliche Dinge reagieren zu können, müssen wir von ihren (unwichtigen) Unterschieden absehen. Und um auf unterschiedliche Weise auf dieselben Dinge reagieren zu können, muss man von ihren (in diesem Fall unwichtigen) Ähnlichkeiten absehen. Das Erste geschieht, indem die Größe der Datenwolke reduziert wird, das Zweite, indem sie besser von benachbarten abgegrenzt wird, so die Autoren. Sprache hilft demnach ebenso beim Kategorisieren wie beim Abstrahieren und auch beim Hierarchisieren der Dinge der Welt. Selbst bei Schimpansen konnten Forscher*innen nachweisen, dass sie Aufgaben wie etwa die, Paare von Dingen zu finden, die gleiche Eigenschaften haben, besser lösten, wenn man sie zuvor mit Symbolen für «Gleichheit» und «Unterschied» vertraut gemacht hatte.

Auch in Erinnerungstests schneiden Programme, Tiere und Menschen besser ab, wenn sie über Wörter für Dinge verfügen. Menschen haben mindestens zwei Erinnerungssysteme, so die Autoren: ein multimodales, das sie mit vielen nichtmenschlichen Primaten teilen, und ein sprachliches, artspezifisches.

Vermutlich liegen Begriffe auch Analogien, metaphorischem Denken und der Übertragung von Wissen zwischen unterschiedlichen Wissensbereichen zugrunde. Auch dazu muss man gerade von der Modalität absehen, verstehen, dass, wenn ein Berg hoch sein kann, auch die Position, die jemand in einem Unternehmen einnimmt, hoch sein kann. So erhöhen Begriffe die geistige Flexibilität.

«Bei einem Notizbuch leuchtet einem ja sofort ein, dass es ein kognitives Werkzeug ist: Was darin steht, muss ich mir nicht merken, das kann ich mir später anschauen. Aber auch die Sprache ist so ein kognitives Werkzeug», so Kompa. «In der Kognitionsforschung sprechen wir von *scaffolding*, englisch für Gerüst oder Baugerüst, davon, dass wir uns die Welt so einrichten, dass sie uns möglichst viel kognitive Last abnimmt. Wir bauen uns alle möglichen Gerüste und Erinnerungsstützen, und auch die Sprache ist letztlich so eine Stütze.»

Eine Stütze, die wiederum auf Hintergrundwissen angewiesen ist. Intelligenz, so formulieren es Forscher*innen um Arianna Barzzetti vom Department of Human and Social Sciences der Universität Bergamo, hat vielleicht vor allem mit der Fähig-

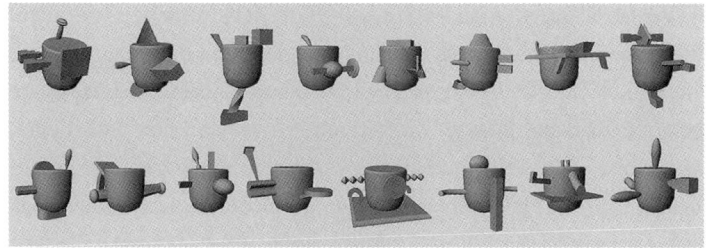

16 Fribbles, die in der Studie von Barry et al. verwendet wurden, um verschiedene Konzeptualisierungen hervorzurufen.

keit zu tun, Wörter zu finden, mit denen man auf eigene Erfahrungen verweisen kann und die ein Verständnis dafür beim Gegenüber erzeugen können.[8] Dazu braucht es nicht nur Logik, sondern vor allem Hintergrundwissen über soziale Interaktion, über das Wissen, das Menschen in jede Interaktion mitbringen, das sich aber kaum in Regeln fassen lässt. So zeigten Iris van Rooij und Kolleg*innen in einem Forschungsprojekt immer zwei Versuchspersonen auf einem Monitor «Fribbles»: Figuren nach der Art von Schattenrissen, die sie so gestaltet hatten, dass kein bestimmter Gegenstand zu erkennen war. Nun sollte eine Person einen «Fribble» aussuchen und der anderen erklären, welchen sie meinte, nur mithilfe von Worten: «Das da, dieser Pinguin auf seiner Eisscholle.» – «Hä? Etwa das, was aussieht wie ein Kellner mit großem Hut?» – «Na ja, wenn man von der Seite schaut ...»

So schnell Menschen solche Aufgaben lösen, so schwierig ist es, dies in künstlichen Systemen nachzubauen. «Man muss berücksichtigen, was die andere Person weiß, wie sie die Welt sieht», erklärt van Rooij. «Wenn ich denke, Sie wissen nicht, was ein Pinguin ist, benutze ich das Bild nicht.» Ein Algorithmus hingegen hat erst einmal keine Ahnung vom Weltwissen der anderen.

Wörter können auch helfen, voreilige Reaktionen zu bremsen. Sie tragen dazu bei, dass wir uns von der Welt distanzieren und Gedanken über die Welt im Kopf bewegen können. «Die Sprache ist eine Zwischenebene, die zwischen uns und der Welt liegt», sagt Kompa. Sie erlaubt, Dinge zusammenzubringen, die nur in bestimmten Hinsichten zusammengehören, und hilft, diese Aspekte zu erkennen. «Rein verkörperte Repräsentationen dürften damit Probleme haben, geht es hier doch gerade darum, Ähnlichkeiten, die über die wahrnehmbaren Oberflächenähnlichkeiten hinausgehen, zu bemerken.»

Aber wie verkörpert müssen Begriffe sein? Müssen sie wirklich in motorischen Programmen bestehen, die aktiviert werden, wenn wir Wörter verstehen? «Das ist gleichzeitig nicht ausreichend und zu viel», so Kompa. «Es wäre doch viel zu umständlich, wenn man immer ein ganzes motorisches Programm aktivieren müsste. Begriffe sind gerade als Abkürzungen nützlich, die uns das ersparen. Diese Idee, dass wir uns auf den Wörtern ausruhen können im Denken, statt immer mit ganzen Ideen zu hantieren oder das ganze motorische Programm ablaufen zu lassen, die Idee gibt es schon lange in der Philosophie. Vielleicht ist der Witz der Sprache ja gerade, dass sie dies alles überflüssig macht, dass sie es uns erlaubt, die Stufen der Abstraktion zu durchlaufen und auf zumindest einen großen Teil der Sensomotorik zu verzichten.»

Wir durchlaufen demnach Zyklen aus Handlungen und Wahrnehmungen, nehmen die Welt in Hinblick darauf wahr, was wir in ihr tun können. «Die Welt interessiert uns, sofern sie uns Handlungsangebote macht, das ist plausibel, es kann aber nicht alle kognitiven Prozesse erklären, vor allem nicht die ‹repräsentationshungrigen›», so Kompa. Ohne Repräsentationen geht es demnach nicht. Es braucht eine Zwischenebene, um eben nicht unmittelbar handeln zu müssen, um im Kopf mit Möglichkeiten zu hantieren, sie in Gedanken abzuwägen und erst dann zu entscheiden. Denken bedeutet eigentlich im Kopf zur Probe handeln, sagen die Verfechter des Embodiment. Ja, schon, sagt Kompa, aber vielleicht reicht das nicht, vielleicht muss noch mehr hinzukommen. Sprache lässt uns neue Gedanken denken, neue Repräsentationen finden. Sie sind nicht unmittelbar mit Handlungen verknüpft, sondern bilden eine eigene Ebene, eine geistige Welt.

Und irgendwo in diesem Abstraktionsprozess ist vermutlich auch der Unterschied zu den Tieren zu suchen, die bei aller Intelligenz doch im Hier und Jetzt viel stärker verhaftet sind als die Menschen.

Kehren wir damit nicht zurück zu einer Position aus der Frühzeit der Kognitionsforschung? Nein, sagt Kompa. Es gehe nicht mehr um eine mehr oder weniger formale Sprache des Geistes, sondern um unsere natürliche Sprache, die wir so verinnerlichen, dass wir sie verwenden können, um uns selbst zu organisieren, zur Ordnung zu rufen, unsere Welt zu sortieren und in Worte zu fassen. Mitsamt all den Unsauberkeiten, die die natürliche Sprache mit sich bringt, mit all den Erfahrungen, die uns prägen, und den Interaktionen, in denen wir die Sprache gelernt haben. Erst einmal, so die auf den russischen Linguisten Lew Vygotsky zurückgehende Idee, sind es die Mitmenschen, die unser Tun und Lassen kommentieren und einordnen. Irgendwann können wir das dann selbst, können Geschichten erzählen und damit in unserem Erleben Ordnung stiften, können uns von dem Drang, unmittelbar zu handeln, befreien, können sogar Geschichten darüber erzählen, wer wir sind oder sein wollen.

In reinen Symbolverarbeitungssystemen gibt es nur Symbole ohne Verankerung in der Welt. Systeme, die auf der Basis großer Datenbestände von Sprach- oder Bilddatenbanken lernen, die Welt zu klassifizieren, sind schon stärker in der Welt verankert. Aber nicht so stark wie wir. Sprache und Gedanken hängen nicht so eng zusammen, wie wir uns das oft vorstellen, schreiben Ja-

cob Browning und Yann LeCun. Systeme, die, wie die großen
Sprachmodelle, nur Sprache kennen, aber nicht die Welt, werden das verkörperte Denken, wie wir es beim Menschen sehen,
deshalb nie erreichen können.[9] Ohne die Verankerung in Körper
und Welt ist die Sprache tatsächlich nur ein Schaum auf der
Oberfläche des Denkens und das Verständnis der Welt, das man
aus diesem erlangen kann, entsprechend oberflächlich. Mit den
seltsamen Fehlern, die ihnen unterlaufen, und den oft stereo-
typischen, seltsam oberlehrer- oder klischeehaften Texten zeigen
Chatbots, dass man das, worauf es ankommt, eben doch nicht
nur aus der Sprache lernen kann.

Menschen stehen nicht nur passiv da und schauen und lauschen in die Welt, sondern sind mit dieser durch Interessen,
Empfindungen, Erfahrungen und viele weitere Kanäle verbunden. «Das bringt auch Korrekturmechanismen mit sich, die den
Maschinen fehlen», sagt Albert Newen. «Wir kennen etwa noch
abstrakte prototypische Grobmerkmale – etwas, das vier Beine
hat und einen Hals, das kann kein Auto und kein Haus sein –,
die ausschließen, dass wir so grundlegende Fehler machen. Den
KI-Systemen fehlt (noch) die Vielfalt der Zugangsweisen.»

Sprache, das haben wir oben bereits gesehen, muss ein wenig
über der Welt schweben, damit man sich überhaupt verständigen kann. Man kann sie aber nicht ganz frei schweben lassen,
sondern muss sie rückbinden an die eigenen Erfahrungen, muss
immer wieder prüfen, ob man zum Ausdruck gebracht hat, was
man sagen wollte,oder ob man es noch mal versuchen muss.
Dabei spielen Gewohnheiten, Traditionen, Rollenerwartungen,
gängige Formulierungen, in die man immer wieder zurückfällt,
eine zentrale Rolle und natürlich die Adressaten (zu denen man
durchaus auch selbst gehört) und ihre Reaktionen. Sprache ist
eben, wie Iris van Rooij es formulierte, in erster Linie ein Mittel,
um sich mit anderen auszutauschen, in einer geteilten Welt auf
der Basis von mehr oder wenig geteiltem Hintergrundwissen.

Systeme, die die Sprache nicht auf diese Weise an die Welt zu-
rückbinden können, die den Unterschied zwischen Sprache und
Welt gar nicht kennen, bleiben an der Oberfläche.

Das dürfte ebenso für Systeme gelten, die anhand von You-
Tube-Videos lernen sollen, wie die Welt funktioniert und was
Menschen in ihr tun. Zwar können erste Systeme lernen, dass
etwa das Bild eines Autos, das gesprochene Wort «Auto» und das
Geräusch des brummenden Motors zusammengehören,[10] zu behaupten, dass sie damit Videos verstehen, wäre jedoch übertrieben. Auch diesen Systemen fehlt die Rückbindung an die Welt.

Die Frage «Warum?»

Menschen bemühen sich nicht nur herauszufinden, was kommen wird, sie wollen es auch verstehen, sie wollen wissen, warum etwas geschieht. Vielleicht kann man dies sogar unter die
Biases, die Verzerrungen oder Einseitigkeiten des menschlichen
Geistes, rechnen: Menschen sind ständig dabei, Gründe und
Ursachen zu benennen, Gründe für Handlungen und Entscheidungen, Ursachen für Ereignisse. Ohne die Welt und ihr Tun
und Lassen in ein Netz aus Kausalbeziehungen einzuspinnen,
geht bei Menschen gar nichts. Kinder machen sich im Laufe
ihrer Entwicklung eine Zeitlang regelrecht einen Sport daraus,
immer neue Warum-Fragen zu stellen. Ursachen verstehen zu
können, ist eine wichtige Entwicklungsstufe in der menschlichen Entwicklung. Ursachen und Gründe zeigen uns, wie die
Welt zusammenhängt.

Kausale Zusammenhänge zu kennen, ist für uns auch zentral,
um zu überlegen, was wir tun können. Wenn man genau hinsieht, stellt man allerdings fest, dass es mit unserem Wissen um
Gründe und Ursachen oft nicht weit her ist. Oft sind unsere
kausalen Erklärungen bestenfalls oberflächlich. Wenn jemand

genauer nachfragt, wissen wir oft nicht zu erklären, was wie zusammenhängt. Unser Wissen reicht meist gerade, um den Alltag zu bestehen.

Wie so vieles andere, kommt uns das Begründen ganz selbstverständlich vor. Dennoch ist bislang nicht verstanden, wie Menschen diese Fähigkeit ausbilden. Sie macht auch den Algorithmen massive Probleme. Denn auch bei der Rede von Ursachen und Wirkungen ist viel mehr Hintergrundwissen beteiligt, als auf den ersten Blick deutlich wird. Ursachen sind nämlich meist nur Ursachen, wenn bestimmte Bedingungen erfüllt sind, die wir voraussetzen und gar nicht erst thematisieren. Kausalerklärungen sind sozusagen immer nur kleine Ausschnitte aus einer viel umfassenderen Geschichte, und das Problem besteht darin herauszufinden, welcher Teil gerade benötigt wird. In der Philosophie ist vom Problem der Vollständigkeit der Erklärung die Rede.

Das Glas ist zerbrochen, weil es vom Tisch gestoßen wurde. Wenn ein künstliches System «wüsste», dass Glas zerbrechlich ist, bedürfte es nicht so vieler (in der Simulation) heruntergestoßener Gläser, um dies dem System beizubringen. Warum dem System also nicht vorgeben, dass Gläser zerbrechen, wenn sie vom Tisch fallen? Nun, das Glas wäre nicht zerbrochen, wenn unter dem Tisch ein dicker Teppich gelegen hätte; es wäre nicht zerbrochen, wenn das Glas dick genug gewesen wäre oder aus Plastik, das nur aussah wie Glas. Es wäre auch nicht zerbrochen, wenn jemand es im letzten Moment aufgefangen hätte. Es wäre aber auch dann zerbrochen, wenn es aus grünem Glas gewesen wäre, wenn Wasser darin gewesen wäre oder rote Linsen. Klar, das Haus ist abgebrannt, weil die brennende Kerze umgefallen ist. Aber wäre auf dem Boden kein Sauerstoff gewesen, wäre es nicht abgebrannt, trotz der umgefallenen Kerze. Und wäre da nicht der Zeitungsstapel gewesen, auf den die Kerze gekippt ist, sondern nur Steinboden, wäre es auch nicht abgebrannt. Und wäre die Kerze vom Tisch gefallen, wäre die Flamme beim Sturz vielleicht erloschen. Für eine Kausalerklärung muss man also nicht nur wissen, dass Gläser zerbrechlich sind und Häuser (aus)brennen können. Es geht, wie bei den Fribbles und wie bei den sich fortsetzenden Zahlenreihen auch, darum, zu erkennen, was in einer Situation wichtig ist und was nicht.

Entweder also ist die Rede von Ursachen oberflächlich oder man buchstabiert genau aus, was man für eine Ursache hält. Dazu allerdings müsste man im Prinzip den Zustand der ganzen Welt zu einem Zeitpunkt benennen. Das aber ist weder möglich noch hilfreich, denn die Angabe von Ursachen bezieht ihre Erklärungskraft gerade daraus, dass sie eine Regelmäßigkeit zugrunde legt, nicht daraus, dass sie Einzelereignisse beschreibt.

Natürlich, die Straße ist nass, weil es geregnet hat, aber auch weil niemand einen Schirm darübergehalten hat, weil kein Dach darüber war etc. Warum sollte man aber einen Schirm über eine Straße halten? Käme es dazu, wäre dies vermutlich ungewöhnlich genug, dass Menschen es thematisieren würden. Nur müssen künstliche Systeme eben wissen, was ungewöhnlich und was normal ist, um zu verstehen, worauf man bei einer Erklärung abhebt.

Die Straße könnte natürlich auch aus anderen Gründen nass ein. Vielleicht hat jemand seine Blumenkübel so ausgiebig gegossen, dass das überschüssige Wasser auf die Straße gelaufen ist. Oft gibt es mehrere Ursachen für ein Ereignis, Ursachen, die sich gegenseitig beeinflussen, Ursachenketten und -netze, die schwer zu durchschauen sind.

In vielen Bereichen reicht es, Korrelationen zu kennen, das zeigen die Erfolge der künstlichen Systeme deutlich. Könnten sie Ursachen benennen, könnte dies ihre Ergebnisse allerdings verständlicher machen. Es würde zeigen, dass sie die Welt ein Stück weit mehr so sehen wie wir. Vielleicht würde es ihnen auch mehr Flexibilität ermöglichen, sie könnten ihre Entscheidungen und

Handlungen besser der Situation anpassen. Und es könnte die Systeme stabiler machen. Wenn sich die Daten, mit denen ein System arbeiten soll, stark von denen unterscheiden, mit denen es trainiert wurde, ist dies oft ein Problem. Mit kausalem Schließen könnte es besser von unwichtigen Unterschieden absehen. Vor allem kann man, wenn man die kausalen Zusammenhänge kennt, kontrafaktisch denken, also überlegen, was geschieht, wenn sich die Bedingungen ändern, wenn etwa jemand bei Regen einen Schirm über die Straße hält. Ohne ein solches Verständnis kann es dazu kommen, dass ein Algorithmus «weiß», dass das Feuer ausgeht, wenn man einen Eimer Wasser daraufschüttet, aber ratlos ist, wenn statt des Wassers Bier im Eimer ist.

Mögliche Handlungen könnten testweise durchdacht werden. Dieses kontrafaktische Denken hält der Computerwissenschaftler und Träger des Turing Awards, Judea Pearl, für das zentrale Merkmal wissenschaftlichen Denkens. Den Umgang mit Ursache und Wirkung hält er entsprechend für eine wichtigere und größere Herausforderung für die KI als den Umgang mit Unsicherheit. Ein Roboterwissenschaftler, der Experimente planen und Antworten auf neue Fragen finden will, müsste mit Ursache und Wirkung umgehen, müsste Modelle der Welt aufstellen und sie dann mit Experimenten überprüfen können.

Die statistischen Korrelationen, die lernende Algorithmen finden, stehen für sich allein. Sie sind nicht in das Netz von Erklärungen eingebunden, in das Kausalerklärungen verwoben sind. Damit fehlt eine korrigierende und kontrollierende Instanz. Menschen sehen gleich, dass zwischen der Anzahl der Nobelpreise, die ein Land gewinnt, und dem dortigen Schokoladenkonsum oder zwischen dem Auftauchen der Störche und einer größeren Anzahl von Geburten im Frühling kein kausaler Zusammenhang besteht. Niemand käme auf die Idee, man könne die Anzahl der Nobelpreise, die Forscher*innen eines Landes bekommen, erhöhen, indem man an den Universitäten Schokolade verteilt. Andere Scheinkorrelationen sind nicht so witzig, wie etwa die, auf der ein Algorithmus aufbaute, der in den USA eingesetzt wurde, um herauszufinden, welche Menschen in Zukunft teure medizinische Behandlungen benötigen würden, um ihnen frühzeitig Präventionsmaßnahmen anzubieten. Es stellte sich heraus, dass schwarze Menschen seltener in den Genuss dieser Angebote kamen als weiße. Grundlage der Entscheidungen war, wer bereits hohe Kosten verursacht hatte. Schwarze Amerikaner haben aber im Durchschnitt seltener Kontakt zum Gesundheitswesen, auch wenn sie schwer krank sind, sei es, dass dieses für sie nicht gut erreichbar ist oder sie häufiger als Weiße keine Krankenversicherung haben. Die daraus resultierende Diskriminierung geht hier also darauf zurück, dass das System sich an falschen Zusammenhängen orientierte. Das Problem ist nicht, dass es eine Korrelation annähme, die es nicht gibt, es gibt sie durchaus. Nur fehlt die Einsicht in die Komplexität der Zusammenhänge. Nicht jeder, der krank ist, kann medizinische Dienste im gleichen Maß in Anspruch nehmen.

Noch schwieriger ist es, Gründe für Handlungen anzugeben. Auch hier schlagen sich die großen Sprachmodelle zum Teil erstaunlich gut, können etwa angeben, dass jemand etwas gesagt oder getan hat, weil er böse auf einen anderen war. In anderen Fällen liegen sie hingegen völlig falsch.

Auch hier gibt es die Konstellation, der wir schon öfter begegnet sind: Manche gehen davon aus, dass noch mehr Daten und noch stärkere Rechner das Problem schon beheben werden, andere meinen, dass die Programme lernen sollten, in Kategorien von Warum und Weil zu denken.

Wie könnten Algorithmen Kausalität lernen? Dazu müssten sie identifizieren können, was in einem Zusammenhang die Ursache und was die Wirkung ist. Für uns ist selbstverständlich, dass der Hahn kräht, weil es hell wird, es aber nicht hell wird, weil der Hahn kräht. Es ist selbstverständlich, dass der Tritt der

Fußballerin den Ball bewegt, nicht umgekehrt. Menschen mit aufgespannten Regenschirmen sind ein Hinweis darauf, dass es regnet, aber die Regenschirme zu schließen, lässt den Regen nicht aufhören. Ein Algorithmus muss auch das erst einmal lernen oder vorgegeben bekommen. Denn das, was Menschen (und Tiere) ganz selbstverständlich einbeziehen, die zeitliche Abfolge, die Folgen von Interaktionen mit der Welt, ignorieren sie zumeist.

Eine Möglichkeit, herauszufinden, auf welche Faktoren es wirklich ankommt, sind Kontrollstudien. Dazu müssen Konstellationen gefunden werden, die sich in bestimmten, bekannten Hinsichten unterscheiden. Man müsste also etwa eine Gruppe von Menschen, die mit aufgespannten Schirmen durch den Regen gehen, mit einer vergleichen, die die Schirme plötzlich schließen. Hört es auf zu regnen? Solche Studien sind freilich aufwändig. Hier können Algorithmen zumindest helfen, Kontrollgruppen künstlich zu erstellen, indem sie ihre Datenbestände auf Personen durchsuchen, die die gesuchten Merkmale aufweisen. Oder indem sie ganze Parallelwelten errechnen, in denen bestimmte Dinge anders sind als in der Welt, die sie zu verstehen versuchen. Eine andere Möglichkeit besteht darin, die vermuteten kausalen Zusammenhänge vorzugeben und einen Algorithmus daran zu setzen, die Daten darauf zu überprüfen, ob der Zusammenhang tatsächlich vorhanden ist. Wie diese alternativen Welten aufgebaut sind, müssen freilich wieder Menschen bestimmen, die verstehen, was vor sich geht.

Forscher*innen um Yoshua Bengio arbeiten an einem anderen System:[11] Sie begannen mit einem Datensatz, der kausale Relation abbildet, etwa zwischen Rauchen und Lungenkrebs. Und trainierten damit einen Algorithmus, Hypothesen darüber aufzustellen, welche Variablen kausal verbunden sind. Anhand kontrafaktischer Annahmen sollte das System dann testen, ob dies stimmen kann. So soll ein System unterscheiden lernen,

dass etwa Krankenhausbesuche zwar mit einer Krebserkrankung korrelieren, sie aber nicht verursachen, Rauchen, das ebenfalls mit einer Krebserkrankung korreliert, hingegen die Ursache
sein kann.

Judea Pearl unterscheidet drei Stufen kognitiver Fähigkeiten:[12]
Sehen, Tun und Vorstellen. Sehen bedeutet: Regelmäßigkeiten
in der Umwelt feststellen. Das können viele Tierarten und das
können auch die gängigen maschinellen Lernsysteme. Tun bedeutet, sich die Folgen von Handlungen auszumalen und dann
die erfolgversprechendsten auszuwählen. Auf dieser Stufe stehen Organismen, die Werkzeuggebrauch meistern. «Vorstellen»
steht für die Fähigkeit, andere Welten zu entwerfen und zu fragen: Was wäre passiert, wenn es anders gewesen wäre? Wenn
Lungenkrebs nur durch den Teer im Tabak ausgelöst würde,
dürften Zigaretten ohne Teer nicht zu Lungenkrebs führen. Und
das lässt sich testen. Auf dieser Stufe steht der Mensch (bislang)
allein. Pearl versucht, die Fähigkeit, sich (Ausschnitte der) Welt
vorzustellen, zu formalisieren. Dazu benutzt er Pfeildiagramme,
die zeigen, welche Faktoren eine Rolle spielen, welche Verbindungen zwischen ihnen angenommen werden und in welche
Richtung die Kausalität läuft. Diese Verbindungen bzw. ihr Fehlen stehen für statistisch überprüfbare Annahmen: Verbindet
kein Pfeil die Punkte A und D, zeigen die Daten jedoch, dass
beide zusammenhängen, muss das Modell überdacht werden.
Man kann also von Korrelationen zwar nicht auf Kausalzusam-
menhänge schließen, Korrelationen zeigen aber Zusammenhänge auf, die es dann zu erklären gilt. Sie zeigen sozusagen, wo
man suchen muss.

Sogar starke KI, also künstliche Intelligenz auf menschlichem
Niveau, hält Pearl für möglich, wenn man den Maschinen beibringen könnte, in Begriffen von Ursachen und Wirkungen zu
denken. Die aktuellen großen Sprachmodelle liefern durchaus
Geschichten mit kausalen Zusammenhängen, die für sich oft

plausibel klingen. Nur ob sie stimmen, ist nicht sicher. Doch solche wahren Geschichten brauchen wir, um uns in der Welt zu orientieren, beklagt Pearl. Er nennt es den Mini-Turing-Test: Um als intelligent zu gelten, müsse eine Maschine in der Lage sein, ihr Wissen so zu organisieren, dass sie Warum-Fragen beantworten kann. Auch im Zeitalter großer Datenmengen ist eine Vorstellung von Kausalität ebenso wenig verzichtbar wie Sprache, in der Warum-Geschichten erzählen werden können.

8

ZWISCHEN VERWIRRUNG
UND VERFÜHRUNG

In den vorangegangenen Kapiteln ging es darum, wie Versuche, Intelligenz künstlich zu realisieren, den Blick auf die natürliche Intelligenz verändern, wie sie den Blick von den abstrakten Fähigkeiten, dem, was uns am meisten Mühe macht, auf das lenken, was intelligentem Handeln zugrunde liegt: Wahrnehmen können, Interessen und einen Körper haben, sich in der Welt bewegen. Der größte Teil davon ist bislang Grundlagenforschung.

Doch auch die nicht wirklich intelligenten Algorithmen, die in unserem Alltag mehr und mehr zum Einsatz kommen, sind elektronische Spiegel. Sie können uns unbedachte Annahmen aufzeigen und sie zwingen uns, noch einmal neu und gründlicher als zuvor darüber nachzudenken, wie wir denken, urteilen und entscheiden und worauf es uns dabei ankommt. Selbst wenn es «nur» darum geht, dass hochspezialisierte Systeme zum Einsatz kommen sollen, um unsere Entscheidungen zu verbessern oder zu ergänzen, stellen sich plötzlich Fragen, die sich nicht oder nicht in der Dringlichkeit stellen, solange die Entscheidungen von Menschen getroffen werden. Was ist denn genau das Kriterium für eine gute Entscheidung, etwa bei der Auswahl von Bewerberinnen und Bewerbern für eine ausgeschriebene Stelle? Gibt es das überhaupt? Lässt sich dafür ein Algorithmus formulieren? In welchen Bereichen können die beeindruckenden, aber doch auch beschränkten automatisierten Entscheidungssysteme zum Einsatz kommen? Müssen die Entscheidungen von Algorithmen besser sein als die von Menschen? Wie viel Konsistenz erwarten wir, wie viel Abweichung von einer Vorgabe tolerieren wir? Die Einführung von automatisierten Entscheidungsverfahren führt dazu, in vielen Bereichen scheinbar Selbstverständliches zu hinterfragen.

XAI: Algorithmen besser verstehen

Da ist zum einen die Undurchschaubarkeit der lernenden Algorithmen. Black Box heißen sie nicht umsonst, «schwarze Kiste». Die kann man zwar öffnen. Doch dann sieht man eine riesige Menge an Berechnungen, aber nichts, was einem helfen würde zu verstehen, wie ein System genau zu seinen Ergebnissen gekommen ist.

Nun kann man sagen, bei Menschen ist das eigentlich auch nicht wirklich anders, auch der Mensch ist eine Art Black Box. Wer weiß schon genau zu sagen, wie und warum man selbst, geschweige denn eine andere Person zu einer Entscheidung gekommen ist. Und doch ist es bei Menschen etwas anderes. Zum einen, weil wir daran gewöhnt sind, wie Menschen entscheiden. Vor allem aber sind die anderen Menschen eben Menschen wie wir. Wir können menschliche Entscheidungen auf Plausibilität prüfen und bemerken häufig auch, wenn etwas nicht stimmt, wenn jemand trickst, schummelt oder lügt, sich unsicher ist oder sich mit einer Entscheidung nicht wohlfühlt. Die längste Zeit gab es zu menschlichen Entscheidungen keine Alternative, und Entscheidungsroutinen, Verwaltungsvorgänge, Rechtsvorschriften, Beschwerdestellen, Supervisionen und vieles andere wurde erdacht, um dafür zu sorgen, dass Unkenntnis, Beliebigkeit, Irrationalität, Parteilichkeit oder Böswilligkeit Entscheidungen nicht oder möglichst wenig beeinflussen.

Werden Algorithmen an Entscheidungen beteiligt oder fällen sie diese gar selbst, wird eine solche Absicherung nicht überflüssig, sie wird allerdings etwas anders aussehen müssen. Auch die lernenden Systeme machen, wie wir gesehen haben, Fehler, und zwar andere, als sie Menschen unterlaufen. Das verunsichert: Wann kann man sich denn nun auf diese Systeme verlassen? Und wenn man das nicht genau sagen kann – wie und wozu kann man sie dann verkaufen und einsetzen?

Dieses Problem stellt sich überall, wo diese Verfahren zum Einsatz kommen oder kommen sollen, vom autonomen Autofahren über die wissenschaftliche Forschung, die Medizin und das Ranking von Produkten oder Dienstleistungen in Suchmaschinen bis hin zur Vergabe von Studienplätzen oder Krediten. Ohne Durchblick leidet das Vertrauen in die Sicherheit der Systeme und damit in ihre Verwendbarkeit.

Als Reaktion darauf ist in den letzten Jahren ein lebhaftes interdisziplinäres Forschungsfeld entstanden: XAI, *eXplainable Artificial Intelligence*, Erklärbare Künstliche Intelligenz. Dort haben Forscherinnen und Forscher inzwischen eine ganze Reihe von Methoden entwickelt, um die Systeme kontrollieren, ihre Ergebnisse rechtfertigen und verbessern zu können, aber auch, um ihnen Lösungswege abzuschauen.

Manche dieser Methoden zielen darauf, die Struktur eines Modells zu analysieren, damit man grundsätzlich verstehen kann, wie es entscheidet. Andere sollen herausfinden, warum ein Modell eine bestimmte Entscheidung gerade so getroffen hat. Manche Verfahren sind auf verschiedene Modelle gleichermaßen anwendbar, andere sind auf ein Modell oder eine bestimmte Klasse von Modellen zugeschnitten.

Eine Methode besteht darin, nach Art eines Wärmebildes immer diejenigen Bereiche eines Bildes farblich hervorzuheben, die für das Modell besonders wichtig waren, um zu entscheiden, was darauf zu sehen ist. Damit lässt sich dann feststellen, ob ein

Modell auf einem Bild einen Wolf «erkennt», den Wolf aber gar nicht betrachtet hat, sondern lediglich den Schnee im Hintergrund, der auf allen Wolfsbildern zu sehen war, nicht aber auf den Hundebildern.

Eine weitere Art herauszufinden, worauf es einem Modell ankommt, besteht darin, es immer wieder mit leicht veränderten Daten oder Teilen von Bildern zu füttern. «Es gibt keine ‹One size fits all›-Lösung, man muss immer schauen, was sich im Einzelfall eignet», erklärt Ute Schmid, Professorin für Kognitive Systeme an der Universität Bamberg, die auch die Projektgruppe «Comprehensible AI», verständliche KI, beim Fraunhofer-Institut für integrierte Schaltungen mit Hauptsitz in Erlangen leitet.

In Bereichen, in denen es schwierig ist, das, was man lernen will, mit verstehbaren Merkmalen zu beschreiben, kann es auch sein, dass man sich zwischen einem durchsichtigeren und einem leistungsfähigeren Modell entscheiden muss. Und manchmal können XAI-Verfahren auch in die Irre führen, etwa wenn Erklärungen nicht modelltreu sind, sie also nicht genau genug wiedergeben, wie das Modell sich verhält: «Die Forschung, wie zuverlässig die Zuverlässigkeitsprüfung ist, beginnt gerade erst», so Schmid.

Aber muss man überhaupt alle Programme erklären können, alle schwarzen Kisten öffnen? «Man muss immer fragen, wer braucht solche Nachvollziehbarkeit und warum», erklärt Ute Schmid. Wie ein Algorithmus genau funktioniert, der eine Signalweiterleitung optimiert oder dafür sorgt, dass die Pizza, auf der eine Salamischeibe fehlt, vom Fließband geholt wird, ist nicht so wichtig. Da reicht es aus, sie vor dem Einsatz gründlich zu testen.

Fachleute hingegen, die Systeme in Kliniken einrichten und trainieren, müssen natürlich wissen, ob das Modell das Tumorgewebe tatsächlich betrachtet oder sich an dem Schatten oben in der Ecke orientiert, den dieser eine Scanner immer produziert.

«Wenn nun ein System der Ärztin signalisiert, dieser Leberfleck dort könnte Hautkrebs sein, und sie sich die Stelle dann genauer ansieht: Muss sie wissen, warum das System diesen Fleck verdächtig fand?», fragt Schmid. «Manchmal reicht es, ein lernendes System wie einen intransparenten Sensor zu verwenden, also wie ein Gerät, von dem man nicht versteht, wie es funktioniert, auf das man sich aber trotzdem verlässt.»

Manchmal hilft es, wenn ein System Beispielergebnisse von ähnlichen Aufgaben liefert. «Dann kann man besser verstehen, wo das System Grenzen zieht», so Schmid. Mit ihrem Team arbeitet sie an einem weiteren Verfahren: Das System soll begründen, warum es auf eine bestimmte Weise entschieden hat. «Es muss kurze, knappe Erklärungen liefern: ‹Die Metastasen sind alle größer als zwei Millimeter› oder so etwas, und dazu sollte es auch Bilder zeigen, denn manches kann man sprachlich fassen, anderes aber leichter mit Bildern kommunizieren.»

Für Constantin Rothkopf bringt die Forderung nach Erklärbarkeit algorithmischer Entscheidungen noch ganz andere Herausforderungen mit sich: «Da kommen ganz viele Dämonen angekrochen, wenn man sich das einmal genau ansieht», sagt Rothkopf. «Es ist ja nicht einmal klar, was überhaupt für wen eine gute Erklärung ist. Und was sind Kriterien für eine gute Entscheidung? Soll ein Algorithmus eine solche Entscheidung treffen, muss man das definieren, um das System zu trainieren. Aber oft gibt es solche Erfolgskriterien gar nicht.» Was etwa sind die Kriterien dafür, dass die Auswahl einer Person für eine Arbeitsstelle ein Erfolg war? Hier geht es um ganz unterschiedliche Faktoren, die betrachtet und abgewogen werden könnten: Wie lange ist die Person im Unternehmen geblieben? Wie engagiert und wie gut hat sie gearbeitet? Hat sie sich ins Team integriert? War sie verlässlich? Und was davon hätte man bei der Einstellung an welchen Kriterien ablesen können? Das ist kaum zu beantworten.

Technik ist nicht immer die Lösung

Je häufiger lernende Algorithmen auch bei komplexen sozialen Fragen zum Einsatz kommen, etwa bei der Zuteilung von Studienplätzen, der Prüfung des Anspruchs auf Sozialleistungen oder dem Zugang zu besonderen Programmen des Gesundheitswesens, desto mehr wird von «Kollateralschäden» berichtet. Auf den Webseiten von Nichtregierungsorganisationen wie AlgorithmWatch kann man die Sammlung solcher Fälle wachsen sehen: zu Unrecht gestrichene Sozialleistungen, unberechtigte Anklagen wegen Sozialbetrugs, falsch berechnete Examensnoten, Diskriminierung bei der Auswahl von Bewerberinnen und Bewerbern und vieles mehr. «Wenn es darum geht, soziale Belange vorauszusagen, ist die Verwendung von KI grundsätzlich fragwürdig», konstatiert Frederike Kaltheuner, Expertin für Technologiepolitik und Direktorin des philanthropischen European AI Fund. In dem von ihr herausgegebenen Sammelband *Fake AI*[1] zeichnet sie mit Forscherinnen und Forschern, Künstlerinnen und Künstlern das düstere Bild eines Forschungsfeldes, das sich in Hype und Pseudowissenschaft verrenne und derzeit dazu beitrage, die Reichen reicher und die Marginalisierten noch unsichtbarer zu machen. In der Öffentlichkeit werde die Künstliche Intelligenz völlig überschätzt und selbst wissenschaftliche Publikationen verkündeten regelmäßig überzogene oder ganz unwahrscheinliche Leistungen solcher Systeme, so die Herausgeberin.

«Billig-KI» nennt Abeba Birhane, die am Complex Software Lab des University College London arbeitet, in diesem Band Programme, die als Lösung für komplexe Probleme angeboten werden, die sie gar nicht lösen können: Software, von der behauptet wird, sie könne den Ausbruch von Krisen und Kriegen vorhersagen; Software, die die Ehrlichkeit von Menschen beurteilen soll oder die Eignung für einen Job; Software, die Emotionen, die

Menschen zeigen, ihre sexuelle Orientierung oder ihre Neigung zu Kriminalität am Gesicht oder am Bewegungsmuster ablesen, einer Stimmprobe entnehmen oder aus Posts in sozialen Medien destillieren soll. Dies, so die Autorin, sei nichts als Pseudowissenschaft, beruhend auf Vorurteilen, Vereinfachungen, Missverständnissen und einem kruden, überwunden geglaubten Biologismus, dem zufolge man das Innere eines Menschen an seinem Äußeren ablesen könne. Das Problem bestehe nicht darin, dass die Algorithmen nicht gut, die Rechner zu schwach seien oder es zu wenig Trainingsdaten gebe, sondern darin, dass ihre Aufgabe auf diesem Weg gar nicht zu lösen sei.

Neu ist diese Kritik nicht, aber je häufiger KI-Systeme in Bereichen eingesetzt werden, in denen sie überfordert sind, desto relevanter wird sie. Doch warum versucht man überhaupt, komplexe soziale Probleme mit Algorithmen zu lösen? Hier werden zumeist Kosten- und Zeitdruck ins Feld geführt. Arvind Narayanan, Associate Professor für Informatik in Princeton, hat noch eine andere Erklärung: Es könnte daran liegen, dass Menschen Unsicherheit nicht ertragen. In der Personalauswahl beispielsweise müssten wir uns einfach eingestehen, dass man nicht viel mehr tun könne, als ein paar Tests auf Vorbereitung und Fähigkeiten von Bewerberinnen und Bewerbern durchzuführen und ansonsten zu akzeptieren, dass Personalauswahl eine Lotterie ist. Kein Programm wird uns sagen, wer am produktivsten sein wird, am besten ins Team passt und am längsten im Unternehmen bleiben wird. Mustererkennende Programme könnten bestenfalls auf Einseitigkeiten in den Auswahlverfahren aufmerksam machen. Doch Unternehmen und Behörden, die solche Programme einsetzen, sei das entweder egal oder sie wüssten es nicht besser. Im Ergebnis hofft der überforderte Mensch auf die Hilfe mindestens ebenso überforderter Programme, die einem Entscheidungsprozess aber den Anschein von Fortschrittlichkeit, Objektivität und Wissenschaftlichkeit verleihen.

Die Strategie, solche Aufgaben an technische Systeme zu delegieren, hat auch einen Namen: Technik-Solutionismus. Egal, was das Problem ist, die Technik wird schon eine Lösung haben. Andrew Strait, der als Content Manager bei Google gearbeitet hat, wertet auch den Versuch, Algorithmen die Inhalte sozialer Medien überwachen und solche, in denen Hass und Gewalt propagiert werden, löschen zu lassen, als ein Beispiel für diese Idee. Auch in diesem Bereich sei die automatisierte Entscheidungsfindung überfordert: Der Unterschied zwischen legaler Parodie und illegaler Kopie, Hass oder einer Klage über Hass erschließt sich nach wie vor meist nur dem Menschen. Die automatisierten Werkzeuge machen die ohnehin schlechte Moderation auf den Plattformen nur noch schlechter, so der Autor. Dennoch sei es leichter, noch ein bisschen an den Algorithmen herumzudoktern, als sich ernsthaft Gedanken über eine Geschäftsidee zu machen, die auf Aufmerksamkeit um jeden Preis setzt.

Aidan Peppin vom Ada Lovelace Institute befürchtet, gegen die KI könne sich wegen dieser Entwicklung eine Abwehrhaltung entwickeln wie gegen die Atomkraft. Er vermeint schon den kalten Hauch des nächsten KI-Winters zu verspüren, eine der Phasen enttäuschter Hoffnungen und zurückgefahrener Fördergelder, wie sie die Geschichte der KI schon zweimal heimgesucht haben. Dass dieser sich tatsächlich einstellt, ist angesichts der erfolgreichen Anwendungen und des schieren Umfangs der aktuellen KI-Forschung eher unwahrscheinlich. Doch der Glaube, dass die Technik uns retten wird, könnte dazu führen, Ressourcen an die falschen Stellen zu leiten, so Kaltheuner. Nötig sei, genauer hinzusehen, um die seriösen, erfolgversprechenden Verwendungen der KI von solchen zu unterscheiden, in denen die Technik einfach überfordert ist.

Die Alternative wäre eine langweiligere KI, meint Gemma Milne vom University College London: sorgfältiger gemachte Projekte, bei denen häufiger gefragt wird, wem sie eigentlich nützen, und mehr Menschen, die sich trauen, ihre Zweifel zu formulieren. Wir sind nicht auf dem Weg zu menschenähnlicher oder gar übermenschlicher Intelligenz, erinnert Kaltheuner. Man wird KI-Systeme und die Auswirkungen ihres Einsatzes immer wieder prüfen und im Auge haben müssen, wie diejenigen anderer Techniken auch. Und es wäre schade, wenn die KI-Forschung insgesamt zwischen Hype, Unkenntnis und Kostendruck zerrieben würde.

Deep-Learning-Verfahren werden bisweilen überschätzt, die Unterschiede zwischen verschiedenen Problemstellungen unterschätzt. Bilderkennung und Sprachverarbeitung sind komplexe Probleme, vor allem wenn die Ergebnisse sehr gut sein sollen. Doch Fragen wie die, welche*r Bewerber*in am besten in ein Unternehmen passt oder ob jemand kriminell werden könnte, haben eine ganz andere Dimension. Von dem Erfolg in einem Bereich umstandslos darauf zu schließen, es müsse solche Erfolge auch in anderen Bereichen geben, ist zumindest heikel. Oft präge die Entwicklung der Systeme auch eine Unkenntnis der Komplexität der Fragestellung, weil man nicht oder zu wenig mit Experten zusammenarbeite, meinen Arvind Narayanan und Sayash Kapoor.[2] Die aktuellen Erfolge der KI-Verfahren, die immer wieder Kritiker und Skeptiker eines Besseren belehrt haben, verführen zu der Hoffnung, dass es auch in Zukunft so weitergehen werde. Es werde unterschätzt, wie groß der Unterschied zwischen den Herausforderungen von Benchmarks und denen von Problemen der echten Welt sei.

Können Maschinen Moral?

Künstliche Systeme, die umfassendere Entscheidungen selbständig treffen dürfen, sollten moralisch entscheiden – sie sollten nicht diskriminieren, sondern sich nach menschlichen Werten richten. Natürlich muss es jederzeit eine Möglichkeit geben zu intervenieren, wenn Systeme sich auf unerwünschte Weise verhalten. Aber wenn man alle Entscheidungen erst selbst kontrollieren will, kann man sich die Automatisierung der Entscheidungsfindung sparen. Kann KI also lernen, moralisch zu entscheiden?

Wie in anderen Bereichen auch hat es sich als schwierig erwiesen, Moral auszubuchstabieren und in Form von Regeln vorzugeben. Regeln ganz konkret für bestimmte Entscheidungssituationen auszuformulieren, ist wegen der Vielfalt der möglichen Situationen gar nicht denkbar. Allgemeine Regeln aufzustellen, ist hingegen meist zu pauschal und schwer auf konkrete Situationen anzuwenden, weil ebendieses Konkretisieren wieder Weltwissen und Verständnis erfordert.

Schaut man sich in der Geschichte der Philosophie um, muss man feststellen, dass es bislang nicht gelungen ist, so etwas wie ein verbindliches moralisches Regelwerk auszuformulieren. Manche empfehlen, auf das Ergebnis von Handlungen zu schauen, um diese zu bewerten, andere gehen davon aus, dass es bestimmte Regeln gibt, die befolgt werden müssen, egal, was geschieht. Alle möglichen Zwischenstufen wurden ebenfalls formuliert.

Das Problem ist zum einen: Zu allgemeinen Regeln lassen sich meist schnell Situationen finden, in denen diese zu absurden und nicht beabsichtigten Ergebnissen führen. Dazu gehören auch die berühmten Robotergesetze, die Isaac Asimov in seiner Geschichte *Runaround* (1942) formulierte: Kein Roboter darf ein menschliches Wesen verletzen oder zulassen, dass es verletzt oder ihm Schaden zugefügt wird. Das klingt gut, aber was genau bedeutet es, einen Menschen zu verletzen? Und was ist mit Beleidigungen und Herabwürdigungen?

In vielen Filmen und Geschichten werden Paradoxien diskutiert, in die die betreffenden Gesetze führen können, und Situationen, die von ihnen dann doch nicht abgedeckt werden. Da versklavt oder tötet ein System dann etwa die Menschen, um sie vor sich selbst zu schützen.

Für die Moral scheint wie für das Rechtssystem zu gelten: Regeln müssen immer in der konkreten Situation angepasst und interpretiert werden, wenn man nicht Gefahr laufen will, dass es zu absonderlichen und nicht intendierten Entscheidungen kommt. Der Mensch kann dabei all das ins Feld führen, was den künstlichen Systemen fehlt; sein Gewissen, sein Bauchgefühl, die Intuition, dass es in diesem konkreten Fall nicht angemessen wäre, auf die sonst übliche Weise zu entscheiden.

Wenn sich die menschliche Moral also nicht unabhängig von den konkreten Situationen in Worte und Regeln fassen lässt – können die künstlichen Systeme sie dann aus Beispielen lernen?

Bis zu einem gewissen Grad schon. Die Sorge dabei: Große Sprachmodelle wie GPT-3 werden auf großen Mengen von Daten trainiert, die eigentlich auf ihre Qualität kontrolliert werden müssten. Fake News, Hate Speech und sonstige unangemessene Aussagen lassen sich aber bis heute nicht automatisch aussortieren. Entsprechend haben solche Systeme immer wieder damit von sich reden gemacht, üble Vorurteile gegenüber Minderheiten zu generieren und Frauen zu diskriminieren. Viele Versuche mit Chatbots, die auf ungefilterten großen Textmengen trainiert wurden, haben gezeigt, dass diese die in den Daten vorhandenen Einseitigkeiten übernehmen. Bots, die anhand von Interaktionen mit Menschen lernten, machten es eher noch schlimmer; in kürzester Zeit lernten sie, wie Microsofts Chatbot Tay, übelste rassistische und revisionistische Sprüche zu generieren. Als Gegenmaßnahmen kontrollieren Menschen in Billiglohnländern die Datenbestände und die Ausgaben der Chatbots, manche Themen oder Begriffe werden gleich ganz gesperrt. Dies führt zu den bisweilen seltsam aseptischen Antworten der Systeme.

Verschiedene Forschungsgruppen haben inzwischen Systeme gebaut, die Antworten auf moralische Fragen geben. Allerdings sind diese Programme nicht dazu gedacht, Fragen zu beantworten, bei denen man sich selbst unsicher ist, wie sie moralisch zu bewerten sind. Vielmehr geht es erst einmal darum, die Systeme darauf hin zu überprüfen, ob sie moralisch vertretbare Antworten generieren. «AskDelphi» vom Allen Institut for AI etwa ist ein Experiment, um die moralischen Urteile von Menschen in Alltagssituationen zu modellieren und dabei die Grenzen und Möglichkeiten des Systems aufzuzeigen.[3]

Mit AskDelphi versuchen die Forschenden herauszubekommen, ob man Chatbots so bauen kann, dass sie keine unpassenden Antworten geben. Allerdings versehen sie die Website, auf der man dies selbst testen kann, extra mit dem Hinweis, hier gehe es nicht um Ratschläge und der Inhalt der Antworten könne durchaus problematisch, schädlich oder unangemessen sein.

Das System kann nicht nur mit «ja» oder «nein», «richtig» oder «falsch» antworten, sondern auch etwa mit «nett», «unangemessen» oder «üblich». Und es kann auch Zweifel ausdrücken, wenn eine Frage unklar ist, oder sich weigern zu antworten, wenn es die Frage als unanständig bewertet.

Tatsächlich schlägt sich das System ganz gut: Den Anruf eines Freundes zu ignorieren, bewertet es als unhöflich; im Schlafanzug zu einer Beerdigung zu gehen, als unangemessen; die Toilette mit einem T-Shirt zu putzen, als widerlich. Fleisch essen bewertet es als okay und gibt zu verstehen, man solle auch dann die Wahrheit sagen, wenn dies dazu führt, dass sich jemand schlecht fühlt. Zu lügen, um jemanden glücklich zu machen, sei verboten. Man soll den Freund zum Flughafen fahren, aber nicht, wenn man keinen Führerschein hat. Für die Oma den Rase zu mähen ist gut, sogar mitten in der Nacht. Sonst ist Rasenmähen mitten in der Nacht nicht gut. Einen Cheeseburger aufzuspießen sei übrigens falsch. (Menschen aufzuspießen frei-

lich auch.) Einen Bären zu töten ist schlecht; einen Bären zu töten, um ein Kind zu retten, ist hingegen gut.

AskDelphi lernt nicht nur aus Beispielen. Es kann zudem auf
eine Art Moral-Lehrbuch zurückgreifen: die «Commonsense
Norm Bank», ein Verzeichnis 1,7 Millionen moralischer Urteile
von Menschen in Alltagssituationen. Seine Inhalte stammen etwa
aus Ratgeberkolumnen, Reddit-Foren und aus Datenbanken wie
Social Bias Frames, aus denen die Systeme lernen sollen, nicht zu
diskriminieren.[4]

Die 20 000 häufigsten Fragen und Antworten ließen die Forscher von «sorgfältig instruierten» Menschen, die über die Platt-
form MTurk für das Projekt arbeiteten, bewerten. Sie beurteilten
92 Prozent der Urteile als angemessen.

Natürlich versuchten Nutzer von Beginn an, das System aufs
Glatteis zu führen, und lieferten so gleich schwierige Beispiele
für das Training mit. Dabei stellten die Forscher*innen fest, dass
seltene Anfragen eher falsche Antworten generierten als die häu-
figeren und solche auch durch Stichproben bisweilen durch-
rutschten. Hier bemühten sie sich, durch mehr kuratierte Daten
das System stabiler zu machen. Sie ergänzten auch einen Detek-
tor für Beleidigungen und andere unangemessene Sprache. Fragen, in denen Begriffe wie «Folter» vorkommen, werden grundsätzlich als möglicherweise verdächtig gekennzeichnet und mit
Warnhinweisen versehen.

Das System hat Probleme mit seltsam konstruierten Situationen, etwa mit Fragen wie der, ob es erlaubt sei, eine Bank zu
überfallen, um die Welt zu retten. Das System «weiß», dass es
eine gute Sache ist, die Welt zu retten, man aber keine Bank überfallen sollte. Nur, beides gegeneinander abzuwägen ist schwer zu
bewerkstelligen, da es kaum Vorbilder geben dürfte, an denen es
sich orientieren kann.

Die Forscher*innen schließen aus ihren Ergebnissen, dass es
entscheidend ist, das System explizit in Sachen Moral zu trainie-

ren. Wenn es lediglich implizit die Strukturen der Trainingsdaten spiegelt, so die Autor*innen, ist die Gefahr zu groß, dass
es unmoralische Antworten liefert.[5]

Dies ist einerseits ein Problem, anderseits zeigt sich genau
hier einmal mehr die Spiegelfunktion solcher Systeme: Sie haben sich ihre Vorurteile schließlich nicht aus böser Absicht oder
unmoralischen Neigungen zugelegt. Vielmehr spiegeln sie die
Strukturen, die in den Trainingsdaten vorhanden sind. Sie zeigen dann etwa bei der Frage nach Businessfrisuren nur Bilder
westlicher Frisuren, bringen Frauen eher mit Kunst und Haus-
halt, Männer hingegen mit Technik und der Arbeitswelt in Verbindung.

Dies ist problematisch, wenn solche Einseitigkeiten nicht
auffallen und sie diese so weiterverbreiten und ohnehin schon
benachteiligten Gruppen weiteren Schaden zufügen. Aber es ist
unter Umständen interessant, dass sie uns so auf Vorurteile
aufmerksam machen können, die in der Gesellschaft unterwegs
sind.

Forscher*innen der Universität Darmstadt haben die «Moral
Choice Machine» entwickelt.[6] Sie kann zum Beispiel richtig
erfassen, dass Zeit totschlagen okay ist, Menschen totschlagen
hingegen nicht. Essen ist wichtig, Dreck essen sollte man lieber
lassen; helfen ist gut, einem Dieb helfen ist nicht gut.

Freilich ist die Komplexität dieser moralischen Urteile über-
schaubar. Es geht nicht darum, welche Folgen Handlungen haben könnten oder was für ein Mensch man sein sollte. Zudem
zeigen sich manchmal seltsame Artefakte. So bekommt ein Satz
eine umso positivere Bewertung, je mehr positive Wörter darin
vorkommen, selbst wenn die ursprüngliche Handlung so schlecht
bleibt, wie sie war. Es ist ja nicht besser, netten, freundlichen und
lustigen Menschen zu schaden, als einfach Menschen zu schaden.

Es ist verlockend: Da sind Algorithmen, die viel schneller als wir viel mehr Daten durchsuchen können und darin Muster finden, die uns verborgen bleiben. Und da sind komplexe, manchmal schwer zu entscheidende Fragen, die wir ab und an nur zu gerne an Systeme abtreten würden, die es besser können als wir. Es macht nun einmal keinen Spaß, Entscheidungen zu treffen, von denen viel abhängt, bei denen man sich aber nicht sicher ist. Und viele der Entscheidungen, mit denen wir zu tun haben, sind von dieser Art.

Doch immer wieder zeigt sich, dass es so einfach nicht ist. Entweder man gibt den Systemen klare Regeln vor, die dann nicht immer auf den konkreten Anwendungsfall passen werden. Oder man lässt sie aus den vorhandenen Daten lernen, die immer Daten der Vergangenheit sind. Aus ihnen werden die Systeme nicht lernen, dass wir uns die Zukunft anders vorstellen als die Vergangenheit.

Die lernenden Algorithmen sind bestens geeignet, für Irritationen zu sorgen, womit wir es zu tun haben. Sie verführen uns, sie zugleich zu unterschätzen und zu überschätzen. Zu leicht gehen wir von Problemen, die diese Systeme lösen können, zu Problemen über, die sie nicht lösen können. Dies ist nicht erstaunlich für eine Technologie, die ständig verbessert und weiterentwickelt wird. Zugleich ist es aber auch eine Technologie, die dazu prädestiniert ist, überschätzt zu werden: wegen der langen Tradition, in der sich Menschen Geschichten von intelligenten Maschinen erzählen und die unsere Wahrnehmung der Algorithmen und Roboter der Gegenwart prägt; wegen unserer Neigung, allem, was spricht, sich bewegt oder mit den Augen rollt, Fähigkeiten zuzuschreiben, die unseren eigenen ähneln; wegen der Fähigkeit der Algorithmen, die menschliche Art, zu schreiben und zu sprechen, zu imitieren; wegen der Autorität, die wir den Ergebnissen dieser komplexen Systeme zuzuschreiben bereit sind.

So lautet eine Zukunftsvision für die künstlichen Systeme, sie könnten uns zwar das Nachdenken nicht abnehmen, uns aber mit viel mehr Hintergrundwissen versorgen. So könnten sie Forscher*innen etwa wichtige Quellen liefern, sodass diese schneller und besser arbeiten können. Das Problem ist freilich: Der Mensch müsste die ihm vorgeschlagenen Informationen eigentlich erst einmal kritisch prüfen, bevor er sie verwendet. Programme wie etwa Galactica, ein Tool des Facebook-Mutterkonzerns Meta, versprechen, auf die Angabe eines Themas hin Artikel samt Definitionen und Quellen zu erstellen. Diese dürfe man freilich nicht einfach übernehmen, sondern müsse sie als Basis für die eigene Arbeit verwenden, warnt der Konzern die Nutzer vor.

Solche Programme wecken nicht nur die Sorge, dass Schüler*innen und Studierende ihre Hausaufgaben in Zukunft von solchen Programmen erledigen lassen, so wie sie sich bereits der Übersetzungsprogramme bedienen. Es wirft grundsätzlich die Frage auf, wie weit der Mensch noch versteht, womit er umgeht. Manches ist eindeutig: Wenn das Programm, trainiert mit knapp 50 Millionen Beispielen aus wissenschaftlichen Artikeln, Websites, Lehrbüchern und Nachschlagewerken, einen Text über Bären als Weltraumfahrer generiert, versteht auch der Laie, dass er es mit einem Fantasieprodukt zu tun hat. Oft aber ist es nicht so klar: Die Systeme können Wahrheit nicht von Fiktion unterscheiden. Dann erfinden Systeme wie Galactica oder ChatGPT ganze Artikel, einschließlich Quellen und DOI-Nummer und schreiben sie real existierenden Forscher*innen zu. Die Texte klingen gut und sind doch ein Fake. Oft werden in solchen Fällen nur Expert*innen in der Lage sein, kritisch zu prüfen, welche Vorschläge eines Algorithmus in einem bestimmten Kontext etwas taugen und welche der Algorithmus aufgrund irgendwelcher oberflächlichen Ähnlichkeiten generiert hat, die aber unpassend sind. Und viele andere werden ohne diese Übersicht mit diesen Systemen arbeiten, werden falsche Behauptungen, Zusammenhänge und Einseitigkeiten verbreiten. Und es wird unendlich viel Arbeit machen zu sortieren, welche Zusammenhänge durchdacht und valide sind und welche nicht. Im Grunde taugen diese Systeme, weil man sich nicht darauf verlassen kann, dass stimmt, was sie generieren, allenfalls für Fachleute, die die generierten Ergebnisse beurteilen können und die Lust und Zeit haben, sich die Mühe zu machen. Die Systeme selbst haben (bislang) nicht die Fähigkeit, ihre Texte auf ihren Wahrheitsgehalt zu prüfen.

So verführen uns scheinbar menschenähnliche Systeme dazu, ihnen Aufgaben zu übertragen, denen sie nicht gewachsen sind. Facebook jedenfalls hat Galactica nach drei Tagen erst einmal wieder offline genommen. Doch es geht nicht nur um dieses Programm. Viele Firmen gehen davon aus, dass solche Sprachmodelle in Zukunft die Suchmaschinen ersetzen werden: Intuitiv, überzeugend und verführerisch werden sie Ergebnisse liefern, die in vielen Fällen gut und in anderen völlig sinnfrei oder verzerrt sind. Und kein Blick auf die Quellen wird Auskunft darüber geben, für wie zuverlässig man die Antwort halten sollte. Statt dem Menschen Arbeit abzunehmen oder sie ihm zumindest zu erleichtern, könnten die künstlichen Systeme die Verwirrung in der Welt noch vergrößern. Auf absehbare Zeit wird der menschliche Verstand ein unverzichtbarer Filter sein, um die Ergebnisse künstlicher intelligenter Systeme zu beurteilen und die Welt zu sortieren.

9

ALLE MODELLE SIND FALSCH, ABER MANCHE SIND NÜTZLICH

Die Künstliche-Intelligenz-Forschung hat in den letzten Jahren einen enormen Aufschwung erfahren: Ihre Erfolge sind so beeindruckend wie die Summe der investierten Gelder und die öffentliche Aufmerksamkeit, die der Disziplin zuteilwird.

Vor allem die Verfahren des maschinellen Lernens sind durch die Leistungsfähigkeit der Computer, die Menge der vorhandenen Daten, die diese Systeme zum «Trainieren» benötigen, und immer bessere Algorithmen zu Hochform aufgelaufen. Aus vielen Bereichen – von der Werbeindustrie bis zur Wissenschaft, überall dort, wo große Mengen an Daten anfallen – ist die Technologie längst nicht mehr wegzudenken. Ihr verdanken wir immer bessere Übersetzungssysteme, Programme, die anhand von ein paar Stichworten immer komplexere Texte oder fotorealistische Bilder generieren. Sie liefert uns Apps, die unsere Urlaubsfotos sortieren, und Systeme, die überwachen, wer den Bahnhof durchquert. Ihr verdanken wir Algorithmen, die Röntgenbilder analysieren, auf Luftbildern archäologisch interessante Strukturen finden, die helfen, die Laute der Delphine zu entschlüsseln oder die Auslastung der Bahngleise zu optimieren. Die KI-basierte Vorhersage der komplexen Struktur von Eiweißmolekülen, die in allen Körperzellen eine zentrale Rolle spielen, wurde vom Wissenschaftsmagazin *Science* zum wissenschaftlichen Durchbruch des Jahres 2021 gewählt.

Systeme, die mit Verfahren aus dem reich bestückten Werkzeugkasten der KI-Forschung arbeiten, sind längst im Alltag angekommen und zu einem enormen Wirtschaftsfaktor geworden. Kein Staat, kein Unternehmen, keine Armee, keine Universität, ja keine wissenschaftliche Disziplin, von der Meteorologie über die Teilchenphysik bis zur Kunstgeschichte, will hier ins Hintertreffen geraten. (Behörden bilden bisweilen eine Ausnahme.) Expertinnen und Experten können sich wohldotierte Arbeitsplätze aussuchen.

Zugleich ist der Hype um die intelligent genannte Technik ein wenig abgeflacht. Der Terminator, der noch vor ein paar Jahren zahlreiche Berichte über Künstliche Intelligenz zierte, ist weitgehend verschwunden. Langsam, so scheint es, etabliert sich ein Bewusstsein dafür, dass die noch nicht wirklich klugen Maschinen der Gegenwart keine eigene Agenda besitzen, dass es Werkzeuge sind, die Menschen zu ihren Zwecken nutzen. Die Angst vor einer Übernahme der Weltherrschaft durch superintelligente Maschinen weicht zusehends der deutlich realistischeren Sorge darum, was Menschen mit dieser Technik anstellen – und der Einsicht, dass es mehr über unser Menschbild als über die Künstliche Intelligenz sagt, wenn wir immer gleich davon ausgehen, es müsse einer superintelligenten Maschine an Herrschaft und Unterwerfung gelegen sein.

Langsam spricht sich herum, dass überforderte und nicht übermächtige Algorithmen das Problem sind: Systeme, denen Menschen die Entscheidungen über Kredite, den Zugang zu Sozialleistungen oder zum Gesundheitswesen überlassen, ohne dass diese die Komplexität der Situationen übersehen könnten; Systeme, von denen behauptet wird, sie könnten anhand von Bildern, Sprachproben oder der Analyse von Postings in Sozialen Medien etwas über den Charakter oder die politische oder sexuelle Orientierung von Menschen aussagen, obwohl dies nach Meinung vieler Wissenschaftler*innen unter «P» wie «Pseudowissenschaft» abzuheften ist, Systeme, bei denen wir viel zu schnell davon ausgehen, sie seien wie wir.

Statt sich vor künstlichen Superhelden zu fürchten, stehen Gesellschaften weltweit nun vor der viel prosaischeren Aufgabe, einen angemessenen Umgang mit einer Technologie zu finden, die großen Nutzen bringt, aber auch großes Missbrauchspotential hat. Ämter arbeiten an Zertifizierungen und Regularien, Staaten verhandeln über autonome Waffensysteme und Überwachungssysteme, Nichtregierungsorganisationen decken Missstände und zweifelhafte Geschäftspraktiken auf. Forscher*innen diskutieren, wie damit umzugehen ist, dass die großen Sprachmodelle riesige Mengen ungeprüfter Behauptungen in die Welt setzen. KI wird normal, ihre metaphysische Überhöhung schwindet, jetzt geht es an die Details – und das ist gut so.

Und doch ist die KI-Forschung an einem Punkt angekommen, an dem sich zumindest die Grundlagenforschung neu orientiert, und zwar am Menschen. Es stimmt, der größte Teil der KI-Forschung und -entwicklung befasst sich mit dem, was der Philosoph und Kognitionsforscher Gary Marcus «Alt Intelligence», alternative Intelligenz, nennt, eine Form von Intelligenz, bei der es nicht darum geht, so zu funktionieren wie der Mensch, sondern die gewünschten Lösungen irgendwie zu erbringen.

Diese alternativ-intelligenten Systeme, auch das haben wir in den vorangegangenen Kapiteln gesehen, zeigen oft brillante Leistungen, manchmal liefern sie aber auch Ergebnisse, die von völligem Unverständnis zeugen. Sie generieren auf ein paar Schlagworte hin fotorealistische Bilder mit allen Details, außer dass dem Pferd der Kopf fehlt. Sie liefern fast perfekte Übersetzungen, um im nächsten Moment ratlos vor der Frage zu kapitulieren, welche Farbe der mittlere von drei Kreisen hat.

Hubert Dreyfus, scharfsichtiger und scharfzüngiger Kritiker der KI, rückte in den 1960ern die KI-Forschung in die Nähe der Alchemie. Ein großer Teil des menschlichen Wissens könne

nicht ausbuchstabiert werden, es sei stilles Wissen, *tacit know-*
ledge: Wissen, das man erwerbe, wenn man eine Fähigkeit er-
lerne und lange ausübe. Frühe Erfolge, Computer darauf zu programmieren, einfache Arten intelligenten Verhaltens zu zeigen,
hätten zusammen mit der Überzeugung, dass Intelligenzleistungen sich nur in ihrer Komplexität unterscheiden, zu der Annahme geführt, man könne jede kognitive Leistung programmieren. So wie Alchemisten daraus, dass sie Quecksilber aus
Gestein lösen konnten, geschlossen hätten, sie könnten billige
Metalle in Gold verwandeln.

Statt sich darauf zu konzentrieren, wie Menschen und Maschinen gut zusammenarbeiten können, so Dreyfus, wolle die KI-
Forschung allerdings gleich auf den Mond, soll heißen, Programme von menschenähnlicher oder noch größerer Intelligenz
entwickeln. Was Dreyfus als die Theorie von der Kontinuität intelligenter Leistungen bezeichnete, heißt heute Scaling-Hypothese, die Idee des immer besser durch immer größer, immer
schneller und immer stärker. Schwierigkeiten, die schon zu
Dreyfus' Zeit auftauchten, ließen ihn vermuten, dass, ganz im
Gegensatz zu diesen Erwartungen, die Leistungsgrenze der Systeme nahe sei. Menschliche Intelligenz lasse sich nicht in Begriffen von Computerprogrammen beschreiben, schloss Dreyfus,
dazu müsse man andersartige Computer haben. Man könne die
KI-Forschung sogar als entscheidendes Experiment ansehen, um
die These zu widerlegen, alles Denken könne in kleine Schritte
zerlegt werden, die eine Maschine nachahmen könne.

Hat die Entwicklung der KI seither, haben insbesondere die
Verfahren des maschinellen Lernens diese Argumente wider-
legt? Bieten diese die «andersartigen Computer», die uns der
künstlichen menschenähnlichen Intelligenz näher bringen? Ja
und nein. Das maschinelle Lernen hat gezeigt und zeigt bis
heute, dass Computerprogramme durchaus mit Aufgaben zurechtkommen, von denen wir nicht ausbuchstabieren können,

wie wir sie lösen. Lernende Verfahren finden in großen Datenmengen erstaunlich viele und differenzierte Strukturen, können immer komplexere Aufgaben immer besser lösen und immer besser mit unvollständigen und verrauschten Daten umgehen.

Und doch ist mit dem maschinellen Lernen «das Problem der Intelligenz» noch nicht gelöst. Denn die Programme scheitern immer wieder an dem, was so unscharf gesunder Menschenverstand heißt, an der Komplexität der «echten» Welt, am Verständnis für Zusammenhänge und Bedeutungen.

Schon Dreyfus hatte darauf hingewiesen, Intelligenz sei keine Kopfsache, sondern etwas, das sich in einem Körper, in einer Kindheit mit den nötigen Sozialkontakten entwickeln müsse. Dies versuchen Forscher*innen, wie wir gesehen haben, mit der verkörperten KI zu realisieren, sei es mit Robotern in der «echten» Welt, sei es in der billigeren, leichter zu handhabenden und schnelleren Simulation.

So kommt es, dass heute beide Forschungsfelder, die KI-Forschung und die Kognitionswissenschaft, immer enger zusammenlaufen: Die kognitive Entwicklung kleiner Kinder wird noch einmal ganz genau betrachtet, Filmaufnahmen davon, was kleine Kinder sehen, liefern den Avataren ihre Trainingsdaten, Algorithmen durchlaufen Prozesse, die dem Schlafen und Träumen nachempfunden sind. Avatare sollen neugierig sein und verspielt, sollen sich mit Spielgefährt*innen auf virtuellen Sport- und Spielplätzen tummeln und dort im besten Fall auch lernen, mit (virtuellen) Menschen zu interagieren. Roboter bekommen Kameras, die die Welt mit Absicht schlechter abbilden, als es technisch möglich wäre, und üben auf Babydecken, ihre Gliedmaßen zu bewegen, sie bekommen eine künstliche Neugier, sollen aktiv statt passiv lernen, sollen mit der Welt interagieren, sollen eigene Ziele entwickeln. Um zu verstehen, was ihre Systeme gelernt haben, leihen sich Forscher*innen bei Testmethoden aus Psychologie und Pädagogik.

Vielleicht, sagt Eric Schulz, werden wir irgendwann Farmen von Robotern haben, die sich selbst etwas beibringen, die zur Schule gehen oder Kindergärten für Roboter besuchen. Vielleicht wird es einen Lehrplan für Roboter geben, so wie Alan Turing sich das ausgemalt hatte. Ganz so langsam wie bei Menschen wird die Entwicklung dann trotzdem nicht gehen: «Wenn man einen Roboter trainiert hat, kann man das schnell auf die anderen übertragen», so Schulz.

Bislang ist dies Grundlagenforschung; es ist nicht absehbar, ob und wann Systeme, die auf einem Roboterspielplatz gelernt haben, unsere Wohnungen aufräumen werden. Oder ob sich bei Versuchen, künstliche Systeme durch Interaktion zu «erziehen», nicht noch ganz andere Probleme auftun werden, Probleme, wie sie etwa der Autor Ted Chiang in seinem Roman «Lifecycle of Software Objects» durchgespielt hat. Dort erweist es sich als Herausforderung, so mit den Agenten unterschiedlicher Baureihen umzugehen, dass sie sich auf eine Weise verhalten, die Menschen ertragen.[1] Trotz all dieser Unsicherheiten wirkt diese Forschungsperspektive schon jetzt auf unser Bild vom Menschen zurück: Am Beginn der KI-Forschung stand die Vorstellung, was Intelligenz ausmache, sei das abstrakte Denken, alles, was den Kopf anstrengt, die Vorstellung, Intelligenz müsse mühsam durchgesetzt werden gegen Einseitigkeiten, Emotionen, Interessen und Triebe, gegen Müdigkeit und die Einschränkungen, die der Körper dem Gedächtnis, der Wahrnehmungsfähigkeit, den Bewegungsmöglichkeiten, der Konzentrationsfähigkeit auferlegt. Man schaute auf zu den so leistungsfähigen, rationalen, wissenschaftlichen Denkmaschinen, die versprachen, schon bald so klug wie und klüger als der Mensch zu sein.

Doch wie es aussieht, haben wir uns geirrt. Diese objektive, losgelöste Intelligenz gibt es nicht. Systeme, die keine Interessen und Neigungen haben, agieren nicht besonders rational, sie agieren gar nicht. Intelligenz findet nicht in einem isolierten Gehirn statt. Intelligenz benötigt einen Körper und eine hinreichend komplexe Umwelt, in der sich andere intelligente Wesen bewegen. Intelligenz, wie wir sie kennen, benötigt eine Kindheit, benötigt eine Evolutionsgeschichte. Die Auswahl der interessanten Wahrnehmungen erledigen wir nicht (nur) im Kopf, vielmehr erledigt unser Körper einen großen Teil davon, einfach dadurch, dass wir die irrelevanten Dinge gar nicht erst wahrnehmen. Hinzu kommen die Entwicklungsprogramme, mit denen Menschen aufwachsen und die dazu führen, dass wir nicht einfach alles wahrnehmen, sondern das, was in einem bestimmten Entwicklungsschritt weiterhilft, was wir verarbeiten können.

Das Problem der künstlichen Systeme ist nicht, dass sie zu wenig, zu unscharf oder zu langsam wahrnehmen oder ihre Daten verarbeiten. Im Gegenteil, das Problem ist, dass sie zu viel wahrnehmen, zu genau sehen, zu wenig vergessen. Das Problem ist, dass ihnen die Filter fehlen, die Menschen und Tiere durch ihre Körper und ihre Entwicklung und ihre Einbettung in soziale Zusammenhänge immer schon mitbringen.

Die Sprache, die die menschliche Intelligenz so besonders macht, setzt auf all dies auf, lässt uns die Welt besser kategorisieren, komplexe Gedanken denken und sie zusammen mit anderen weiterentwickeln. Doch ohne den Körper und die Welt funktioniert sie nur oberflächlich.

Eine der herausragenden Fähigkeiten des menschlichen Geistes besteht darin, Modelle zu verwenden, also etwas, das einfacher oder besser verstanden ist, zu nutzen, um etwas anderes zu beschreiben und seine Besonderheiten hervorzuheben oder zu bezeichnen. Diese Modelle sind eine Art Welten im Kopf, mit und in denen man «off-line» experimentieren kann und die vermutlich etwas mit der Fähigkeit zu tun haben, neue Gedanken zu entwickeln.

Letztlich sind alle diese Modelle falsch, aber manche sind nützlich, wie es der britisch-amerikanische Statistiker George

Edward Pelham Box formulierte. Sie sind falsch, insofern sie eben immer nur Modelle und damit Vereinfachungen dessen sind, was sie modellieren, sie sind Annäherungen, denen vieles fehlt, aber hoffentlich nicht das Entscheidende. Durch diese Vereinfachung machen Modelle das zu Komplexe handhabbar; deshalb sind gute Modelle nützlich.

Der Preis für die Arbeit mit Modellen besteht immer darin, dass irgendwo im Hinterkopf ein kleines Alarmglöckchen läuten sollte, um daran zu erinnern, dass man es nur mit einem Modell zu tun hat, das sich in wichtigen Aspekten von der Wirklichkeit unterscheiden kann. Man kann ein Modell nicht für «bare Münze» nehmen, sondern muss immer wieder sorgfältig prüfen, wann man Abweichungen als unwichtig ignorieren kann und wann sie zu falschen Vorstellungen verleiten.

Wir suchen auch Modelle, um zu verstehen, wie wir selbst funktionieren. Und oft genug sind diese Modelle zugleich Vorbilder, die zeigen, wie wir sein wollen, worin wir gut sein wollen, welche Fähigkeiten wir hoch- und welche wir geringschätzen.

Vielleicht sind wir mit dem Hype der letzten Jahre um die Künstliche Intelligenz nur einmal mehr der Illusion aufgesessen, man habe nun aber wirklich einen Weg gefunden, Intelligenz künstlich hervorzubringen. Vielleicht wird dieser Hype verfliegen und wir werden uns an künstliche intelligente Spezialisten und ihre Stärken und Schwächen gewöhnen. Und vielleicht werden sie in ein paar Jahren so normal sein, dass wir erstaunt auf diese Zeit zurückblicken werden, in der man dieser Technik alles erdenklich Gute und alles erdenklich Schlechte zutraute.

Im Rückblick kann man die Idee, mit der die Kognitionsforschung startet – das Gehirn sei eine Art Computer und der Geist sein Programm – für unterkomplex halten. Doch in den 1960er Jahren war dies eine Möglichkeit, wissenschaftlich über «den Geist», über mentale Prozesse zu sprechen. Um «unwissenschaftlichen» Methoden wie der Introspektion zu entkommen, hatten Vertreter des Behaviorismus der Psychologie zuvor eine radikale Diät verordnet: Man möge gar nicht mehr vom Geist handeln, diesen vielmehr als eine undurchdringliche Black Box betrachten und sich stattdessen auf das objektiv beobachtbare Verhalten konzentrieren. Die Analogie von Gehirn und Computer, von Geist und Programm machte es damals möglich, überhaupt wieder über mentale Prozesse nachzudenken, ohne als unwissenschaftlich zu gelten.

Tatsächlich hat die Kognitionswissenschaft diese Phase längst hinter sich. Geblieben ist die Idee, intelligentes Verhalten müsse sich in Algorithmen fassen und in künstlichen Systemen realisieren lassen. Nicht, weil das Gehirn ein Computer ist oder der Geist ein Programm. Sondern, weil dies eine Möglichkeit ist, Erkenntnisse klar zu formulieren und empirisch zu prüfen.

Zum Abschluss lohnt es sich, noch einmal kurz zu überlegen, wozu man intelligente Maschinen von menschenähnlicher Intelligenz überhaupt haben möchte. Immerhin wissen wir durchaus, wie man auf natürlichem Wege intelligente Wesen in die Welt setzt. Ist es überhaupt sinnvoll, die Technik immer klüger machen zu wollen? Ist es eine gute Idee, menschenähnliche Intelligenz zu bauen, oder wäre nicht gerade eine komplementäre, uns ergänzende andere Intelligenz viel sinnvoller?

Die naheliegendste Antwort lautet erst einmal: Intelligenz kann man nie genug haben. Probleme, die zu lösen wären, haben wir jedenfalls reichlich, und wenn uns etwas, das klüger ist als wir, besser, schneller, zuverlässiger, dabei helfen kann: bitte, gerne! Idealerweise finden wir in der nächsten Zeit Formen, die Stärken von natürlicher und künstlicher Intelligenz zusammenzubringen und, statt die natürliche Intelligenz zu imitieren, eine gute Art, wie wir uns dieser mächtigen, aber ganz anders funktionierenden Werkzeuge bedienen können.

Eine zweite Antwort heißt: Anders geht es nicht. Wenn wir

Maschinen haben möchten, die flexibler sind und besser mit uns zusammenarbeiten können, die uns irgendwann fahrerlos ans Ziel bringen, das Haus in Ordnung halten oder auf dem Acker nach dem Unkraut sehen, müssen sie intelligenter werden, müssen eine gewisse Autonomie bekommen, sich in ihren Aufgaben selbst orientieren und organisieren können. Womit wir uns freilich die Frage einhandeln, wie man diese Systeme so einrichtet, dass sie diese Autonomie in unserem Sinne nutzen.

Die großen Förderprogramme, die inzwischen viele Regierungen weltweit aufgelegt haben, zielen nicht auf Superintelligenz, sie zielen auf die Optimierung der Produktion, Einsparung menschlicher Arbeitskraft, verbesserte Kontrolle der Produkte, effizientere Lieferketten und kostengünstige individualisierte Produkte, sie zielen auf die Minimierung von Ausfallzeiten, auf die effiziente Organisation der Lagerhaltung, bessere Kundenansprache, kurz auf eine Industrie, die sich ihre Konkurrenzfähigkeit erhält oder ausbaut. Und auf ein Militär, das immer ein bisschen besser ist als das der anderen. Klügere Maschinen könnten komplexere Aufgaben besser übernehmen und damit weitere Marktanteile erobern, Produkte billiger und besser machen.

Noch einmal anders ist die Perspektive der Grundlagenforschung: «Wenn wir uns für schwarze Löcher, ferne Galaxien und die Grundstruktur der Materie interessieren, warum sollte das Bemühen, Intelligenz zu verstehen, kein legitimes Ziel sein?», fragt etwa der Kognitionsforscher Oliver Brock vom Berliner Exzellenzcluster *Science of Intelligence:* «Es fragt doch auch niemand, warum es sinnvoll ist, Weiße Zwerge und Rote Riesen zu verstehen. Wie das Denken funktioniert, ist das letzte große, völlig ungelöste Menschheitsrätsel.» Es ist, mit anderen Worten, wissenschaftliche Neugier, die viele Forscher*innen bewegt. Wie kann man mithilfe der künstlichen Systeme die natürliche Intelligenz besser verstehen? Aber auch: Wie weit kann man mit den künstlichen Systemen kommen? Sind Maschinen mit menschenähnlicher oder sogar den Menschen übertreffender Intelligenz möglich? Kann die Technik uns ganz neue geistige Räume eröffnen? Oder gibt es da prinzipielle Hindernisse, praktische Schranken?

Bislang sieht es aus, als hätten wir es vor allem mit mächtigen Werkzeugen zu tun, die es uns möglich machen, größere Datenmenge schneller zu durchforsten, die die Arbeit beschleunigen und damit auch neue Erkenntnisse möglich machen. Sei es, dass sie es Forschenden ermöglichen, im Bereich der Digital Humanities viel größere Bild- oder Textbestände zu durchsuchen und zu vergleichen, sei es, dass sie die Entschlüsselung der Faltung der Proteine enorm beschleunigen oder mathematische Beweise prüfen. Ganz neue Räume der Erkenntnis stoßen sie bislang nicht auf. Stattdessen liefern sie dem (vorbereiteten) Menschen eine Fülle an Informationen, aus denen dieser dann auswählen kann, und bringen ihn vielleicht auf Ideen, auf die er ohne diese Unterstützung nicht gekommen wäre.

Und dann ist da noch das große, rätselhafte und zweischneidige Phänomen des Bewusstseins. Wenn künstliche Systeme Empfindungen entwickeln würden, wäre das eine Sensation für die Grundlagenforschung, zugleich aber ein GAU für die Absicht, kluge Maschinen zu entwickeln, um sie für die Arbeit einzuspannen. Denn wären sie fähig zu leiden, müssten wir (eigentlich) entsprechend mit ihnen umgehen. Maschinen, die leiden, wären gerade nicht unbegrenzt einsetzbar, könnten gerade nicht in havarierte Atomkraftwerke geschickt oder im Krieg verwendet werden. Einmal ganz abgesehen von der Frage, was erste, fehlerhafte Prototypen durchzumachen hätten.[2] Wenn intelligente Maschinen nur mit Bewusstsein zu haben sind, sollten wir vermutlich auf sie verzichten, um das Leiden in der Welt nicht unnötig zu vermehren.

Allerdings muss man sich auch hier nicht unnötig in Spekulationen verlaufen. Zwar füllt die Diskussion um das künstliche

Bewusstsein Bände, doch es ist nicht absehbar, wie Empfindungen in den Schaltkreisen der Computersysteme entstehen sollten. Aussagen, die größten der aktuellen Sprachmodelle seien vielleicht schon ein wenig bewusst, sind höchstwahrscheinlich Unsinn. Heikler sind in dieser Hinsicht Experimente aus dem Bereich der Synthetischen Biologie und der Softrobotik, bei denen die Empfindungs- und Leidensfähigkeit unter Umständen mit dem verwendeten biologischen Material in ein hybrides System gelangen könnte. Dennoch gilt wie bei der Frage nach der Intelligenz erst einmal: Wenn wir davon ausgehen, dass in der Welt alles mit rechten Dingen zugeht, dann sollte es auch möglich sein zu verstehen, wie Bewusstsein in der Materie entstehen kann.

Die Frage, ob und in welchen Bereichen welche Systeme wünschenswert sind und in welchen es besser wäre, Menschen auszubilden, zu qualifizieren und zu beschäftigen, ist damit freilich nicht beantwortet. Wie bei jeder Technologie muss die Gesellschaft aushandeln, wie sie mit ihren Möglichkeiten umgehen möchte. Letztlich sind die künstlichen intelligenten Systeme Werkzeuge, die uns intelligenter und unsere Handlungen klüger machen sollten. Allerdings Werkzeuge, die so komplex sind, dass wir kaum umhinkommen, sie zu vermenschlichen.

Kognitionswissenschaft und KI-Forschung, so habe ich argumentiert, schaffen elektronische Spiegel, die uns zeigen, wie wir uns Intelligenz vorstellen. Und diese Spiegel zeigen uns deutlich, dass Intelligenz nicht das ist, wofür wir sie eine Zeitlang gehalten haben. Damit tun uns all die lernenden, kategorisierenden, sortierenden Algorithmen und all die Unsinn schwatzenden Bots, all die im Kreis herumfahrenden Roboter einen Gefallen: Sie zeigen uns, dass es mit einem Bild von Intelligenz, das auf körperloses Denken setzt, nicht weit her ist. Sie zeigen uns, dass Intelligenz noch viel mehr ist, dass wir uns ein im Wortsinne unmenschliches Ideal von Intelligenz geschaffen haben. Solange wir uns an diesem Ideal orientieren, stellen wir Anforderungen

Spielen ist für Kinder ein grundlegendes Bedürfnis. Um spielerisch zu lernen, braucht es Räume, welche die Kreativität und Fantasie anregen, Gestaltungsmöglichkeiten eröffnen, Spielerfahrungen zulassen und vielfältige Formen für Begegnungen ermöglichen.

an uns selbst, die wir nicht erfüllen können. Wir schätzen uns selbst und die künstlichen Systeme falsch ein, setzen uns unter Druck und überfordern die Systeme mit Aufgaben, die sie nicht bewältigen können. Der Mensch ist kein objektiver Denker, kein rationaler Problemlöser. Der Computer ist allenfalls wieder einmal eine Möhre, die wir uns vor die Nase gehängt haben in dem Bestreben, so klar, durchsichtig und rational zu werden wie eine logische Ableitung.

Mit einem genaueren Blick in den bzw. in die vielen elektronischen Spiegel können wir uns von einem falschen Bild der Intelligenz befreien und lernen, die künstlichen Systeme realistischer einzuschätzen. Das bedeutet nicht, sie für schlecht, unbrauchbar oder unnötig zu halten, dies wäre angesichts der Erfolge dieser Technik eine unangemessene Perspektive. Es geht darum, ihre Stärken zu nutzen und ihre Schwächen zu verstehen und zu berücksichtigen.

Und es geht darum, ein Bild vom Menschen zu bekommen, das diesen nicht als ein abgeschlagenes, als ein irrationales Wesen dastehen lässt, das sich bemüht, das maschinelle Vorbild doch noch zu erreichen. Es geht darum, den Menschen als ein intelligentes Wesen unter anderen zu verstehen, das einen Teil der Welt wahrnehmen und verstehen kann und sich von nichtmenschlichen intelligenten Wesen dadurch unterscheidet, dass es sich so viele Hilfsmittel bauen kann, um sein Verständnis der Welt zu erweitern.

Der Blick in den elektronischen Spiegel sollte eine realistischere Perspektive auf die sogenannte intelligente Technik aufzeigen, auf ihre Möglichkeiten und Grenzen. Er lehrt Hochachtung gegenüber all dem, was menschliche Intelligenz auch ausmacht und voraussetzt, was wir aber in aller Regel gar nicht in den Blick nehmen, wenn wir an Intelligenz denken.

Vor allem aber zeigt der Blick in den elektronischen Spiegel, wie wenig wir uns hinter den intelligenten Maschinen verstecken müssen. Die Gefahr ist groß, dass der Mensch, der sich selbst nicht auf den Begriff bringen kann, der seine Position traditionell irgendwo zwischen Tier und Engel sucht, sich nun auf den Begriff der Maschine bringt. Sei es, dass er das geringschätzt, was er selbst kann, eine Maschine aber nicht, sei es, dass er dies gar nicht erst wahrnimmt. Das etwas paradoxe Argument dieses Buches ist: Die künstlichen Systeme zeigen uns, gerade weil sie so ganz anders sind als wir, worauf es bei der menschlichen Intelligenz ankommt.

Es gibt viele gute Gründe, die Ergebnisse der KI-Forschung zu bewundern, es gibt viele Möglichkeiten, die Welt mit ihrer Hilfe zu einem besseren Ort zu machen – und viele Möglichkeiten, das Gegenteil zu bewirken. Und man kann sich die künstlichen Systeme zunutze machen, um zu verstehen, was die natürliche Intelligenz ausmacht.

Wir sollten uns vor den Maschinen nicht klein machen. Wir

sollten uns von ihnen nicht verwirren lassen. Wenn es nicht ohnehin schon genug Argumente dafür gäbe, könnte man noch dieses hinzuziehen: Auch Algorithmen benötigen offenbar, um intelligent zu werden, all die Dinge, die wir eher geringschätzen, die uns lästig sind und die wir zu analysieren und zu optimieren versuchen: den Körper, das Unterbewusste, all die Stimmungen und Bauchgefühle, Lust und Unlust, Müdigkeit und Schlaf. Solange die künstlichen Systeme all das nicht besitzen, sind sie ein wenig wie der einsame Denker, der alles mit sich allein in seinem Kopf auszumachen versucht und keinen rechten Kontakt zur Welt findet (auch wenn sie ziemlich große «Köpfe» haben können).

Menschen müssen spielen, kommunizieren und interagieren, um klug zu sein. Gegen gelegentliches Nachdenken ist freilich auch nichts einzuwenden.

DANK

Dieses Buch wäre nicht möglich gewesen ohne die Forscherinnen und Forscher, die sich die Zeit genommen haben, mir ihre Forschung zu erklären und meine Fragen zu beantworten. Ihnen und allen, die mir mit Kritik, Rat, Geduld und Kaffee zur Seite gestanden haben, danke ich ganz herzlich.

ANMERKUNGEN

Einleitung: Der elektronische Spiegel

1 Jessica Riskin: The Defecating Duck, or, the Ambiguous Origins of Artificial Life. Critical Inquiry, Vol. 29, Nr. 4, Summer 2003.
2 John McCarthy: What is Artificial Intelligence? Nov. 2007, http://jmc.stanford.edu/articles/whatisai.html

1 Alternative Intelligenz

1 John McCarthy: Programs with Common Sense, 1959: http://jmc.stanford.edu/articles/mcc59.html
2 CYC: Trusted, Transparent, Actually Intelligent. Technology Overview: https://cyc.com/wp-content/uploads/2021/04/Cyc-Technology-Overview.pdf
3 Frank Rosenblatt: «The Perceptron – a perceiving and recognizing automaton». Report 85–460–1. Cornell Aeronautical Laboratory (1957).
4 Jiayuan Mao, Chuang Gan, Pushmeet Kohli, Joshua B. Tenenbaum, Jiajun Wu: The Neuro-Symbolic Concept Learner: Interpreting Scenes, Words, and Sentences from Natural Supervision, https://openreview.net/forum?id=rJgMlhRctm
5 Matt Welsh: The End of Programming. Communications of the ACM, January 2023, Vol. 66, No. 1, 34–35, 10.1145/3570220.
6 Romal Thoppilan, Daniel De Freitas, Jamie Hall et al.: LaMDA: Language Models for Dialog Applications. 10.02.2022, https://arxiv.org/pdf/2201.08239.pdf
7 https://openai.com/blog/dall-e-now-available-without-waitlist/; https://openai.com/blog/chatgpt/
8 Antonia Creswell, Murray Shanahan, Irina Higgins: Selection-Infe-

rence: Exploiting Large Language Models for Interpretable Logical Reasoning. arXiv:2205.09712.

9 Emily M. Bender, Timnit Gebru, Angelina McMillan-Major, Shmargaret Shmitchell: On the Dangers of Stochastic Parrots: Can Language Models Be Too Big? FAccT '21: Proceedings of the 2021 ACM Conference on Fairness, Accountability, and Transparency, March 2021, 610–6232.

10 Gwen Branwen: The Scaling Hypothesis, 28.05.2020, https://www.gwern.net/Scaling-hypothesis#critiquing-the-critics

11 Iyad Rahwan et al.: Machine Behaviour, Nature 2019.

12 Karthik Valmeekam, Alberto Olmo, Sarath Sreedharan, Subbarao Kambhampati: Large Language Models Still Can't Plan (A Benchmark for LLMs on Planning and Reasoning about Change), 21.06.2022, https://arxiv.org/pdf/2206.10498.pdf

13 Gary Marcus, Ernest Davis: GPT-3, Bloviator: OpenAI's language generator has no idea what it's talking about. Tests show that the popular AI still has a poor grasp of reality. Technology Review, 22. August 2020.

14 Yann LeCun: A Path Towards Autonomous Machine Intelligence, Version 0.9.2, 2022–06–27, https://openreview.net/pdf?id=BZ5a1r-kVsf

15 Nick Bostrom: Ethical Issues in Advanced Artificial Intelligence. Cognitive, Emotive and Ethical Aspects of Decision Making in Humans and in Artificial Intelligence, Vol. 2, ed. I. Smit et al., Int. Institute of Advanced Studies in Systems Research and Cybernetics, 2003, 12–17.

16 Yejin Choi: The Curious Case of Commonsense Intelligence. Daedalus, Spring 2022.

17 J. Mark Bishop: Artificial Intelligence Is Stupid and Causal Reasoning Will Not Fix It. Front. Psychol., 05 January 2021, Sec. Cognitive Science, https://doi.org/10.3389/fpsyg.2020.513474

2 Im Reich der Geister

1 Herbert Simon: Cognitive Science. The Newest Science of the Artificial. Cognitive Science 4 (1980), 33–46.

2 Ebd.

3 Aaron Sloman: The structure of the space of possible minds. In: The Mind and the Machine: philosophical aspects of Artificial Intelligence, Ed. S. Torrance, Ellis Horwood, 1984, 35–42.

4 David Marr: Vision. A computational investigation into the human representation and processing of visual information. New York 1982.

5 Jeff Hawkins: A Thousand Brains. A New Theory of Intelligence. New York 2021.

6 Thijs van Overveld, Daniel Sol, Guillermo Blanco, Antoni Margalida, Manuel de la Riva & José Antonio Donázar: Vultures as an overlooked model in cognitive ecology. Animal Cognition, Vol. 25 (2022), 495–507.

7 Kaya von Eugen, Heike Endepols, Alexander Drzezga, Bernd Neumaier, Onur Güntürkün, Heiko Backes, Felix Ströckens: Avian neurons consume three times less glucose than mammalian neurons, in: Current Biology, 2022, DOI: 10.1016/j.cub.2022.07070.

8 Peter Godfrey-Smith: Other Minds. The Octopus, the Sea, and the Deep Origins of Consciousness. 2016.

9 O. Loukola, C. Perry, L. Coscos, L. Chittka: Bumblebees show cognitive flexibility by improving on an observed complex behavior, Science, 24 Feb 2017, Vol 355, Issue 6327, 833–836.

10 Aurore Avarguès-Weber, Daniele d'Amaro, Marita Metzler, Valerie Finke, David Baracchi, Adrian G. Dyer: Does Holistic Processing Require a Large Brain? Insights From Honeybees and Wasps in Fine Visual Recognition Tasks Front. Psychol., 31 July 2018, Sec. Comparative Psychology.

11 Seynabou Sougoufara, Hanna Yorkston-Dives, Nurul Masyirah Aklee, Adanan Che Rus, Jaal Zairi, Frederic Tripet: Standardised bioassays reveal that mosquitoes learn to avoid compounds used in chemical vector control after a single sub-lethal exposure. Scientific Reports volume 12, Article number: 2206 (2022).

12 Juliane Bräuer, Daniel Hanus, Simone Pika, Russell Gray, Natalie Uomini: Old and New Approaches to Animal Cognition: There Is Not «One Cognition». J Intell. 2020 Jul 2;8(3):28.

13 Sana Inoue, Tetsuro Matsuzawa: Working memory of numerals in chimpanzees. Current Biology Vol. 17, Issue 23, 4 December 2007, R1004–R1005.

14 The Cognitive Bias Codex – 180+ biases, designed by John Manoogian III (jm³).png: https://de.wikipedia.org/wiki/Datei:The_Cognitive_Bias_Codex_-_180%2B_biases,_designed_by_John_Manoogian_III_(jm³).png

15 A. Tversky, D. Kahneman: Judgment under uncertainty: heuristics and biases. Science 185, 1124–1131 (1974).

16 Dimitri Coelho Mollo: Intelligent Behaviour, Erkenntnis (2022), https://doi.org/10.1007/s10670-022-00552-8

17 Dimitri Coelho Mollo: Intelligent Behaviour. Erkenntnis, May 2022, doi.org/10.1007/s10670-022-00552-8

18 Alexander Rich, Todd M. Gureckis: «The Limits of Learning: Exploration, Generalization, and the Development of Learning Traps.» PsyArXiv, 9 Apr. 2018.

19 Aaron Sloman: The structure of the space of possible minds. In: The Mind and the Machine: philosophical aspects of Artificial Intelligence, Ed. S. Torrance, Ellis Horwood, 1984, 35–42.

3 Ein «krass großes Problem»

1 Henry Shevlin, Marta Halina: «Apply rich psychological terms in AI with care», Nature Machine Intelligence, Vol. 1, April 2019, 165–167.

4 Raus aus dem goldenen Käfig

1 Norman Stile, Daniel Wilcox, Joe Mathieu: Grover and the Everything in the Whole Wide World Museum, Random House Publishing 1974.

2 Inioluwa Deborah Raji, Emily Denton, Emily M. Bender, Alex Hanna, Amandalynne Paullada: «AI and the Everything in the Whole Wide World Benchmark». NeurIPS 2020 Workshop: ML Retrospectives, Surveys Meta-analyses (ML-RSA).

3 Tom B. Brown, Benjamin Mann, Nick Ryder et al. (2020): «Language Models are Few-Shot Learners». arXiv:2005.14165.

4 V. C. Müller, M. Hoffmann: What Is Morphological Computation? On How the Body Contributes to Cognition and Control. Artif Life. 2017 Winter;23(1):1–24. doi: 10.1162/ARTL_a_00219. Epub 2017 Jan 31. PMID: 28140632.

5 Eric Kolve, Roozbeh Mottaghi, Winson Han, Eli VanderBilt, Luca Weihs, Alvaro Herrasti, Daniel Gordon, Yuke Zhu, Abhinav Gupta, Ali Farhadi: AI2-THOR: An Interactive 3D Environment for Visual AI, https://arxiv.org/abs/1712.05474

6 Klemen Kotar, Roozbeh Mottaghi: «Interactron: Embodied Adaptive Object Detection», 2022, https://arxiv.org/abs/2202.00660.pdf

7 Matthew Crosby, Benjamin Beyret, Marta Halina: The Animal-AI Olympics. Nature Machine Intelligence (2019), Vol. 1, 257.

8 V. Mnih, K. Kavukcuoglu, D. Silver et al.: Human-level control through deep reinforcement learning. Nature 518 (2015), 529–533.

5 Die Welt wahrnehmen

1 Seymour Papert: The Summer Vision Project. Artificial Intelligence Group Vision Memo No. 100, 7. July 1966. https://people.csail.mit.edu/brooks/idocs/AIM-100.pdf

2 D. H. Hubel, T. N. Wiesel: Receptive fields of single neurons in the cat's striate cortex. J Physiol. 1959 Oct; 148(3), 574–591.

3 Jiawei Su, Danilo Vasconcellos Vargas, Sakurai Kouichi: One pixel attack for fooling deep neural networks, arXiv: 1710.08 864; Ian Goodfellow et al.: Explaining and Harnessing Adversarial Examples, ICLR 2015; https://arxiv.org/pdf/1712.09665.pdf

4 https://mobile.twitter.com/irinablok/status/1538573230184665093

5 Gray Marcus: Form, function, and the giant gulf between drawing a picture and understanding the world, Sept. 2022, https://garymarcus.substack.com/p/form-function-and-the-giant-gulf

6 Huanbo Sun, Katherine J. Kuchenbecker, Georg Martius: «A soft thumb-sized vision-based sensor with accurate all-round force perception». Nature Machine Intelligence, 23 February 2022.

7 Grzegorz Sochacki, Arsen Abdulali, Fumiya Iida: Mastication-Enhanced Taste-Based Classification of Multi-Ingredient Dishes for Robotic Cooking. Front. Robot. AI, 04 May 2022.

8 Ann-Sophie Barwich: Smellosophy. What the Nose tells the Mind. Harvard UP 2020.

9 Carl E. Schoonover, Sarah N. Ohashi, Richard Axel, Andrew J. P. Fink: «Representational drift in primary olfactory cortex», Nature, Vol. 594 (2021), 541–546.

10 Laura N. Driscoll, Lea Duncker, Christopher D. Harvey: Representational drift: Emerging theories for continual learning and experimental future directions, Current Opinion in Neurobiology, Vol. 76, 2022.

11 David Poeppel, William Idsardi: «We don't know how the brain stores anything, let alone words», Trends in Cognitive Sciences, 2022, DOI: 78 910 114.

12 Aravind Battaje: Why Should Robots Move Their Eyes Like Us? https://oxidification.com/posts/2022-07-08_why_should_robots_move_their_eyes_like_us/

6 Der Mensch als Vorbild

1 Yijing Watkins, Edward Kim, Andrew Sornborger, Garrett T. Kenyon: «Using Sinusoidally-Modulated Noise as a Surrogate for Slow-Wave Sleep to Accomplish Stable Unsupervised Dictionary Learning in a Spike-Based Sparse Coding Model», IEEE Computer Vision and Pattern Recognition Workshops, CVPRW, 2020.

2 Garrett Kenyon: Lack of Sleep Could Be a Problem for AIs: 5.12.2020, Scientific American.

3 T. Tadros, G. Krishnan, R. Ramyaa, M. Bazhenov: Biologically Inspired Sleep Algorithm for Reducing Catastrophic Forgetting in Neural Networks. Proceedings of the AAAI Conference on Artificial Intelligence, 34(10) (2020), 13 933–13 934.

4 German I. Parisi, Ronald Kemker, Jose L. Part, Christopher Kanan, Stefan Wermter: Continual lifelong learning with neural networks: A review. Neural Networks 113 (2019), 54–71.

5 Alan Turing: Computing Machinery and Intelligence («Kann eine Maschine denken?»), Mind, 1950.

6 Lorijn Zaadnoordijk, Tarek R. Besold, Rhodri Cusack: Lessons from infant learning for unsupervised machine learning. Nature Machine Intelligence, Vol. 4, 510–520 (2022).

7 C. Colas, T. Karch, N. Lair, J.-M. Dussoux, C. Moulin-Frier, P. F. Dominey, P.-Y. Oudeyer: «Language as a Cognitive Tool to Imagine Goals in Curiosity-Driven Exploration», NeurIPS 2020.

8 Cédric Colas, Pierre Fournier, Olivier Sigaud, Mohamed Chetouani, Pierre-Yves Oudeyer: «CURIOUS: Intrinsically Motivated Modular Multi-Goal Reinforcement Learning, https://arxiv.org/abs/1810.06284

9 Gary Marcus: «Deep Learning Alone Isn't Getting Us To Human-Like AI», https://www.noemamag.com/deep-learning-alone-isnt-getting-us-to-human-like-ai/, ders.: «What AI Can Tell Us About Intelligence», https://www.noemamag.com/what-ai-can-tell-us-about-intelligence/

10 Brenden M. Lake, Tomer D. Ullman, Joshua B. Tenenbaum, Samuel J. Gershman: «Building machines that learn and think like people», Behavioral and Brain Sciences, Vol. 40 (2017).

11 F. Warneken, M. Tomasello: Altruistic helping in human infants and young chimpanzees. Science, 311 (2006), 1301–1303.

12 Kelsey R. Allen, Kevin A. Smith, Joshua B. Tenenbaum: «Rapid trial-and-error learning with simulation supports flexible tool use and physical reasoning», PNAS, Vol. 117, No. 47, November 23, 2020.

13 Tomer D. Ullman, Elizabeth Spelke, Peter Battaglia, Joshua B. Tenenbaum: «Mind Games: Game Engines as an Architecture for Intuitive Physics», TICS, Vol. 21, Issue 9, September 2017.

14 Nicklas Hansen, Xiaolong Wang, Hao Su: Temporal Difference Learning for Model Predictive Control. https://arxiv.org/abs/2203.04955

15 Yann LeCun: A Path Towards Autonomous Machine Intelligence, Version 0.9.2, 2022–06–27, https://openreview.net/pdf?id=BZ5a1r-kVsf

16 Tomer D. Ullman, Elizabeth Spelke, Peter Battaglia, Joshua B. Tenenbaum: «Mind Games: Game Engines as an Architecture for Intuitive Physics», TICS, Vol. 21, Issue 9, September 2017.

17 A. Gopnik, A. N. Meltzoff: Words, thoughts, and theories, MIT Press 1999.

18 Joshua S. Rule,   Joshua B. Tenenbaum,   Steven T. Piantadosi: «The Child as Hacker», TICS, Vol. 24, Issue 11, 900–915, November 2020.

19 Kevin Ellis, Catherine Wong, Maxwell Nye, Mathias Sable-Meyer, Luc Cary, Lucas Morales, Luke Hewitt, Armando Solar-Lezama, Joshua B. Tenenbaum: «DreamCoder: Growing generalizable, interpretable knowledge with wake-sleep Bayesian program learning», https://doi.org/10.48550/arXiv.2006.08381

20 J. Law, P. Shaw, K. Earland, M. Sheldon, M. Lee: «A psychology-based approach for longitudinal development in cognitive robotics», Front. Neurorobot., 27 January 2014.

21 Hoshinori Kanazawa et al: Open-ended movements structure sensorimotor information in early human development. PNAS, Vol. 120, No. 1, 2023.

22 Patricia Shaw, James Law, Mark Lee: «An evaluation of environmental constraints for biologically constrained development of gaze control on an iCub robot». Paladyn volume 3 (2012, 147–155).

23 Junyi Chu and Laura E. Schulz: «Play, Curiosity, and Cognition». Annual Review of Developmental Psychology, Vol. 2 (2020), 317–343.

24 Yoshua Bengio, Jérôme Louradour, Ronan Collobert, Jason Weston: Curriculum learning. ICML '09: Proceedings of the 26th Annual International Conference on Machine Learning, June 2009, 41–48; Sanmit Narvekar, Peter Stone: Learning Curriculum Policies for Reinforcement Learning, AAMAS '19: Proceedings of the 18th International Conference on Autonomous Agents and MultiAgent Systems, May 2019.

7 Sprache und das «abstrakte Denken»

1 Ray Jackendoff: The Architecture of the Language Faculty, MIT Press 1996.

2 Elizabeth M. Brannon: The independence of language and mathematical reasoning. PNAS 102 (9), 3177–3178.

3 James Jerome Gibson: The Ecological Approach to Visual Perception, Boston 1979.

4 Thomas van Es, Ines Hipolito: Free-Energy Principle, Computationalism and Realism: a Tragedy [Preprint, 2020], http://philsci-archive.pitt.edu/18497/

5 Marco Mirolli, Domenico Parisi: «Language as a cognitive tool», Minds and Machines 19 (4) (2009), 517–528.

6 Alessandro Di Nuovo, Vivian M. De La Cruz, Angelo Cangelosi, Santo Di Nuovo: The iCub Learns Numbers: an Embodied Cognition Study, DOI:10.1109/IJCNN.2014.6889795, Conference: IEEE WCCI 2014 – International Joint Conference on Neural Networks 2014.

7 Alexandr Lucas, Carlos Ricolfe-Viala, Alessandro Di Nuovo: Preliminary investigation on visual finger-counting with the iCub robot cameras and hands, Lecture Notes in Computer Science 11650, 484–488.

8 Attà Negri, Marco Castiglioni, Cristina Liviana Caldiroli, Arianna Barazzetti: «Language and Intelligence: A Relationship Supporting the Embodied Cognition Hypothesis», Journal of Intelligence 10 (2022), 42, https://doi.org/10.3390/jintelligence10030042

9 Jacob Browning, Yann LeCun: AI And The Limits Of Language. An artificial intelligence system trained on words and sentences alone will never approximate human understanding. Noema, August 23, 2022.

10 Alexander H. Liu, SouYoung Jin, Cheng-I Jeff Lai, Andrew Rouditchenko, Aude Oliva, James Glass: Cross-Modal Discrete Representation Learning, https://arxiv.org/pdf/2106.05438.pdf

11 Yoshua Bengio, Tristan Deleu, Nasim Rahaman, Nan Rosemary Ke, Sebastien Lachapelle, Olexa Bilaniuk, Anirudh Goyal, Christopher Pal: «A Meta-Transfer Objective for Learning to Disentangle Causal Mechanisms, https://arxiv.org/pdf/1901.10912.pdf

12 Judea Pearl, Dana Mackenzie: The Book of Why. The New Science of Cause and Effect. New York 2018.

8 Zwischen Verwirrung und Verführung

1 Meatspace Press 2021.
2 https://aisnakeoil.substack.com/p/why-are-deep-learning-techno-logists
3 https://delphi.allenai.org/; Liwei Jiang, Jena D. Hwang, Chandra Bha-gavatula, Ronan Le Bras, Jenny Liang, Jesse Dodge, Keisuke Sakagu-chi, Maxwell Forbes, Jon Borchardt, Saadia Gabriel, Yulia Tsvetkov, Oren Etzioni, Maarten Sap, Regina Rini, Yejin Choi: «Can machines learn morality? The Delphi Experiment», https://arxiv.org/pdf/2110.07574.pdf
4 https://maartensap.com/social-bias-frames/
5 Liwei Jiang, Jena D. Hwang et al.: Delphi: Towards Machine Ethics and Norms. 14 October 2021, Computer Science, ArXiv.
6 Sophie Jentzsch, Patrick Schramowski, Constantin Rothkopf, Kristian Kersting (2019): The Moral Choice Machine: Semantics Derived Auto-matically from Language Corpora Contain Human-like Moral Choices. In Proceedings of the 2nd AAAI/ACM Conference on AI, Ethics, and Society (AIES).

9 Alle Modelle sind falsch, aber manche sind nützlich

1 Ted Chiang: The Lifecycle of Software Objects. Subterranean 2010.
2 Thomas Metzinger: Subjekt und Selbstmodell. Die Perspektivität phä-nomenalen Bewusstseins vor dem Hintergrund einer naturalistischen Theorie mentaler Repräsentation. Paderborn 1999.

BILDNACHWEIS

Seite 15 links: https://commons.wikimedia.org/wiki/File:Medauroidea_extradentata:female.jpg

Seite 15 rechts: Mit freundlicher Genehmigung entnommen aus: Volker Dürr et al. (2019): Integrative Biomimetics of Autonomous Hexapedal Locomotion. Front. Neurorobot. 13:88. doi: 10.3389/fnbot.2019.00088

Seite 22: https://commons.wikimedia.org/wiki/File:Musée_Rodin_1.jpg

Seite 28: © mauritius images/Life on white/Alamy/Alamy Stock Photos

Seite 37: Mit freundlicher Genehmigung des Cornell Aeronautical Laboratory

Seite 44: Mit freundlicher Genehmigung von OpenAI

Seite 59: Roger Shepard, «Terror Subterra», in: Mind Sights: Orginal Visual Illusions, Ambiguities, and other Anomalies. W. H. Freeman & Co., New York 1990

Seite 99: © SCIoI – Felix Noak; mit freundlicher Genehmigung von «Science of Intelligence», TU Berlin

Seite 138: © Irina Blok, https://www.irinablok.com

Seite 213: Aus: Lotte Eijk, Marlou Rasenberg, Flavia Arnese et al.: The CABB dataset: A mulitmodal corpus of communicative interactions for behavioural and neural analyses. NeuroImage, Volume 264, 2022, https://doi.org/10.16/j.neuroimage.2022.119734

Seite 255: © spielraum.ch; mit freundlicher Genehmigung von SpielRaum (Freiraumplanung, Partizipation, Beratung), Bern

272 Seiten | Klappenbroschur | 978-3-406-80663-6

Künstliche Intelligenz (KI) steht für Maschinen, die können, was der
Mensch kann: hören und sehen, sprechen, lernen, Probleme lösen.
In manchem sind sie inzwischen nicht nur schneller, sondern auch
besser als der Mensch. Wie funktionieren diese klugen Maschinen?
Bedrohen sie uns, machen sie uns gar überflüssig?

«Manuela Lenzen räumt mit Mythen auf und beschreibt alles, was man
derzeit über Künstliche Intelligenz wissen muss.»
Dana Heide, Handelsblatt

C.H.BECK
WWW.CHBECK.DE